本书获得江西省社会科学研究规划"十三五"重...
促进我省产业迈向全球价值链中高端研究"（17Z...

U0610803

高质量
跨越式发展路径研究

RESEARCH ON THE
PATH TO HIGH-QUALITY
AND LEAPFROG DEVELOPMENT：
THE STRATEGIES IN SETTING A GOOD
EXAMPLE AND VYING FOR THE PIONEER
OF JIANGXI PROVINCE

江西"作示范、
勇争先"之策

曾 光 ◎ 著

经济管理出版社
ECONOMY & MANAGEMENT PUBLISHING HOUSE

图书在版编目（CIP）数据

高质量跨越式发展路径研究：江西"作示范、勇争先"之策/曾光著 . —北京：经济
管理出版社，2020. 7

ISBN 978 - 7 - 5096 - 7301 - 0

Ⅰ.①高…　Ⅱ.①曾…　Ⅲ.①区域经济发展—研究—江西　Ⅳ.①F127. 56

中国版本图书馆 CIP 数据核字（2020）第 141307 号

组稿编辑：杜　菲
责任编辑：杜　菲
责任印制：黄章平
责任校对：张晓燕

出版发行：经济管理出版社
　　　　　（北京市海淀区北蜂窝 8 号中雅大厦 A 座 11 层　100038）
网　　　址：www. E - mp. com. cn
电　　　话：（010）51915602
印　　　刷：三河市延风印装有限公司
经　　　销：新华书店
开　　　本：720mm×1000mm/16
印　　　张：16
字　　　数：255 千字
版　　　次：2020 年 8 月第 1 版　　2020 年 8 月第 1 次印刷
书　　　号：ISBN 978 - 7 - 5096 - 7301 - 0
定　　　价：88. 00 元

前　言

党的十九大提出，中国特色社会主义进入新时代，我国经济已由高速增长阶段转向高质量发展阶段，正处在转变发展方式、优化经济结构、转换增长动力的攻关期。这是党中央对新时代我国经济发展阶段的重大判断。近年来，江西省主要经济指标增速持续位居全国前列，2017年地区生产总值超过两万亿元。但也要认识到，江西仍有很多领域发展不足，相对落后仍然是江西的现实基础。对江西这样一个发展不足的中部省份和全国著名的革命老区来说，推进高质量发展尤为紧要，既面临重大战略机遇，也面临新旧动能转换、人民美好生活需要升级等重要关口。2018年7月，中共江西省委十四届六次全会在深入分析研判世情、国情、省情基础上，适应新时代新要求，首次提出把推进高质量跨越式发展作为首要战略，这是从更高层次贯彻落实习近平总书记对江西工作的重要要求作出的科学决策，是当前和今后一个时期做好江西改革发展工作的重要遵循。

尤为可喜的是，在江西高质量发展蓄势跨越、谋求突破的关键时刻，2019年5月习近平总书记再次亲临江西视察，就事关江西长远发展的根本性、方向性、全局性重大问题进行面对面指导，深刻回答了江西在新形势下"怎么看、怎么干"的时代命题，对新时代江西工作提出了"在加快革命老区高质量发展上作示范、在推动中部地区崛起上勇争先"的目标定位和"推进经济高质量发展、推进改革开放走深走实、推进农业农村现代化、推进社会治理创新、推进红色基因传承"（以下简称"五个推进"）

的重要要求，为新时代江西发展标注了目标定位、指明了前进方向和着力点。"作示范、勇争先"的目标定位，这是习近平总书记站在新时代全国区域发展大局，综合江西比较优势、区位特点为江西标注的历史新方位。从革命老区来看，全国革命老区主要分布在除新疆、西藏、青海以外的28个省（区、市）的1300多个县，主要集中在欠发达的中西部地区。相对于这些地区，江西革命根据地创建早、地位高、贡献大，经济基础较好，比较优势明显。从中部地区崛起来看，江西既是推进共建"一带一路"、长江经济带发展的重要节点，又是粤港澳大湾区建设、长三角一体化发展、京津冀协调发展辐射带动的重要区域，在中部地区崛起的新征程中承担着不可替代的责任和使命。"作示范、勇争先"，内在要求江西从经济欠发达的革命老区最大实际出发，贯彻新发展理念，在崇尚创新、注重协调、倡导绿色、厚植开放、推进共享上探新路、作示范，在全国率先走出一条革命老区高质量发展新路子，在深度参与中部地区崛起中闯出一片新天地。

高质量发展是事关发展方式、经济结构、增长动力的深刻变革，是"作示范"的时代主题；跨越式发展是欠发达地区奋起直追、同步小康的必然选择，是"勇争先"的必然要求。习近平总书记为江西量身定制的"作示范、勇争先"目标定位和"五个推进"更高实践要求，是新时代推动江西高质量跨越式发展首要战略的根本遵循。为此，本书立足江西革命老区实际，以习近平总书记提出的"五个推进"构建江西高质量跨越式发展的"四梁八柱"。具体框架和主要内容如下：

第一篇为"推进经济高质量发展"。习近平总书记指出，高质量发展就是体现新发展理念的发展，是做好经济工作的根本要求。推进经济高质量发展，内在要求坚持制造业高质量发展主攻方向，牵住科技创新"牛鼻子"，加快构建具有江西特色的现代产业体系。为此，本篇坚持以新发展理念为引领，主要围绕全国革命老区高质量发展示范区创建、新经济高质量发展、优势产业跨越式发展、科技创新能力提升、国家自主创新示范区建设和航空强省建设等重点领域，提出了推进江西经济高质量发展的主攻方向、重大战略、重点产业和重要举措。

第二篇为"推进改革开放走深走实"。改革开放是决定当代中国命运的关键一招，也是实现江西高质量跨越式发展的必由之路。"深"，既是广度，也是程度；"实"，既是"实干"，也是"实效"。推进改革开放走深走实，内在要求我们从自身实际出发，突出改革重点，主动融入国家重大战略，以大开放促进大发展。为此，本篇突出坚持问题导向，主要围绕如何理解"改革开放走深走实"、民营企业发展之困、综合金融服务改革和对接融入粤港澳大湾区等现实问题，提出了推进江西改革开放走深走实的基本思路，以及破解民营企业"难点拐点痛点险点"之困、高标准推进"一站式"综合金融服务平台和把"飞地经济"打造成江西对接融入粤港澳大湾区"领头雁"的前瞻性对策建议。

第三篇为"推进农业农村现代化"。农业农村现代化是实施乡村振兴战略的总目标，也是实现江西高质量跨越式发展的重要抓手。江西是农业大省，是国家重要的粮食主产区。推进农业农村现代化，内在要求我们坚持农业农村优先发展战略，加快推动江西从农业大省向农业强省迈进，努力走出一条农业强、农村美、农民富的具有江西特色的乡村振兴之路。为此，本篇紧扣乡村振兴这个新时代"三农"工作总抓手，主要围绕促进农民增收致富、农业集团现代化、有效启动农村市场等乡村振兴重要领域，提出了新时代推进江西农业农村现代化的学理性思考、针对性对策建议。

第四篇为"推进社会治理创新"。民之所盼，政之所向。人民对美好生活的向往，就是我们的奋斗目标。"良好生态环境是最普惠的民生福祉"。推进社会治理创新，内在要求我们从群众最关心、最直接、最现实的利益问题入手，集中力量做好普惠性、基础性、兜底性民生建设，统筹做好民生保障、社会治理和生态文明等工作，不断满足人民美好生活需要。为此，本篇坚持以人民为中心的发展思想，主要围绕生态优势转换、增强城市综合服务功能和创新人才体制机制等现实问题进行专题研究，提出了江西生态优势转变为发展优势、南昌城市综合服务提升、南昌引才用才对策建议。

第五篇为"推进红色基因传承"。江西是一片充满红色记忆的红土圣地，拥有中国人民解放军摇篮南昌、中国革命摇篮井冈山、共和国摇篮瑞金和中国工人运动策源地安源，铸就了伟大的中国革命精神。习近平总书记强调，这些伟大革命精神跨越时空、永不过时，是砥砺我们不忘初心、牢记使命的不竭精神动力，要从红色基因中汲取强大的信仰力量。推进红色基因传承，内在要求我们把红色资源利用好、把红色传统发扬好、把红色基因传承好，不忘初心，牢记使命，感恩奋进，以更加优异的成绩回报总书记的厚爱和老区人民的新期待。为此，本篇突出江西独特而丰富的红色优势，主要围绕大力弘扬井冈山精神和苏区精神，牢记初心使命、做大红色旅游品牌和推动军民深度融合走在全国前列等重要课题进行了初步探讨，提出了把江西红色资源、红色文化和红色基因优势转化为经济社会发展优势和党的建设新的伟大工程的对策建议。

本书主要收录了笔者2018年1月到2019年12月撰写的随笔思考、调研报告和决策咨询课题成果共22篇，以习近平总书记视察江西提出的"五个推进"为"四梁八柱"，主要运用区域经济学、产业经济学、发展经济学和中国特色社会主义政治经济学等理论，结合江西实际，重点研究了新时代推进江西高质量跨越式发展的基本思路、主攻方向、重大战略、重要政策和重点产业，是笔者在党的十九大以来关于江西区域经济高质量发展研究的学理性思考和对策性研究成果的结晶。其中：13篇发表在《参阅信息》、《内部论坛》、《智库成果专报》、《领导论坛》、《专报》、《咨询要报》等省内权威内刊上，并获中央江西省委书记肯定性批示1次、省长肯定性批示6次、常务副省长肯定性批示8次和分管工业、科技副省长肯定性批示3次，其中关于航空产业发展、民营经济解困、"一站式"金融综合服务平台构建和国家自主创新示范区建设等研究成果被中共江西省委、省政府有关部门采纳，产生了较好的社会反响和经济效益。这些成果的取得，离不开中共江西省委信息综合处、江西省社联智库成果处、省委党校江西经济社会发展战略研究所、省发展改革研究院、省社会科学院《专报》和南昌大学《咨询要报》等单位领导、朋友和编辑老师的大力支持，在此一并感谢。此外，部分研究成果公开发表在《中国发展观察》、《中国国情国力》、《老区建设》、《苏区研究》、《经济界》、《城市》等学术刊物上。

"路漫漫其修远兮，吾将上下而求索"。出版一本真正属于自己的专著，是我多年来执着追求的学术小梦想。今书稿付梓在即，很是欣慰。但由于时间和水平的局限，难免有肤浅之处，欢迎大家批评指正。

曾　光

2020 年 2 月 26 日于南昌

目　录

第一篇　推进经济高质量发展

第二篇　推进改革开放走深走实

第三篇　推进农业农村现代化

第四篇　推进社会治理创新

第五篇　推进红色基因传承

第一篇　推进经济高质量发展

习近平总书记强调，江西作为中部省份之一，要抓住战略机遇，发挥自身优势，走一条高质量发展之路；要牢牢把握供给侧结构性改革这条主线，不断改善供给结构，提高经济发展质量和效益；要加快推进新旧动能转换，巩固"三去一降一补"成果，加快腾笼换鸟、凤凰涅槃；要聚焦主导产业，加快培育新兴产业，改造提升传统产业，发展现代服务业，抢抓数字经济发展机遇；要完善科技成果转移转化机制，走出一条创新链、产业链、人才链、政策链、资金链深度融合的路子。要打好防范化解重大风险攻坚战，确保经济社会持续健康发展和大局和谐稳定。这些重要论述赋予了江西新的时代使命，进一步指明了江西推动经济高质量发展的方向和路径。

加快打造全国革命老区高质量发展示范区[*]

江西是一片充满红色记忆的土地，是全国著名的革命老区。习近平总书记在视察江西时明确提出，江西要"在加快革命老区高质量发展上作示范"的新目标定位。建议江西深刻领会和抓住该重要指示的战略机遇，积极创建"全国革命老区高质量发展示范区"，引领全省和全国革命老区高质量发展，切实推动习近平总书记对江西关怀关心转化为江西高质量跨越式发展的"金钥匙"和"进军号"。

一、江西申报"全国革命老区高质量发展示范区"的依据、优势与意义

1. 根本遵循

习近平总书记始终心系老区发展，十分关心江西工作，特别是再次视察江西时的重要讲话，这是习近平总书记着眼新的时代背景、全国发展大局和江西省情为江西发展确立的"新坐标"，吹响了新时代江西决战决胜全面建成小康社会、推动革命老区高质量发展的"进军号"。这既是习近

---

* 本文部分成果以《关于江西积极申报全国革命老区高质量发展示范区的建议》为题发表于《智库成果专报》2019 年第 22 期。

平总书记的殷殷期望，更是江西义不容辞的时代使命，为江西申报全国革命老区高质量发展示范区提供了根本遵循和依据。

2. 优势明显

从革命历史来看，江西革命根据地创建早、范围广、地位高、贡献大，是中国革命的摇篮、人民军队的摇篮、人民共和国的摇篮、中国工人运动的策源地和中央红军长征出发地等，为中国革命、人民军队和中华人民共和国的成立做出巨大贡献和牺牲，具有独特的历史贡献和地位。从发展基础来看，在全国相对集中的 13 个革命根据地中，江西具有较好的区位条件、创新能力、产业体系和生态环境等优势，经济高质量发展主要指标领先于大多数革命老区。从高质量发展示范区来看，高质量发展是新时代的根本要求，也是革命老区振兴发展的必由之路。但是，目前全国尚未有国家级的革命老区高质量发展示范区，这为江西率先创建全国革命老区高质量发展示范区提供了先机。

3. 重大意义

江西申报全国革命老区高质量发展示范区，这是深入学习贯彻落实习近平新时代中国特色社会主义思想、习近平总书记视察江西重要讲话精神的重要体现；是奋力开启建设富裕美丽幸福现代化江西新征程、感恩奋进描绘好新时代江西改革发展新画卷的重大战略；是引领全国革命老区高质量发展、让老区人民过上更加幸福生活的重要使命，对探索革命老区高质量跨越式发展新路、决胜全面建成小康社会、加快基本实现现代化具有重要意义。

二、江西创建"全国革命老区高质量发展示范区"的发展定位构想

习近平总书记指出，高质量发展就是贯彻新发展理念的发展。江西在

革命老区高质量发展上"作示范",内在要求江西从经济欠发达的老区实际出发,贯彻新发展理念,在崇尚创新、注重协调、倡导绿色、厚植开放、推进共享上探索新路、做出示范,努力走出一条具有江西特色的高质量发展之路。结合习近平总书记视察江西提出的"作示范、勇争先"目标定位和"五个推进"的更高实践要求,即"推进经济高质量发展、推进改革开放走深走实、推进农业农村现代化、推进社会治理创新、推进红色基因传承",江西应重点在如下领域"作示范",努力在全国率先走出一条生态优先的革命老区高质量跨越式发展的新路。

1. 革命老区经济高质量发展的示范区,努力推进科技创新、制造业高质量发展、农业农村现代化、生态文明建设和军民融合发展走在全国革命老区前列

经济高质量发展是高质量发展的核心要义。要坚持以供给侧结构性改革为主线,坚定实施创新驱动、牵住科技创新这个"牛鼻子",加快提升科技创新策源能力,全面提升产业创新能力。要坚定不移地实施工业强省、乡村振兴和军民融合发展战略,重塑"江西制造"辉煌,加快建设现代农业强省,推进国家军民深度融合发展,加快建设具有江西特色的现代化经济体系。要充分发挥绿色生态这个最大优势、最大品牌、最大财富,坚持生态优先发展,深入推进生态文明试验区建设,更高标准打造美丽中国"江西样板"。

2. 革命老区高水平改革开放的先行区,推进对内改革和对外开放走在全国革命老区前列

改革开放是高质量发展的强大动力。要坚持向改革要动力,以更大的力度、更实的措施全面深化改革,聚焦重点领域,深化生态文明、科技创新、农业农村、社会民生等改革,努力打造"四最"营商环境;要面向全球,主动融入共建"一带一路",积极参与长江经济带建设,对接融入长三角、粤港澳大湾区,创建国家内陆双向开放试验区,建设景德镇国家陶瓷文化传承创新试验区,高水平打造内陆双向开放新高地。

3. 革命老区全面小康社会的标杆区，努力推进脱贫攻坚和决胜全面建成小康社会走在全国前列

更好地满足人民日益增长的美好生活需要是高质量发展的落脚点。习近平总书记强调，全面建成小康路上一个都不能少。民心的基础在民生，民生的实质是民心。要始终坚持以人民为中心的发展理念，加强和创新社会治理，不断改善和保障民生，着力提高基础设施和公共服务均等化水平，坚决打赢脱贫攻坚战，持续强化教育、就业、医疗、保障、社会稳定等各项民生事业，加快补齐民生短板，增强人民群众的获得感、幸福感、安全感，更好地满足老区人民群众美好生活需要。

4. 红色基因传承和红色旅游的样板区，努力推进红色基因传承和红色旅游走在全国革命老区前列

红色基因和红色文化是党和国家的宝贵精神财富，是推动高质量发展的强大精神动力。要充分运用红色资源优势，大力弘扬井冈山精神、苏区精神、长征精神和苏区干部好作风，建设全国爱国主义教育和革命传统教育基地，营造风清气正的良好政治生态，将江西打造成最讲政治、最讲忠诚、最讲党性的地方。要充分发挥好红色旅游政治、文化、经济"三大工程"效应，大力发展红色、文化、生态休闲旅游，打造精品旅游线路和金牌景区，建成全国知名的红色旅游胜地和重要的文化、生态、休闲旅游目的地。

三、江西积极申报"全国革命老区高质量发展示范区"的建议

积极申报全国革命老区高质量发展示范区，是习近平总书记赋予新时代江西的重大使命，是事关全省改革发展大局的一件大事、好事，是江西

极有可能突破的又一国家战略、"金字招牌"，要高度重视，精心准备，抓紧抓实，争取早日成功。

1. 理论先行

由省委宣传部牵头、省社会科学界联合会负责，以江西省经济社会发展重大课题的形式，组织精干的专家团队进行课题联合攻关。充分论证《江西创建全国革命老区高质量发展示范区》的可行性、必要性、重要意义、战略定位、主要任务以及需要国家层面支持的政策建议。同时，鼓励省内专家学者通过内参向国家建言献策，争取国家领导人批示，为示范区申报造声势、打基础。

2. 高位推动

成立省主要领导为组长的全国革命老区高质量发展示范区申报工作领导小组，主动对接国家发展改革委、国家扶贫办、财政部、科技部、教育部、工信部、农业农村部、自然资源部等相关部委，争取各部委的大力支持和业务指导，及时向国家发展改革委上报江西创建全国革命老区高质量发展示范区的申报书，争取国家层面早日出台相关的指导意见，正式上升为国家战略。

3. 突出重点

范围上建议以赣南原中央苏区为核心区，统筹考虑重大革命历史事件及紧密联系的周边县（市、区），以江西全境为主体申报。主要任务上要坚持问题导向和目标导向，聚焦发展定位，着力补齐基础设施短板，着力解决民生领域突出问题，着力推动经济高质量发展，着力提升对内对外开放水平，着力推进红色基因传承与创新，着力让老区人民过上更加幸福美好生活，为全国革命老区提供可复制、可推广的经验和模式。

4. 争取支持

革命老区是党和人民军队的根。党中央、国务院高度重视革命老区振兴发展、高质量发展，要用好用足用活国家政策。一是争取国家规划和重大项目支持。例如，争取将江西创建全国革命老区高质量发展示范区纳入国家"十四五"规划纲要，积极谋划一批交通、水利、能源等重大工程项目，优先纳入相关专项规划。推动大型项目、重点工程、新兴产业在符合条件的前提下优先向示范区倾斜。二是争取国家资金投入。中央财政一般性转移支付资金、各类涉及民生的专项转移支付资金进一步向示范区倾斜。在安排中央预算内投资和国外优惠贷款等资金时，争取示范区参照执行西部地区政策。三是争取土地政策支持。实行土地差异化政策，在分解下达新增建设用地指标和城乡建设用地增减挂钩指标时予以倾斜。四是争取更多国家政策支持。用好用足国家自主创新示范区政策，在重大科技创新平台、创新型产业集群和科技体制机制改革创新等方面争取国家支持，高标准推进江西国家自主创新示范区建设。用好用足国家支持中央苏区振兴等政策，积极争取国家加大对江西的跨区域横向生态补偿和国家部委更大力度的精准对口帮扶。同时，积极争取国家军民融合创新示范区等重大创新平台早日获批，推进军民深度融合发展走在全国前列，等等。

新时代江西推动新经济高质量
发展的战略思考[*]

当前，我国经济发展进入新时代，推动高质量发展是根本要求和大势所趋。作为经济欠发达的江西，要努力实现与全国同步建成全面小康社会，确保在新经济时代不掉队，必须加快推动新经济高质量发展。唯有这样，才有奋力迈出"创新引领、绿色崛起、担当实干、兴赣富民"的坚实步伐，加快建设富裕美丽幸福现代化江西。

一、新时代推动江西新经济高质量发展势在必行

1. 推动新经济高质量发展是江西贯彻落实新发展理念的根本要求

党的十九大报告指出，我国经济已由高速增长阶段转向高质量发展阶段，正处在转变发展方式、优化经济结构、转换增长动力的攻关期。2017年中央经济工作会议再次强调，中国特色社会主义进入了新时代，我国经济发展也进入了新时代，基本特征就是我国经济已由高速增长阶段转向高质量发展阶段。推动高质量发展是当前和今后一个时期确定发展思路、制

---

[*] 本文发表于《城市》2018 年第 7 期。

定经济政策、实施宏观调控的根本要求。新时代江西推动新经济发展，必须坚持创新、协调、绿色、开放、共享的新发展理念，这是深入贯彻落实党的十九大精神以及以习近平新时代中国特色社会主义思想的内在要求，也是不断提高经济发展质量效益的应有之义。

2. 推动新经济高质量发展是江西发展进入新阶段的必然要求

2008 年金融危机以来，江西主要经济指标增速稳居全国"第一方阵"，"弯道超车"推动经济社会发展迈上新台阶。2017 年全省地区生产总值突破 2 万亿元、城镇居民人均可支配收入突破 3 万元，非农产业占比超过 90%、服务业占比首次超过工业占比，这标志着江西经济发展和现代化建设正迈入一个新的阶段，正处于转变生产方式、优化经济结构和全面建成小康的攻坚期。站在新的历史起点，推动江西新经济高质量发展，是江西加快实现"创新引领、绿色崛起、担当实干、兴赣富民"伟大使命的客观要求和有效途径。

3. 推动新经济高质量发展是加快建设江西现代化经济体系的内在要求

当前，以信息化为核心的新一轮科技革命和产业革命在全球蓬勃兴起，特别是以绿色、智能、融合为特征的数字经济等新兴产业加速成长，催生了一批新技术新产业新业态新模式，不仅为孕育新兴产业提供了沃土，也为传统产业效率提升和结构优化提供了动力。加快推动江西新经济高质量发展，有利于培育大数据、云计算、现代金融等现代服务业新增长点，壮大航空、中医药、LED、新材料等具有江西特色和优势的战略性新兴产业，引领有色金属、纺织服装、建材等传统产业升级，加快建设具有江西特色的现代化经济体系。

二、江西推动新经济高质量发展的现实基础

近年来，为抓住新经济发展时代机遇，江西省委、省政府主动适应经

济发展新常态，以新理念引领经济发展，新经济发展环境日益改善，新经济新动能发展态势良好。

1. 创新驱动引领"双创"取得新进展

深入实施创新驱动发展战略，先后出台了《关于深入实施创新驱动发展战略推进创新型省份建设的意见》、《江西省创新驱动发展纲要》和《关于加快发展新经济培育新动能的意见》等重大创新政策，持续加码新经济、新动能。2017 年，赣江新区成功获批国家"双创"示范基地、全国绿色金融改革创新试验区成功获批；南昌市、赣州市获批国家产城合作试点城市，赣州市获批"中国制造 2025"试点示范城市。新增国家级创新平台 8 家，新认定 25 家省级工程研究中心。研究与试验发展经费支出占 GDP 比重突破 1.2%，高新技术产业增加值占规模以上工业比重达32%。航空、电子信息、中医药等特色优势产业主营业务收入均增长 20%以上，电子商务交易额增长 33%，现代物流、工业设计、移动物联网、文化创意等新兴产业蓬勃发展。全年城镇新增就业 55.7 万人，新增转移农村劳动力 55 万人。

2. "一产一策"推动重点新兴产业加快发展

围绕新制造、新服务、绿色经济、智慧经济、分享经济五大重点领域，对航空、中医药、人工智能等重点新兴产业精准实施"一产一策"。2017 年成功争创南昌、景德镇国家级通用航空产业综合示范区，南昌航空城建设步伐加快，瑶湖机场建成投用。出台江西省中医药产业"十三五"规划，有力推进樟树"中国药都"振兴工程和 6 个国家级中医药标准化项目建设。制定实施加快推进人工智能和智能制造发展的若干措施，"十三五"期间拟重点打造 10 个人工智能和智能制造产业基地。推动大数据与实体产业融合，与用友集团开展云服务、大数据等战略合作。大力发展新服务经济，会同有关部门制订发展服务型制造专项行动实施方案，推动出台工业设计、全域旅游、冷链物流等政策措施，累计认定省级服务业集聚区 139 个，创建首批 2 个省级示范物流园。深入实施军民融合发展战略，认定省级十大军民融合产业基地和 182 家军民融合企业。

3. 典型示范助推新业态、新模式加快成长

围绕江西省委、省政府培育壮大新经济新动能的制造意见，各地大胆创新抢占新经济发高地。南昌市设立创投基金，打造全国城市级虚拟现实（VR）产业基地。赣州市大力实施"智能制造工程"，成功创建"中国制造2025"试点示范城市。上饶市把发展大数据产业作为引爆点，加快建设江西省数字经济示范区。景德镇市高起点规划建设航空小镇，成功创建国家通航产业综合示范区。萍乡市设立海绵产业发展基金，建设"独具江南特色的海绵城市"。吉安市抓好考核指挥棒，将新动能培育纳入年度县（市、区）科学发展综合考核评价中。抚州市积极探索"数据中心和产业基地支撑、数据应用和产业融合的双轮驱动"模式，建立政府购买服务模式的城市云计算中心。鹰潭市把移动物联网研发、产业化和应用作为突破口，率先建成全国首个地级市全覆盖的窄带物联网。同时，在政府的大力推动下，一批新经济发展典型企业涌现，新制造领域有晶能光电（LED）、远东福斯特（新能源）、瑞曼增材（3D打印）、欧克科技（智能装备）等；新服务涌现了乡村旅游的"篁岭模式"、全域旅游的"丫山样本"、江西名匠的"智能工厂"和江铃租赁的共享汽车等新业态、新模式。

4. 深化"放管服"优化新经济营商环境

全面梳理省本级行政许可事项各类证明材料182项，清理取消114项，省本级行政审批事项精简72%。在2016年"100条"基础上，全面取消省级涉企行政事业性收费项目，共出台130条降成本优环境惠企政策，2017年为企业减负1000亿元以上。全面建成全省公共资源交易"一张网"，全面推广运用全省网上审批系统和投资项目在线审批监管平台，在赣江新区和赣南等原中央苏区试点企业投资项目承诺制，在宜春市等地开展相对集中行政执法权改革试点。全面推行"全程网办、上门服务、邮递办理"等服务举措，形成了《省本级第一批"一次不跑"政务服务事项清单》，"一次不跑"改革迈出坚实步伐，群众获得感和幸福感明显增强。

三、新时代进一步推进江西新经济高质量发展的几点建议

近年来，江西新经济发展态势良好，但总体来看，江西新经济无论总量规模还是质量效益均处于全国相对落后地位，突出地表现为总量规模较小、创新能力偏弱、发展模式不优和体制机制不健全等问题。新时代江西培育壮大新经济新动能，应按照高质量发展的根本要求，突出重点、强化创新、精准施策、完善机制，加快实现数量扩展向质量提高的战略性转变。

1. 聚焦"五大领域"，加快构建江西特色现代产业体系

坚持有所为、有所不为，突出优势和特色，紧紧围绕省委、省政府确定的新制造、新服务、绿色经济、智慧经济和分享经济五大主攻方向，集中力量"做大一批"、"做强一批"、"做优一批"新兴产业龙头企业和产业集群。依托洪都集团、昌飞集团、联创电子、木森林、江中制药等龙头企业，以数字化、网络化、智能化、绿色化为导向，大力提升大航空、电子信息、中医药等优势新进制造业集群，打造一批在国内外有影响力的产业基地，迈向全球价值链中高端。积极引导和规范发展新型金融业态，大力推进赣江新区绿色金融改革创新试验区和南昌、赣州产融合作试点城市建设，完善金融服务体系，增强金融服务实体经济能力。依托"互联网＋"、大数据、人工智能等推动有色金属、纺织服装、农产品、建材等传统优势产业采用新技术、新工艺、新装备、新材料、新模式，提高数字化、网络化、绿色化、智能化水平。加快推动互联网、大数据、人工智能和实体经济深度融合，加快建设实体经济、科技创新、现代金融、人力资源协同发展的产业体系。

2. 提升"五大平台"，加快建设创新型省份

创新是第一动力。坚持把创新摆在新经济发展的核心位置，着力做大做强五大创新平台。一是以制度创新为引领，着力推进改革创新、产业升级、产城融合、扩大开放和绿色崛起，努力将赣江新区打造成全省创新的引领区、开放的先行区、改革的试验区、合作的示范区和高质量发展的引擎区。二是以发展新经济培育新动能为核心，合理确定首位产业和主攻产业，通过优化园区功能、强化产业链条、扶持重大项目、支持科技研发、"腾笼换鸟"等措施，加快推进全省高新区、经开区、工业园区等功能性平台改革和创新发展，进一步发挥改革开放排头兵和转型升级主阵地作用。三是以省级以上重点实验室（工程技术中心）为重点，鼓励支持产学政合作建设协同创新中心，打造一批国家级创新研发平台，引领全省产业科技创新。四是以"双创"平台为抓手，培育壮大一批国家级众创空间、孵化器、加速器等创新孵化服务平台，加快构建集人才培养、创业指导、成果转化等于一体的完整服务链条，加速科技创新成果转化和产业化。五是以"一带一路"建设为统领，主动对标中国（上海）自由贸易试验区，统筹推进保税区、口岸、海关特殊监管区等开放平台建设，加快建设昌九自由贸易试验区；同时提升赣港会、赣台会、绿发会等开放平台，深度融入全球产业链、价值链、供应链、物流链。

3. 突出"五大模式"，加快提升优势特色产业竞争力

根据江西新经济重点领域的产业特性、技术水平、商业模式以及产业政策等情况，精准实施"一产一策"，以"五大模式"引领产业升级。一是创新引领模式。主要适合于具有自主知识产业的 LED 和航空制造等技术领先行业，以技术创新引领产业迈向全球价值链中高端。二是智能改造模式。以智能化为导向，强化数字技术、信息技术、智能技术等先进技术，推动钢铁、建材、化工、纺织服装等传统产业智能化、数字化、自动化发展。三是平台牵引模式。以平台型龙头企业为主导，推动总承包总集成、个性化定制、体验性消费、智慧化生活、分享经济等领域发展。四是跨界

融合模式。以"互联网＋"为核心，推进两化深度融合、生产性服务业和制造业融合以及农村一二三产业融合发展。五是战略驱动模式。以重大战略为指引的强政策推进模式。例如，深入实施绿色崛起战略、旅游强省战略和中医药强省战略，集中资源、要素和政策，打造绿色经济、全域旅游和大健康的"江西样板"。

4. 完善"五大机制"，加快优化营商环境

营商环境是生产力，也是竞争力。要充分发挥市场在资源配置中的决定性作用，更好发挥政府的作用，着力构建市场机制有效、微观主体有活力、宏观调控有度的经济体制，不断营造适应新经济发展的良好环境。一是完善市场主导的资源配置机制。进一步深化"放管服"改革，借鉴浙江等地经验开展"最多跑一次"改革，打造"一次不跑"改革升级版。全面实施市场准入负面清单，全面推进"多证合一、一照一码"和"证照分离"改革试点，全面推进"双随机、一公开"监管全覆盖，清理废除妨碍统一市场和公平竞争的各种规定和做法，促进知识、技术、信息、数据、人才等新生产要素合理流动、有效集聚，营造公平、开放、透明的市场环境。二是完善精准导向的产业扶持机制。以产业核心能力的培育和形成为目标，坚持"一产一策"，更加注重产业发展的通用技术或共性技术，更加注重产业创新的有效扩散，更加注重差异化的精准扶持，扶持优势特色产业加快成长。三是完善"四位一体"的工作推进机制。借鉴上海"四新"经济发展经验，以产业联盟、示范基地、产业基金和创新人才为主要抓手和突破口，打造一批新经济示范企业、示范基地和创新团队。四是完善包容创新的审慎监管机制。强化底线思维，建立"宽进严管"监管体系，推广事先设置安全阀及红线的触发式管理。积极探索对新技术、新产业、新业态、新模式的包容审慎监管，对于有发展前景的，量身定制适当的监管模式。五是完善满足人民美好生活需要导向的考核评价机制。高质量发展本质上是满足人民日益增长的美好生活需要的发展，是符合五大发展理念的发展。要以习近平新时代中国特色社会主义经济思想为指导，坚持

以人民为中心的发展理念，坚持质量第一、效益优化，更加突出创新、协调、绿色、开放、共享五大新理念，构建新经济发展评价考核指标体系，加强新经济的统计监测和分析研判，引导更多江西制造、江西品牌实现高质量发展。

加快推动江西产业实现"换道超车""提速超车"的对策建议[*]

党的十八大以来，习近平总书记对江西工作提出了"新的希望、三个着力、四个坚持"的重要要求，为江西改革发展指明了前进方向、提供了根本遵循。江西省委坚持从更高层次贯彻落实习近平总书记对江西工作重要要求，以制造业高质量发展为重点，加快建设具有江西特色的现代化产业体系。必须看到，当前新一轮科技革命和产业变革蓬勃兴起，为后发地区"超车"提供了难得机遇。近年来，贵州大数据、安徽科技创新、陕西新经济的加速崛起等就是很好的例子。如何坚持创新引领推动江西现代化产业体系建设，是一项亟待深入研究的重大课题。在前期调研的基础上，课题组提出如下建议：

一、选准"换道超车""提速超车"的"主引擎"，精选具有比较优势的战略性新兴产业作为江西主导产业予以重点扶持

欠发达的贵州抢抓国家战略机遇，选准大数据产业科学制定发展规划

---

* 本文以《关于创新引领推动江西产业"换道超车""提速超车"的几点建议》为题发表于《领导论坛》（专报）。2019 年 3 月 16 日江西省委副书记、省长易炼红批示："建议很好！请省发改委张和平、省工信厅杨贵平同志研究，运用好调研成果。"

和专门扶持政策，持续造势发力，短短几年崛起成为中国"数谷"，成为"换道超车"的经典案例。近年来，江西先后出台了《江西省十大战略性新兴产业发展规划（2009—2015）》、《关于聚焦重点加快发展主导产业和首位产业的通知》、《关于加快发展新经济培育新动能的意见》和《关于深入实施工业强省战略推动工业高质量发展的若干意见》等重要文件，航空、电子信息、新能源汽车等战略性新兴产业加快发展，为江西经济增速保持全国第一方阵提供了强大支撑。但站在新时代全国经济高质量发展大局来看，江西优势战略性产业集群规模均不大，并且普遍存在龙头企业少、技术含金量较低、布局较分散以及产业规划和政策体系不完善等突出问题。为此，建议学习贵州大数据发展经验，实施主导产业"一号工程"，选准几个具有比较优势且能重点突破的战略性新兴产业作为主导产业集中发力，引领全省新旧动能转换，借此提升江西在全国发展大局中的地位。为此建议：

一是优化省级层面主导产业。江西已有 11 个产业规模过千亿元。为推动全省在新一轮科技革命和产业变革中抢占先机、变道超车，江西进一步提出实施"2+6+N"产业高质量跨越式发展行动计划。建议重点从"2+6+N"产业中精选数字经济、新材料和航空等具有引领性、带动性和突破性的战略性新兴产业作为省级层面的主导产业一并予以重点扶持，着力打造具有全国影响力的标杆产业集群。例如，包括大数据、云计算、人工智能、互联网在内的数字经济，是新一轮科技革命和产业革命的主力军，具有颠覆性和较大辐射带动力。江西南昌 VR 产业、上饶大数据和鹰潭物联网等产业发展势头较好，完全可以将其作为江西"换道超车"的首要抓手。江西有色金属、稀土等产业在全国具有鲜明特色和优势，大力发展金属、稀土、先进半导体和3D打印等新材料产业，有利于推动江西传统优势产业转型升级，加速产业大省向强省跨越。同时，强化县（市）区之间错位发展，按照国家级开发区重点发展 1 个首位产业和 2~3 个主攻产业，各县（市、区）及省级工业园区确定 1 个首位产业和 1~2 个主攻产业的原则，扬优展长、集中突破，引导区域特色产业集群发展，提高产业聚集度。

二是强化主导产业顶层设计。以高质量发展为指引，突出省级层面的产业战略引领，编制高水平、管长远的主导产业发展规划、指导意见和行动方案，明确发展定位、空间布局、技术路径、招商引资和支持政策。各设区市和县（市、区）也应制定相应的主导产业发展规划和扶持政策。强化规划落地，细化目标任务，适时对规划实施评估、调整完善，确保规划目标实现。

三是完善主导产业高位推进机制。强化党政主要领导统筹推进产业发展工作责任，每个主导产业着力培育一个龙头企业、建设一个研究中心、制订一个招商方案、成立一个行业协会、设立一支产业基金、出台一套专门政策等方面，形成"六个一"主导产业推进机制。建议将现行的由省委省政府领导挂点一个重点企业，升级为挂点或牵头抓一个主导产业；学习借鉴湖南湘江新区"优势产业链链长"经验，市、县两级实行首位产业链"一把手工程"，党政"一把手"牵头抓首位产业链，每半年召开一次推进会，每季度召开一次调度会，在全省营造大抓产业、抓大产业的良好氛围和有效机制。

二、加足"换道超车""提速超车"的"助推剂"，借力资本和技术两大平台推动主导产业做大做强

地区经济的崛起源于强大的产业集群，强大产业集群必有强大的龙头企业引领带动，这是实现换道超车、提速超车的内在要求。从总体来看，江西企业数量不多、规模不大、创新能力不强、竞争力偏弱，特别是缺少"航母型"和"上市型"龙头企业。例如，2018年中国企业500强，江西仅6家企业上榜，在全国排名第17位、中部地区第5位。从上市企业来

看，截至 2018 年底江西 A 股上市企业仅 41 家，市值超 100 亿元企业仅 11 家，而湖南（105 家）、安徽（103 家）和湖北（101 家）上市企业均已超 100 家，差距较大。从创新型企业来看，2017 年江西高新技术企业 2134 家，排全国第 17 位、中部地区第 5 位，远落后于湖北（5177 家）、安徽（4325 家）和湖南（3211 家）。为此建议：

一是鼓励本土龙头企业兼并重组。落实国家和省促进企业兼并重组政策措施，支持龙头企业围绕提高产业集中度、延伸产业链，跨地区、跨行业、跨所有制开展兼并重组，整合品牌资源和创新资源，健全完善研发、生产和服务体系，快速提高产业集中度和资源配置效率。对龙头企业兼并重组项目发生的评估、审计、法务等前期费用及并购贷款利息，省级财政予以适当补助。对龙头企业国内外并购拥有核心技术和重大发明专利的科技型企业，按照"一事一议"的原则予以重点推进。

二是加大对上市企业的战略投资和扶持。2018 年底，针对江西部分上市公司出现股权质押流动性风险，江西组建了 100 亿元的江西国资创新发展基金，着力支持省内民营企业发展壮大。对此，建议学习借鉴广东、福建等地做法，在帮助化解省内民营上市公司股权质押风险的同时，鼓励省内企业大胆"走出去"，对标各设区市的主导产业、首位产业，联合各级政府，果断出手，重点对拥有先进技术、自主品牌、低估值的暂时遇到资金紧张且与江西主导产业（或当地首位产业）紧密相关的省外上市公司（市值 50 亿元以下为宜）进行战略投资，逐步引导、鼓励这些企业将注册地、研发基地、产业园区乃至企业总部迁入江西，以较低成本实现"资本招商"。

三是加大对"独角兽"和"瞪羚"企业的战略培育。为促进"独角兽"、"瞪羚"企业加快发展壮大，江西出台了《江关于加快独角兽、瞪羚企业发展十二条措施》。在全面贯彻落实"十二条"的同时，江西还应及时跟进国家政策、对标省外新政，进一步完善相关配套措施。例如，学习借鉴武汉东湖区的瞪羚企业产业基金、常州瞪羚谷商学院和南京瞪羚企业俱乐部等经验，与国内外知名创投机构和"独角兽"等加强合作，成立

10 亿元以上的产业基金，以及推动"预见独角兽学院"健康运行，为全省经济转型升级、高质量发展注入新动能。紧紧抓住用好上海科创版挂牌条件相对主板宽松的政策"窗口"，部署、挖掘培育优质科创企业项目，培育一批优质上市资源。

四是加强高端科创平台创建。高端产业创新平台，是产业创新发展的动力源，是高端人才的聚宝盆。当前，要着力抓好中国科学院"江西中心"等重大科创平台建设，加强用地、用房和财政资金保障，采用事业编制身份、企业高薪激励、柔性人才引进等多管齐下，集聚高端人才，着力打造航空、LED、稀土、生物医药、新材料等国家级产业技术中心。学习借鉴合肥"科学岛"经验，吸引促进更多高端科研机构、高层次人才向其集中，打造江西的"硅谷"和"科学岛"。加强与国内顶尖学府、高端智库的合作，争取其来南昌设立开放型技术研究院。

五是加大财政对科技创新的支持力度。2018 年江西的 R&D 经费 300 余亿元，占地区生产总值的比重仅为 1.4%，远低于国家和中部地区的平均水平。根据《中国区域科技创新评价报告 2018 年》，江西综合区域科技创新指数为 51.28，低于全国平均指数 18.35 个百分点，位居全国第 19 位和中部第 4 位。要全面落实国家支持创新创业的各项优惠政策，加大省战略性新兴产业基金和创新型省建设基金用于支持企业产品研发和科技创新的比例。推动更多省重大科技基础设施、科研仪器设备、科学数据和科技文献等科技资源向民营企业开放共享。按照《国务院办公厅关于抓好赋予科研机构和人员更大自主权有关文件贯彻落实工作的通知》（国办发〔2018〕127 号）要求，尽快制定政策落实的配套措施和具体实施办法，积极探索以财政资金购买科研人员知识成果的方式，取代现行的科研经费管理办法；并针对校（院、所）企科技合作中横向科研项目经费和普通财政专项拨款科研项目经费混同财务管理这一"横纵不分"的突出问题，借鉴湖北等兄弟省市经验出台分类管理办法，加大科研人员的经费使用自主权，明确管理费和国有资源有偿使用费以外的科研项目经费，研发团队自主安排使用。

六是强化科技成果转移转化。建议及时出台《江西省鼓励和支持科研人员离岗创业实施细则》，完善创新型岗位管理实施细则。例如，对离岗创业科技人员将过渡期由 3 年提升至 5 年。支持转制院所和事业单位管理人员、科研人员，在按有关规定履行审批程序后，以"技术股 + 现金股"组合形式持有股权，与孵化企业发展捆绑在一起，提升科技成果转化效率和成功率。以校地产业研究院为平台，有针对性地为企业设计和实施研发项目，探索实行"定向研发、定向转化、定向服务"的订单式研发和成果转化机制。

三、培育"换道超车""提速超车"的"驾驶员"，加强领导干部和企业家能力培训，积极引进高层次科技人才为我所用

"换道超车"需要优秀的"驾驶员"。从某种程度上说，新一轮战略性新兴产业的竞争，比的就是各级领导干部驾驭市场经济、引领战略性新兴产业发展的能力，以及建设企业家队伍和高层次科技人才队伍的能力。为此建议：

一是加强"五型"政府和干部队伍建设。着眼于打造"五型"政府，结合全省干部队伍作风建设实际，开展争做忠诚型、创新型、担当型、服务型、过硬型新时代干部主题实践活动，推动全省各级党委、政府及广大干部深入贯彻新发展理念，落实高质量发展要求，齐心协力"打硬仗"，精准发力"解难题"，推动全省经济发展提质提速、项目推进提质提速、服务效能提质提速，迈出了高质量跨越式发展的坚实步伐。

二是加强领导干部驾驭新经济能力专题培训。把加强领导干部专业化能力培训列入江西干部队伍建设的重要内容，由省委组织部会同省委党校

开展专项调研，并深化与国内著名学府合作，推进干部专业化能力培训研究。要聚焦主导产业设置专业化培训主题，注重"小而精、短平快"，紧紧围绕贯彻落实省委省政府决策部署，设置专题培训班。要突出分类培训，组织开展好战略性新兴产业、现代财政金融、招商引资引智、营商环境提升等专题培训班，通过理论学习、政策解读、模拟教学、现场教学，帮助学员释疑解惑、提升本领，做到一次培训解决一个重点问题。

三是创新重要专业岗位"人才旋转门"机制。学习深圳、上海等地的政、商、学双向顺畅流动"人才旋转门"制度，加强对科技、金融、信息技术等专业岗位人才的双向流动。例如，为解决政府专业性人才缺失难题而进行的聘任制公务员改革，在新时代党的组织路线下面向商界、学界进一步开放入口，把那些政治过硬和专业能力强的人才吸引充实进来；进一步优化退出机制，让人才在免除后顾之忧的基础上顺畅流动起来。同时，不断完善党政领导干部公开选拔和竞争上岗机制，并进一步扩大优化挂职锻炼机制。"策之以言，试之以事。"在实战中发现人才、选拔人才，让更多德才兼备的优秀年轻干部到江西高质量跨越式发展最前线冲锋陷阵。

四是加强企业家的培训力度。在省级层面设立企业高级管理人员培训基金，不分所有制性质，选送省重点企业、营收超亿元成长型企业高管人员赴国内外著名学府、专业培训机构培训，培训由企业负责，省、地财政给予相应资助。同时瞄准职业经理人市场并加大企业家的引进力度。借鉴安徽经验，根据产业发展的需要，把人才的认定范围不仅仅局限于高学历、高技术的专家，而是扩展到国内外知名企业家。把"国内行业100强企业、中国500强企业和行业100强企业的二级子公司负责人"纳入江西高层次人才奖励范围，真正把招商引资与引才引智两项工作统筹起来。

五是加大科技领军人才和技术型人才的引进力度。以"高精尖缺"为导向，以省"双千计划"为龙头，重点引进院士、国家"千人计划"专家、重点产业国家领军人才，给予300万~1000万元的创新创业项目资助，对来赣进行科技成果转化并取得重大突破的给予最高不超过1亿元的资助。加大对应届大学生的人才激励，给予留赣或来赣创新创业就业的应届大学生一定的生活和就业补贴。实施对应届毕业生留赣就业创业的购房补贴等政策。完善高级职称评审"绿色通道"，对贡献大、业绩突出的专业技术人才，可突破学历、任职资历要求申报评审高一级职称。

四、明确"换道超车""提速超车"的"指示灯"，切实把"项目为王"和"质量第一"落到实处

重大项目是集聚生产要素的载体，是加快发展的主动力。要坚持"以亩产论英雄"导向，培育领导干部项目思维，以重大项目为抓手，真正把项目为王、质量第一的理念落到实处。为此建议：

一是建立健全"以亩产论英雄"为导向的项目评价体系。学习浙江、上海等地经验，强化亩均税收、亩均工业增加值、单位能耗和排放等综合考评，并实行差别化的资源配置和政策支持。例如，对优质企业（项目）予以信贷额度、税收减免、建设用地等支持，对落后企业逐渐"腾笼换鸟"。聚焦制造业高质量发展、幸福产业等领域，谋划推进一批补短板、强弱项、提质量的重大项目，深入推进招商引资升级工程、招大引强"三百工程"，着力谋划一批规模大、水平高、带动力强的大项目、好项目。

二是鼓励创新招商引资方式。当前，招商引资升级为产业链招商、资本招商和环境招商等竞争，传统的拼土地、税收的优惠政策模式已不适用。要加强产业链招商。推广南昌高新区"区内采购补贴"和江铃汽车"入股"招商等产业链招商模式，围绕龙头企业的上下游行业开展集群式项目满园扩园行动，进行补链、壮链和强链。同时，对江西在全国乃至全球有重大影响的稀土、钨矿等战略性资源，加强严格管控，以资源引产业集聚。要加快创新资本招商方法。以前江西大多数原有的市县级的产业引导基金都不同程度地存在"明股实债"现象。受"财金〔2018〕23号文"

影响，这类产业引导基金都属于被清理的对象。为了填补市县产业引导基金缺位后的"真空地带"，建议充分发挥省级产业引导基金的作用，在江西发展升级引导基金的子基金中，专门设置一项服务市县资本招商的子基金，以加大省级产业引导基金扶持市县资本招商的能力。要创新"三友招商"。把"三请三回"、"三企"入赣工作作为全省扩大高水平对外开放的有力抓手、重要载体和具体路径，通过健全名录库，梳理信息、动态更新，筛选重点对象进行洽谈；举办专题活动，促进情感交流；进行实地走访、对接挖掘对象，推动项目合作；精心策划并编制投资指南、重点招商项目册，拍摄宣传片等。要大胆探索和创新"产业新城PPP"招商模式。积极探索"政府主导、企业运作、合作共赢"的产业新城PPP运作模式，引入市场化运营主体，将全球资源与本土优势完美融合，打造集生产、生活、生态于一体的产业新城。我们既可以引进华夏幸福、宏泰发展、招商蛇口等专业园区开发运营主体，也可以培育本土国资和民营产业新城运营主体，核心在于完善PPP合约，建立起"谁投资谁受益"的激励机制。资阳携手中信建设总投资近500亿元打造临空产业新城、天津鑫茂与招商蛇口强强联手，投资56亿元全力打造集高新技术研发、文化创意、智能颐养产业于一体的"招商·鑫茂智汇谷"，为江西实现政府与社会资本的合作共赢提供了样板典范。深化"央企入赣"行动。全面系统总结"央企入赣"经验，加强对江西重点急需产业的央企发展战略跟踪，省领导高位推动对接，深化战略合作。

三是加快建设"金融赣军"，培育本土金融力量。进一步整合控制江西银行、省财投集团、恒邦保险等省属核心金融资产，加速集聚金融牌照，打造江西"金融航母"；以资本为纽带、以产权为基础依法自主开展国有资本运作。借鉴重庆和上海两类公司的改组组建实践经验，将现有国有企业按照行业类别，将其股权分别划入不同的投资公司和运营公司，从而将80%以上的企业国有资产集中到支柱产业和企业基础上，积极推进竞争类企业整体上市，并划转整体上市企业部分股权由平台公司进行运作和价值管理，以提高国企资产证券化水平。广州基金冀图通过要约收购爱建股份助推广州国际金融中心建设，重庆渝富集团在新一轮国有资产国有企业改革中打造集金融综合服务、城市综合运营、资产综合管理为一体，以金融控股为主要特征的国有资本运营公司，并在重庆电子信息产业奇迹般崛起过程中充当"政府操盘手"的案例，值得我们仔细研究消化吸收并加以创新运用。

四是强化招商引资考核激励。为推动招商引资项目真正落地，很有必要强化项目评比考核。坚持"以项目建设论英雄、以项目建设排座位、以项目建设定奖惩"的鲜明导向，建立健全重大项目建设的"比学赶超"机制，提升招商引资在地方政府绩效考核的比重，每年开展公开评比，将财政转移支付与其项目成效挂钩。重视招商一线干部和重大招商项目人士的提拔任用，重奖招商有功第三方单位和个人。

五、畅通"换道超车""提速超车"的"主跑道"，着力打造"五型"政府和"四最"营商环境

换道超车需要好的"路况"即营商环境。良好的营商环境是一个地方发展的亮丽名片和金字招牌。近年来，江西努力打造"五型"政府，持续推进"放管服"改革，营商环境不断改善提升，但与东部沿海及周边地区相比，还存在办事效率低、物流成本高、政商关系疏远等问题，必须引起高度重视，并加以解决。为此建议：

一是进一步深化"放管服"改革。总结推广南昌、赣州、宜春3个设区市及南昌县、瑞金市、吉州区、资溪县、赣江新区、共青城市、永修县等地相对集中行政许可改革经验，成立行政审批局，加强部门协同和数据共享，实现"审管分离"，实现"一枚公章管审批"，"只进一道门办完所有事"。加强省级层面对下放审批权力的集中培训，同时加大对"权力清

单"、"负面清单"和"责任清单"以及办事流程的宣传，提高基层服务企业和群众能力。加强对"慵懒散慢"等不作为、慢作为、乱作为的曝光和惩治。

二是加强物流基础设施建设和物流业的扶持力度。当前，江西社会物流费用占 GDP 比重为 16.5%，比全国平均水平高出 1.5 个百分点。要主动融入全国物流网络体系，着力打通"通江达海"物流通道，加快发展海铁、铁水多式联运，搭建物流信息共建共享公共服务平台。江西应站在大南昌都市圈的战略高度，科学定位昌北机场和九江机场客（货）运功能，引入国际物流巨头、产业新城运营主体携手地方政府，充分利用九江交通区位优势谋篇布局"物流枢纽 + 现代产业新城"，地方金控平台和国有资产投资运营平台可通过产业基金、股权投资等多种形式介入助力。在项目、资金、技术、人才、创新的相互推动中实现地方跨越式发展的"飞轮效应"。全面清理运输环节经营服务性收费，对收费和罚款项目列出清单并向社会公示。引导和规范交通运输领域"互联网 +"新业态公平竞争，加大对城市快递物流业的支持，加大对物流仓储设施用地的税费减免。

三是构建"亲清"新型政商关系。学习借鉴广东、青岛等做法，进一步明确政商交往的正面清单和负面清单，努力构建"亲清"新型政商关系。例如，青岛政府在依规依纪依法，守住底线、不踩红线、不碰高压线的前提下，要求公职人员要大胆开展工作，积极与企业和企业家接触交往，主动热情搞好服务。又如，领导干部定期走访企业，企业也可给政府部门打分，开展"企业评价政府部门工作"，增加企业对部门年度考评的话语权。推动涉企政策落地落实，建立涉企政策落实情况第三方评估制度。完善基层政府绩效考核指标体系，增加政务服务在考核体系中的权重，将政务服务分值由当前的 1 分（总分 400 分）提高到 5 分以上，以考核倒逼政务效能提升。

中部地区国家自主创新示范区科技创新经验及对江西的启示[*]

国家自主创新示范区（以下简称自创区）是指在推进自主创新和高技术产业发展方面先行先试、探索经验、做出示范的区域。国务院已正式批复同意南昌、新余、景德镇、鹰潭、抚州、吉安、赣州7个高新技术产业开发区建设国家自主创新示范区（以下简称鄱阳湖自创区），并要求积极开展科技体制改革和机制创新。科技创新是自创区建设的"主引擎"和"牛鼻子"。为更好地推动鄱阳湖自创区高质量发展，本文对中部地区4个自创区重点领域科技创新经验进行了总结分析，结合江西实际提出促进鄱阳湖自创区科技创新的对策建议。

一、中部地区自创区科技创新主要经验做法

江西之前，中部地区按照国务院批复时间先后依次有武汉东湖自创区

   * 本文以《中部地区国家自主创新示范区科技创新经验及对江西建设鄱阳湖国家自创区的启示》为题发表在《参阅信息》2019年第74期。2019年10月12日江西省委副书记、省长易炼红批示："中部兄弟省的做法和经验值得借鉴，所提对策建议值得重视，请晓军同志阅研。"10月10日江西省委常委、副省长吴晓军批示："请省科技厅认真借鉴，加大力度，加快推进鄱阳湖国家自创区的建设，近期专题议一次。"

（2009 年）、长株潭自创区（2015 年）、郑洛新自创区（2016 年）和合芜蚌自创区（2016 年）。各省坚持把科技创新摆在突出战略地位，在自创区管理体制改革、高水平科技创新基地建设、科技投融资体系构建、科技成果转移转化和"人才特区"建设等重点领域进行了改革创新，并取得明显成效，成为各省创新驱动发展的主引擎。

1. 推进自创区管理体制机制改革

国家自创区属于体制机制改革的先行区和试验田，管理体制创新是自创区创新发展的重要保障。一是成立以省主要领导为组长的（建设工作）领导小组，下设办公室，办公室一般设在科技厅。例如，2015 年湖南成立由省长为组长的长株潭自创区建设工作领导小组，办公室设在省科技厅。领导小组之下的纵向管理层次均在高新区设立管委会，负责本片区的日常管理。二是最大限度向自创区核心区放权。例如，《东湖国家自主创新示范区条例》明确东湖高新区管理委员会具有合法的政府行政管理职能和一级财政管理权限。河南赋予郑洛新自创区核心区与省辖市同等的经济管理权限和相关行政管理权限，建立自创区核心区与省直部门直通车制度，实现计划直接上报、项目直接申报、财政直接结算、经费直接划拨、用地直接报批、证照直接发放、统计直接报送。三是均及时制定了发展规划（或实施方案）和指导意见。东湖自创区还及时制定了自创区条例，其他 3 个也正在制定自创区条例，引导自创区加快发展、科学发展。

2. 打造高层次创新型产业集群

培育壮大创新型产业集群是推动产业转型升级的重要途径，也是各地推动自创区高质量发展的首要经验。例如，东湖自创区依托"武汉·中国光谷"品牌，重点发展光电子信息、生物医药、新能源和新材料、节能环保、智能制造等战略性新兴产业，建设国际先进水平的创新型产业集群，成为代表中国参与全球光电产业竞争的主力军。长株潭自创区实施创新型产业集群培育示范工程，重点打造"长沙·麓谷创新谷"、"株洲·中国动力谷"、"湘潭智造谷"，着力培育工程机械和轨道交通等 5 个千亿级创新型产业集群。合芜蚌自创区统筹推进"三重一创"，重点打造一批在国内外具有重要影响力的战略性新兴产业集聚发展基地，战略性新兴产业产值占全省的比重超过50%。郑洛新自创区着力打造国内具有重要影响力的高端装备制造、电子信息、新材料、新能源、生物医药等10个左右"百千万"亿级高新技术产业集群。

3. 建设高水平科技创新基地

高水平科技创新基地是自创区科技创新的策源地，直接决定自创区科技创新水平。一是加强创新型企业梯次培育。例如，东湖自创区按照"科技型中小企业—科技型高成长企业（科技'小巨人''瞪羚''独角兽'）—高新技术企业—创新标杆企业"的梯次培育路径，加大对高新技术企业的研发投入和补贴。2018年高新技术企业有2308家，居全国高新区第4位，"瞪羚"企业355家，8年增长10倍，"独角兽"企业5家。二是加强高水平企业创新平台建设。合芜蚌自创区突出"一室一中心"建设，对新认定的国家工程（重点）实验室、工程（技术）研究中心、国际联合实验室（研究中心），一次性奖励300万元。目前，合芜蚌自创区拥有国家大科学工程5个，研发机构2500多个，院士工作站近100个。三是加强高水平新型研发机构建设。合芜蚌自创区大力支持企业加强与国内外名院大所等开展科技创新和成果转化合作，建设了中科大先进技术研究院、中科院合肥技术创新院和清华大学公共安全研究院等20多个在国内有影响的高水平新型研发机构。

4. 健全科技成果转移转化激励机制

加速科技成果转移转化是科技创新的根本目的，也是促进自创区创新发展的主要抓手。一是发挥财政资金的引导作用。提出设立自创区专项基金，同时，以创投引导、风险补偿、研发补助、后补助、奖励等方式，促进技术研发和成果转化。二是鼓励科技人才创新创业。例如，东湖自创区实施"黄金十条"（2012）、"新黄金十条"（2018）和首创"科技悬赏奖"，创新创业政策领跑全国，明确允许和鼓励在校教师离岗、兼职创业，离岗创业期限为3～8年，对创业失败者最长给予6个月的失业保险金，补贴已缴社保费用的50%。三是加大对科技成果转化收益的激励。例如，长株潭自创区对推动科技成果转化，职务发明成果转让收益（入股股权），成果持有单位可按不低于70%的比例奖励科研负责人、骨干技术人员。东湖自创区明确将"三权"下放到科技人员和创新团队，将收益比例提高到70%以上，最高可达99%。四是加强知识产权保护。东湖自创区设立知识产权发展专项资金，高校与职务发明人共同申请专利按"三七开"比例分割现有知识产权。合芜蚌自创区实施重大经济活动知识产权评议制度，在全国率先探索知识产权质押融资工作。郑洛新自创区推动中国（新乡）知识产权保护中心，长株潭自创区建立战略性新兴产业重点领域知识产权联盟。

5. 推进科技金融结合创新

科技创新具有风险大、外部性强的特点，推动科技金融结合，是推动自创区科技创新的重要支撑。东湖自创区出台了"金融十五条"、"上市十条"等系列政策，大力发展科技支行、科技保险等专营机构，集聚知识产权交易、众筹交易等新要素市场，探索发展投贷联动、融资租赁、商业保理等科技金融新业态推动设立创新金融机构。长株潭自创区从加强财政科技资金市场化引导、完善科技金融融资服务体系、加强科技型企业融资支持、降低科技型中小微企业融资成本、推进科技保险发展五个方面，促进科技资源与金融资源有效结合。河南省启动实施"河南省科技金融深度融合专项行动计划"，围绕郑洛新自创区设立3只区域性子基金、设立首家"科技金融服务中心"（新乡），设立河南省科技投资平台，省市联动扩大"科技贷"规模，设立科技（支）行或特色分（支）行等科技金融专营机构。

6. 探索"人才特区"建设途径

为吸引更多优秀人才，各自创区纷纷创新人才招引、培养、评价、服务等机制，探索建设"人才特区"，实行特殊政策、特殊机制、特事特办，率先确立人才优先发展战略。东湖自创区设立1亿元光谷人才投资基金，打造出"光谷合伙人"、"3551光谷人才计划"、中国光谷3551国际创业大赛、"333会"、光谷菁英荟、才聚光谷校园招聘六大品牌，累计投入

18.7亿元人才专项资金，集聚了4名诺奖得主、61名中外院士、399名国家级高层次人才、6000多个海内外人才团队。长株潭自创区2017年启动"长株潭高层次人才聚集工程"，按一事一议的方式提供顶尖人才创新团队最高1亿元。合芜蚌自创区大力实施"国际化人才引育行动计划"、"外专百人计划"和"115"产业创新团队建设等重点人才工程，建立合芜蚌引进国外人才和智力试验区。郑洛新自创区内的国家高新区管委会实施全员聘任制、绩效考核制、薪酬激励制"三制"改革，集聚了河南80%以上的高层次创新人才，两院院士24人，院士工作站93个，柔性引进院士106人。

二、推进鄱阳湖自创区高质量发展的对策建议

中部4省国家自创区在建设发展中探索的上述好经验好做法，部分经验走在全国前列，值得江西学习借鉴。在此基础上，根据国家批复文件精神和江西实际拟提出如下建议：

1. 加强组织领导，做好顶层设计，推进自创区管理体制创新

一是成立由省主要领导为组长的鄱阳湖自创区建设工作领导小组，研究解决自创区建设中的重大事项和问题，下设办公室于省科技厅。加强部省对接，完善部际协调小组和省自创区建设领导小组工作机制，强化省直相关部门和7个设区市之间的沟通协调，建立定期会商制度。二是赋予鄱阳湖自创区所在的7个高新区管委会省辖市同等的经济管理权限和相关行政管理权限，建立自创区核心区与省直部门直通车制度。三是加快制定鄱阳湖自创区发展规划纲要和具体建设方案。以省委省政府名义出台支持鄱阳湖自创区高质量发展的指导意见，形成"1＋N"政策体系，明确战略定位、空间布局、发展目标、重点任务和具体实施办法。适时启动《江西国

家自主创新示范区条例》立法工作。相关各市、高新区也要结合实际，提出支持自创区建设的政策措施。

2. 聚焦主导产业，实施创新型产业集群培育工程，培育若干个世界知名、全国领先型的优势特色产业集群

一是科学编制鄱阳湖自创区产业发展中长期规划。立足现有产业基础和创新资源禀赋，统筹规划"一区七园"产业链发展路线图，每个高新区聚焦 1~2 个优势主导产业，实施首位产业"一号工程"，形成"优势互补、错位发展、特色明显、成群成链"的区域产业协同发展格局。二是着力打造一批国内领先型战略性新兴产业集聚基地。围绕产业链部署创新链，组织实施重大基础科研专项，着力建设一批重大新兴产业基地、重大新兴产业工程和重大新兴产业专项，重点培育壮大航空、电子信息、稀土、生物医药和新材料等一批国内领先型战略性新兴产业基地。三是实施创新引领型企业培育专项行动。扶持做强创新龙头企业，加快发展高新技术企业，实施"科技小巨人"企业培育工程，加快形成创新龙头企业引领、高新技术企业跟进、科技型中小企业支撑的创新型企业集群培育发展体系，在产业细分领域培育一批"隐形冠军"、"瞪羚企业"和"独角兽"企业。

3. 强化科技支撑，推进高水平科技创新基地建设，夯实自主创新的物质技术基础

一是实施"企业全周期研发支持工程"。实施基础研究补短板工程，鼓励 0~1 的原始创新。加大对企业研发投入的事后补贴力度，提升企业自主创新能力。强化企业创新平台建设，学习借鉴安徽"一室一心"（实验室和企业技术中心）建设经验，依托自创区内龙头企业，启动建设 10 个左右新时代江西省实验室和新时代江西省技术创新中心，作为国家创新基地"预备队"、省级创新基地"先锋队"。二是加强高水平新型研发机构建设。举全省之力支持南昌大学建设"双一流"大学。实施大院大所名校共建创新平台工程，支持国内外一流高校、科研院所和世界 500 强、国内 500 强等企业，采取委托研发、技术许可、技术转让、技术入股等形

式，在自创区设立或共建分支机构、研发中心、产业研究院和共性技术平台，开展产学研用合作。支持南昌（国家）大学科技城、赣州稀土国家产业技术中心、中科院江西中心等一批重大科技创新平台建设。三是实施"开放协同创新工程"，提升整合全球创新资源的能级。支持自创区内企业"走出去"，主动参与布局全球创新链，支持有条件的高等学校、科研院所和企业在"一带一路"沿线国家建立科技园区、离岸（海外）创新孵化中心、联合实验室、研发基地等创新平台，支持弹性柔性引进境外科学家参与科学研究。支持在长珠闽等科创资源集聚地区探索共建"科技飞地"。加强与中部兄弟省份的科技合作，牵头组建中部国家自主创新示范区科技创新联盟。

4. 坚持市场导向，加速科技成果转移转化，加快补齐科技创新转化能力短板

一是落实和完善国家科技成果转化政策。积极研究探索支持单位和个人科技成果转化的税收政策。扩大创业投资税前扣除政策享受范围，将促进中小高新技术企业发展的天使投资等其他股权投资行为纳入享受范围，同时放宽创投企业投资期限。二是加大科技成功转化激励。鼓励高校、科研院所与国有企业等在自创区建设大学科技园、技术转移机构、重大科技成果中试熟化基地、科技成果产业化基地，在规划编制、公共配套、土地保障、资金筹措、财政税收等方面给予开通绿色通道。下放科技成果使用、收益和处置权，科技成果转化收益用于奖励的比例不低于70%、最高可达99%。高等院校、科研院所以及企业引进省内外先进技术成果在自创区转化科技成果的，按照实现的技术交易额给予一定比例（如10%）奖励。鼓励采取科技成果入（折）股、股权奖励、股权出售、股票期权、科技成果收益分成等方式，对做出贡献的科研人员和管理人员给予股权和分红权激励。三是畅通成果转移转化渠道。采用定向组织、并行支持、悬赏揭榜等新型科研组织模式，加快推动重大科技成果转化，省财政给予适当资助。建立全省科技大市场（南昌），打造线上线下融合、信息资源共享的科技成果转移转化网络。完善军民创新规划、项目、成果转化对接机制，打通军民科技成果双向转移转化渠道。推动"孵化＋创投"、"创业导师＋持股孵化"、"创业培训＋天使投资"等孵化服务模式创新。四是全面加强知识产权保护。支持中国南昌知识产权保护中心和省级知识产权（专利）孵化中心建设，设立自创区知识产权专项资金，完善知识产权协同保护机制，实行知识产权民事、刑事、行政案件审判"三合一"。支持自创区建立专利、商标、版权、地理标志产品集中统一管理的知识产权管理体制。对符合条件的知识产权质押投融资失败项目给予一定比例的补偿。

5. 加大金融扶持，促进科技金融深度融合创新，构建多元化投融资体系

一是发挥财政科技资金的杠杆撬动作用。设立鄱阳湖自创区科技创新专项基金，重点支持重大关键技术研发、科技成果转化及新型研发机构建设发展。积极探索政府产业基金与优质基金机构合作设立创业投资基金、私募股权基金。鼓励国内外市场主体在自创区设立风险投资、创业（天使）投资基金及管理机构。二是支持发展科技信贷。鼓励金融机构在自创区设立科技金融专营机构，引导科技银行开发针对科技创新型企业特点的科技信贷、知识产权和股权质押贷款、应收账款质押和仓单质押贷款等创新型产品，支持符合条件的创新型企业发行各类债券。三是鼓励科技型企业对接多层次资本市场。推进南昌科技金融中心建设，打造"一站式"全流量的科技金融综合服务中心，建立集资源、政策、中介服务机构于一体的科技金融服务平台。优先支持自创区符合条件的企业上市、新三板挂牌和并购重组等工作。

6. 突出人才优先，实行特殊人才政策，探索建设"人才特区"

一是制定《关于江西国家自主创新示范区建设人才特区的若干意见》，率先在全省实施一系列特殊的人才引进、科技成果转化、人才管理与服务政策，打造中部创新人才高地。二是实施自创区"高精尖缺"人才集聚工程。面向全球，对标国内标杆城市，出台专项政策，重点吸引集聚全球顶尖人才、国内领军人才和团队。对海外顶尖人才，"一事一议、即来即报"。在南昌设立海外人才创新创业试验区，加快建设一批国际学校和国

际社区。建立高层次人才举荐制度和首席科学家制度。三是进一步激发各类人才创新活力。例如，赋予科研项目负责人在科研立项、资金使用等方面更大的自主权，提高绩效支出占比和间接费提取比例，对劳务费不设比例限制；加大对承担关键领域核心技术攻关任务科研人员的薪酬激励，探索实行一项一策、清单式管理和年薪制。创新人才服务方式，落户简化人事关系、档案、户籍等审批流程，实现自创区各类人才服务"一站式"办理。

外省（市）17 个国家级新区建设的经验教训及其对赣江新区建设的启示*

一、国家级新区建设主要经验及做法

（一）探索建立多元化投融资渠道，努力破解资金难题

国家级新区的开发建设，投资是发展基础，也是关键要素。为加快新区开发建设，各新区充分发挥政府投资的引导和带动作用，探索建立多元化投融资渠道。主要做法有：

1. 组建国有投融资平台公司，作为新区开发建设主体和投融资运作平台

主要由新区所在地的省、市政府及其部门（机构）通过财政拨款或注入土地、股权等资产设立国有主投融资平台，并在此基础上设立专业性平台子公司，承担区域内重大基础设施、土地开发、产业发展等投融资和国有资产经营管理等功能（见表1）。

---

* 本文发表于《金融与经济》（核心）2017 年第 7 期。

表1 部分国家级新区投融资平台情况

平台公司	资金来源及规模	主要功能
浦东新区的金桥、张江、陆家嘴、外高桥、浦发、港城集团	上海市国资委注册成立，注册总资本超200亿元，国资总量超1300亿元	负责新区内重大基础设施建设的投融资和国有资产的经营管理
天津滨海新区建投集团	天津市国资委出资滨海新区管委会实施监管的国有独资公司，注册资本300亿元	对域内基础设施、土地开发和循环经济产业进行投资管理和运作
两江新区开发投资集团	重庆市政府出资的市属国有大型企业，注册资本100亿元	对内重大基础设施、区域土地一级开发和现代产业进行建设和管理
青岛西海岸发展集团	青岛市政府出资的市直大型国有企业，注册资本100亿元	中小企业融资服务、筹备西海岸银行和筹建信托基金项目等功能
成都天府新区投资集团	天府新区成都管委会批准成立的市属国有独资公司，注册资本86.49亿元	城市基础设施、产业投资和创新创业、城市运营与管理、金融服务
贵安新区开发投资公司	贵州省出资的省管国有大（一）型企业，注册资本100亿元	主要负责新区投资开发建设、投资融资和产业发展三大板块

2. 充分发挥政府资金的引导作用和放大效应，依法发起设立各类基金

根据发展需要，依法发起设立政府引导、市场化运作的产业（股权）投资基金和创业风险投资引导等各类基金（见表2）。通过债权、股权、资产支持等多种方式，支持重大基础设施、重大民生工程、新型城镇化等领域的项目建设。

3. 大力发展政府与社会资本合作模式（PPP）

通过特许经营、政府购买服务等方式，在园区开发、环保、市政设施等方面采取单个项目、组合项目、连片开发等方式，吸引社会资本参与新区开发建设。早在1999年，上海浦东新区和张江高科合作首创了园区的BOO模式，开启了国内PPP模式在园区应用的先例。2015年两江新区总投资约70亿元的悦来新城海绵城市项目，针对不同项目公益属性、赢利

模式、运营周期等差异，合理选择 BT、BOT、ROT 等不同方式推进。西咸新区建筑产业化基地为全国首个小区干热岩供热 PPP 建设项目。

表 2　部分国家级新区政府类基金情况

基金	典型案例
产业发展基金	湘江新区设立 700 亿元的产业发展基金和重大战略项目投资基金（2016～2020 年），通过公开招募，由盛世投资、海捷投资两家基金管理公司受托管理
投资发展基金	福州新区设立 150 亿元的投资发展基金，专项用于新区公共基础设施、社会事业建设和新兴产业发展
发展基金	江苏省政府投资基金与江北新区管委会等共同出资设立 20 亿元的江北新区发展基金，重点投资新区的基础设施、优势行业和特色产业
产业引导基金	哈尔滨市出资 10 亿元设立哈尔滨新区产业引导基金，用于支持绿色食品、高新技术、文化旅游、生物医药、新能源、新材料、服务贸易等产业发展
创业风险投资引导基金	浦东新区在浦东科技平台下设立规模 10 亿元创业风险投资引导基金母基金，通过"协议配投"、"有限合伙人"、"有限合伙人 + 普通合伙人"三种出资方式，与国内外知名创投机构合作成立风险投资基金 21 只，撬动社会资本 400 亿元

4. 创新融资机制，构建多元化融资渠道

依托多层次资本市场体系，大力推动有条件的实体经济直接融资，支持企业上市融资。加大创新力度，丰富债券品种，积极发行企业（公司）债券、政府债券。加强与政策性、开发性金融机构（特别是国开行）以及境外金融机构的合作，拓展多元化项目融资渠道（见表 3）。

表 3　部分国家级新区多元化融资情况

融资渠道	典型案例
企业（公司）债券	西咸新区沣西新城开发建设集团公开发行 12 亿元公司债券，期限 7 年，采用固定利率形式，单利按年计息，用于新区信息产业园（一期）建设
地方政府债券	2016～2018 年，福建省财政每年安排福州新区地方政府债券资金不低于 3 亿元，专项用于新区基础设施建设

续表

融资渠道	典型案例
与政策性（开发性）金融机构合作	两江新区、贵安新区和湘江新区分别于 2010 年、2014 年和 2015 年与国开行签订战略合作协议，分别获 600 亿元、500 亿元和 570 亿元意向融资
融资租赁	滨海新区飞机、国际航运船舶和海工平台租赁业务分别占全国的 90%、80% 和 100%
境外融资	2015 年 8 月中国银行天津分行协助滨海新区建投集团完成两个期限合计 8 亿美元境外美元债券，这是天津市企业首例境外发行的美元债

（二）探索建立具有自身特色和优势的中高端产业体系，打造宜居宜业现代新区

产业发展是国家级新区成为区域经济增长极、落实国家重大发展和改革开放战略任务的重要载体。各新区以支柱和特色产业为抓手，构建现代产业体系，推动产城融合发展。

1. 探索构建符合现代产业发展趋势和自身比较优势的现代产业体系

从 17 个新区的主导产业分布来看（见图 1），紧跟国家战略性新兴产业发展导向，努力构建以先进制造业和现代服务业为主导的现代产业体系。制造业分布情况从高到低依次为新材料、装备制造、生物医药、新能源、电子信息、节能环保和航空航天，现代服务业主要集中在现代金融、现代物流、旅游休闲、文化创意、健康产业、信息服务和电子商务。同时，充分体现地域特色和优势，如浦东新区的现代金融、舟山群岛新区的海洋经济、贵安新区的大数据等主导产业规模大、层次高，在全国都具有较强影响力。例如，2016 年浦东新区累计拥有持牌类金融机构 900 家，占地区生产总值比重的 25% 以上。舟山群岛以海洋经济为主攻方向，重点打造港贸物流、临港装备、绿色石化、海洋旅游 4 个千亿级产业集群。贵安新区以大数据产业为主抓手，力争到 2020 年信息产业规模达 2000 亿元。

2. 探索创新引领产业转型升级新路径

各新区把创新作为引领发展的第一动力，以科技创新带动产品、业态

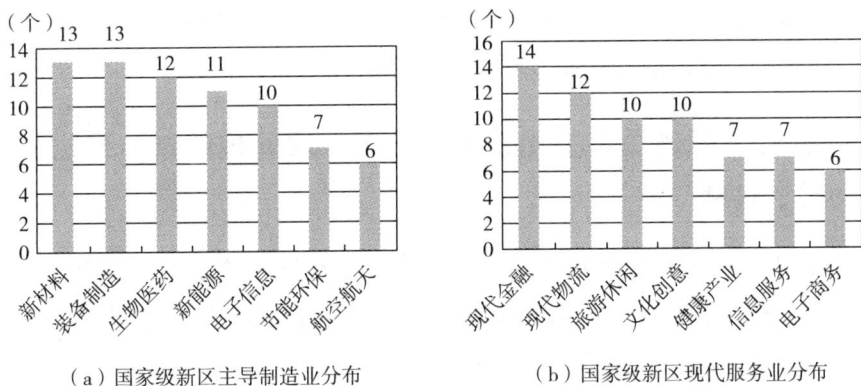

（a）国家级新区主导制造业分布　　　　（b）国家级新区现代服务业分布

图1　17个国家级新区主导产业分布情况

和商业模式创新，带动产业转型升级。浦东新区以"四新经济"（新技术、新业态、新模式、新产业）为主抓手，以"四城"（陆家嘴金融城、张江科技城、旅游城和航空城）为主战场，面向全球汇聚创新要素，打造具有全球影响力的科技创新中心核心功能区。滨海新区以国家自主创新示范区为依托，加快聚集创新平台（包括国家级研发平台57家，其中国家超算中心等15个创新平台在全国乃至世界具有影响力），以高端装备制造和战略性新兴产业为重点，建设全国先进制造基地；实施万企转型升级行动，推进化工、冶金、粮油轻纺等传统产业改造升级。贵安新区实施大数据战略行动计划，着力打造国家大数据综合试验区、大数据产业发展集聚区和大数据创新引领区。

3. 探索打造宜居宜业现代新区

浦东新区围绕"四个中心"核心产业园区建设，从建设初期就注重居住、科研教育、商业办公等功能相互、协调发展。滨海新区深化"一城双港、三片四区"空间布局，推动区域协调和产城融合。舟山群岛新区坚持陆海统筹、区域协同、千岛一体、产城融合，整体打造海上花园城。西海岸新区坚持以港促产、以产带城、港产城联动，构建港口大开发、产业大集聚的局面。湘江新区统筹各类功能区规划建设，推进功能混合和产城融合，在符合条件的产业园区规划和建设住房、医疗、教育、休闲等生活设施，推动产业园区向现代城市功能区转化。

（三）探索建立扁平化、大部门制行政管理体制，构建多方协同推进机制

从17个新区管理体制发展来看，一般要经历领导小组（初期）—管委会（必经阶段）—建制政府（成立早的比较成熟的新区如浦东和滨海新区）三个阶段，形成领导小组模式、合署办公模式、管委会模式和新区政府模式四种管理体制。为保障新区的高效运作，各新区采取边开发、边完善的方式建立健全管理体制和运行机制。

1. 成立新区（工作）建设领导小组（办公室）

为加快新区的开发建设，各新区在筹备和建设初期均成立省（市）级工作领导小组（办公室），对一些事关新区长远发展和重大战略做出部署和安排。对于跨两个市的实行管委会管理模式的国家级新区（除西咸新区外）都成立了以省（市）长甚至省委书记（如贵安新区）为组长的省级领导小组、建设小组或开发小组（见表4）。

表4 新区管理模式情况

管理模式	新区名称（获批时间）	省领导小组名称（组长）
新区政府模式	浦东（1992年10月）	浦东开发领导小组（副市长）
	滨海（2006年5月）	开发开放领导小组（市委书记）
管委会模式	两江（2010年5月）	新区开发建设领导小组（市长）
	兰州（2012年8月）	规划建设协调推进领导小组（省长任组长）
	西咸（2014年1月）	无省级领导小组
	贵安（2014年1月）	规划建设领导小组（省委书记）
	金普（2014年6月）	建设领导小组（省长）
	天府（2014年10月）	管委会主任（省长）
	湘江（2015年4月）	建设协调领导小组（省长）
	滇中（2015年9月）	规划建设领导小组（省长）

续表

管理模式	新区名称（获批时间）	省领导小组名称（组长）
管委会模式	江北（2015年6月）	工作领导小组（省长）
	长春（2016年2月）	建设领导小组（市委书记）
合署办公模式	舟山群岛（2011年6月）	工作领导小组（省长）
	南沙（2012年9月）	开发建设领导小组（市委书记）
	西海岸（2014年6月）	开发建设领导小组（区长）
领导小组模式	哈尔滨（2015年12月）	工作领导小组（市委书记）
	福州（2015年9月）	工作领导小组（市委书记）

2. 建立健全管委会等行政管理组织

按照"扁平化、大部制"的原则，建立健全管委会（党工委）日常机构，管委会一般为正厅级，全面负责新区的经济建设和开发管理。不同类型的管理体制，管委会内设机构各有侧重（见表5）。通过制定新区管理条例，赋予管委会市级政府经济管理权限，有的甚至赋予省级经济管理权限（如舟山群岛新区和西海岸新区）。例如，广州市、滨海新区和重庆市分别制定和出台了《广州市南沙新区条例》（2014年）、《天津滨海新区条例》（2015年修订）和《重庆两江新区管理办法》（2016年），对新区的规划、建设和管理等重大制度做出明确安排，特别是规范新区管委会的行政职责。此外，省直派机构主要有工商、环保、国土、税务等共性部门，有的还设置公检法、质量监督等部门。

表5　新区管委会内设机构情况

新区名称	管委会内设机构
两江	办公室、组织人事、宣传、经济运行、产业促进、现代服务业、科技创新、财政、建设管理、市政管理、法制、社会发展、教育、社会保障、审计、安监
兰州	党政办公室、党群工作、组织部、财政、经济发展、城乡建设管理、农林水务、社会保障、教育科技文化、环境保护、卫生、公安、综合执法
西咸	办公室、监察审计、国土资源、经济发展、建设环保、规划、财政、信息中心

续表

新区名称	管委会内设机构
贵安	办公室（应急办公室、保密办公室）、政治部（机关工委、群团工作）、政法与群众工作部（信访、司法）、经济发展局（交通运输、投资促进、统计）、财政、规划建设、社会事务、卫生和人口计生、安全生产监督、农林水务、城市管理、纪工委
金普	办公室、经济发展、商务、社会事业、民政、财政金融、人力资源和社会保障、环境保护、城乡建设、综合执法、交通、农业、审计、市场监管、安监、公共行政服务中心
天府	综合行政、政策法规、规划建设、经济发展、投资促进、发展改革
湘江	党政综合、经济发展、财政、国土规划、住建环保、纪工委（监察室）
滇中	综合管理、综合、组织人事、政策法规、审计、督察、经济发展、发展改革、经济贸易、园区发展、科技创新、招商合作、规划建设管理、规划发展处、综合执法处、建设管理一处、建设管理二处、财政局、财政综合、金融
江北	综合部、党群工作、科技创新与政策法规、经济运行（统计）、产业发展（招商）、规划国土环保、城乡建设、行政审批（政务）
长春	办公室、人事、财政、审计、政策研究、机关事务、发改工信、科学技术、商务、国资、政法维稳、国土、规划、住建、安监、社会事业、文化教育、卫生体育、科技文卫、执法、农委、亚太办
福州	置综合、规划、项目和督察四个工作组

3. 理顺管委会与行政（功能）区关系

在新区工作领导小组的组织协调下，统筹建立管委会与新区所在地方政府及功能区之间的关系。例如，两江新区采取"1加3"和"3托1"的管理模式，按照"统分结合"的方式，实行多元化协同管理和开发，实现"两江事情两江办、两江审批不过江"。贵安新区将新区分为直管区和非直管区，在国家级新区中第一个探索"新区＋乡镇"的两级扁平化管理体制，在全省第一个实现"一颗印章管审批、一个部门管市场、一支队伍管执法"。

二、国家级新区建设存在的几个突出问题

（一）投融资方面

土地融资难以为继、新型融资工具创新不足、PPP 模式落地难。一是新区建设初期大都倚重土地融资。新区开发建设初期往往都是通过把征收来的土地到银行抵押或质押贷款，其弊端是加重地方政府的债务负担，并面临新增建设用地指标紧张等问题。浦东新区开发建设初期的小区开发模式，其核心也是利用土地来融资。二是新型融资工具创新不足。以新区成立相对较早、融资创新较好的两江新区为例，2010～2015 年完成 1457 亿元融资中，财政资金和银行融资高达 64%，股权融资和融资租赁等新型融资不足 10%。三是 PPP 模式落地难。尽管国家大力推进 PPP 模式，各新区政府也积极推动这一工作，但真正落地的少，成功的更少。

（二）管理体制方面

行政主体多元、权责难分、利益难调。新区管委会是政府的派出机构，随着新区开发建设由基础设施向经济领域的不断深入，涉及的社会事务也逐步增多，原有行政区域的行政壁垒和利益冲突日益凸显。以西咸新区为例，陕西省赋予西咸新区管委会省级部门经济管理权限和规划、土地、建设、环保等行政管理权限，但在分级政府事务中，规划权、建设权等权限属于市级政府，规划许可证、施工许可证、房产证等证照的核发在市级部门。以土地权限为例，西咸新区所获享的陕西省国土厅相关权限，实际上只有土地指标，土地储备、交易、征地权在区县级政府，土地证由市级部门下发，新区管委会无法征地、挂牌、交易，更没有相应的规划建

设权。新区建设大量工作都需要西安、咸阳两市以及区县政府的配合，但在很多情况下，涉及的区县政府并不乐于配合，西咸一体化推进10年进展缓慢。为加强统筹协调，2011年西咸新区管理体制由"省市共建，以市为主"调整为"省市共建、以省为主"。

（三）产业发展方面

主导产业分散、产业规模小和产城融合度低。一是新区主导产业分散，并存在不同程度的同质化。例如，天府新区、兰州新区、福州新区等规划的主导产业超过10个，产业集聚程度不高，特色不鲜明。同时，新材料、装备制造、汽车、生物医药、新能源等战略性新兴产业同时被10家以上的新区列为主导产业，存在一定程度的产业同构和同质竞争。二是新区产业规模小，辐射带动力弱。最典型的就是兰州新区，2015年全区地区生产总值仅125.5亿元，工业增加值仅32.5亿元，对区域发展的带动力明显不足。三是产城脱节现象比较普遍。主要表现为新区产业、社会发展与城市总体规划缺乏合理协调，教育、文化、卫生、服务业等资源的引入远不能满足新区产业、人气的集聚，重点区域产城融合、功能提升亟待加强，郊区城镇整体发展水平滞后。

三、对赣江新区建设的启示及建议

他山之石，可以攻玉。学习借鉴17个国家级新区的成功经验与失败教训，加快建设多元化融资体制、中高端产业体系和精简高效管理体制，为建设体制先进、产城融合、宜居宜业、特色鲜明的一流新区提供有力支撑和保障。

（一）以土地和财政资金为先导，创新投融资体制机制

据估算，赣江新区每年需要 1000 亿元的资金投入。要发挥投资的关键作用，加快构建市场化、多元化投融资体制，为赣江新区建设提供强有力的资金保障。

1. 以资本为纽带，成立百亿级赣江新区投资集团

土地作价入股，是快速搭建规模强大的政府投融资平台最有效的途径。借鉴重庆两江集团公司，采用"1+4"开发模式的经验，探索以南昌市为主体成立注册资本金 100 亿元的赣江投资集团，作为新区的统一融资平台进行整体融资和战略合作，并带动新区 4 个功能区投资开发主体。具体而言，赣江集团可与 4 个功能区的投资公司按照一定比例出资，分别筹建 4 个开发公司，负责各片区的投资开发。资金由赣江集团统筹，4 个开发公司向赣江集团融资，并以各片区建设用地出让金作为偿还。政府前期可在土地出让金、配套费方面予以开发公司一定支持。通过优化整合资源、注入资产、产业联姻、股权投融资，积极与中央企业等有实力的产业、企业合作、构建便于吸收资金的大型产业集团。

2. 以财政资金为先导，发起设立赣江银行及各类投资（发展）基金

借鉴浦东、滨海等新区经验，适时研究筹建赣江新区股份制商业银行。以江西银行、九江银行为主要股东，引入战略投资者，并与新区 4 个功能区协商，争取共同设立股份制商业银行：赣江银行。加大与大型中央企业、国有企业、民营企业以及国开行等政策性金融机构的战略合作，引入战略投资者和专业化基金管理公司，设立"政府引导、市场化运作"的基础设施建设基金、产业投资基金（如航空产业专项基金）、公共服务发展基金，支持基础设施、科技创新、产业发展、生态环保等领域的重大项目建设。

3. 建立健全政银企合作对接机制，推进金融服务创新

加强与国内外金融机构合作，搭建信息共享、资金对接平台，协调金融机构加大对新区的信贷支持。一是加强国有银行的战略合作。鼓励金融机构优化审批流程，积极探索多样化的债权、股权融资工具，创新发展信

托、金融租赁、理财直接投资等多种融资服务，扩展在建工程抵押融资、按揭融资范围，探索绿色信贷新模式。二是充分发挥政策性、开发性金融机构积极作用。重点加强与国开行、农发行、进出口银行等政策性银行，"十三五"期间争取 500 亿元长期低利息融资。三是加快构建更加开放的投融资体制。支持开展股权和债权融资，加快发展融资租赁、互联网金融等新兴金融业态，规范发展融资性担保公司和小额贷款公司，提升地方金融服务能力。在风险可控的前提下，逐步放宽保险资金投放范围。逐步放宽境内企业和金融机构赴境外融资，完善境外发债备案制，募集低成本外汇资金。

4. 创新 PPP 回报模式，确保社会资本进得来、退得出、赚得到

进一步放宽市场准入，鼓励和引导社会资本积极参与新区交通、能源、产业园区以及市政工程等建设。统筹整合南昌、九江两市财政、土地、金融和政策等资源，将经营性项目和公益性项目有机组合，组织高水平的咨询公司和资深专家等精心设计项目实施方案，建立合理投资回报机制，打造典型案例。用好国家支持 PPP 项目证券化政策，加快 PPP 项目落地。支持共青城等中小城市，积极申报创建全国 PPP 创新重点城市，争取更多中央预算内投资、专项建设基金支持。

（二）创新整合以"领导小组＋管委会"为主的行政管理职能，加快建立统一高效的综合管理体制机制

根据《赣江新区实施方案》和《关于赣江新区管理体制的意见》，赣江新区的管理体制实质上是统分结合的管委会模式。应重点借鉴学习两江新区、贵安新区、西咸新区等跨区域国家级新区的经验教训，进一步建立健全"省级决策领导、新区独立运行、组团融合发展、部门协调联动"的管理体制和运行机制。

1. 高位推动，成立以省长、常务副省长为正、副组长的赣江新区建设领导小组

作为省委、省政府推进赣江新区建设的决策层、总协调，统筹协调新

区管委会及各个行政区，对事关新区发展的重大政策、重大战略、重大平台和重大项目等进行决策部署和协调调度。领导小组下设办公室，挂靠省发改委。

2. 优化机构，健全新区管委会职能

按照"扁平化、大部门、小政府"的基本原则，成立赣江新区管委会（党工委），作为省委省政府的派出机构，全面负责新区的规划、开发、建设和日常管理。管委会下设1个投资集团（赣江新区投资集团）、4个功能组团（昌北、临空、永修和共青城）、4个省直派驻机构（税务、国土资源、环保和工商）和11个日常机构（见图2）。为最大限度地精简机构和方便群众办事，组建"行政审批局"，实现"一个窗口流转、一颗印章审批"，建立健全审批"绿色通道"，对重大投资项目优先办理。同时，国税、地税实行合署办公。

3. 简政放权，赋予新区管委会更大自主权

借鉴两江新区、南沙新区等经验，加快研究制定《赣江新区管理条例》，由江西省人大批准施行，明确新区的行政主体地位。根据发展需要，逐步赋予新区设区市一级的管理权限和部分省级管理权限。最大限度赋予新区在投资项目建设、外商投资项目立项、城市建设等方面的审批、核准、备案和管理权，实现"新区的事新区办"，建设全省发展环境最优区。率先开展"四融合"（两化融合、产城融合、军民融合、一二三产融合）、"多规合一"、自贸区、公务员聘任制等改革试点，赋予新区更大自主发展和改革创新权。

4. 理顺关系，明确管理职责分工

借鉴两江新区、贵安新区等经验，采取直管区和非直管区分类管理体制。直管区由赣江新区管委会直接管理；非直管区由昌九两市所属地的各级政府和原功能区管理机构负责，并协助进行跨区域重大项目建设。新区管委会全面负责直管区的日常行政管理、开发建设和招商引资，协助当地政府做好直管区的社会事务。省直有关部门要加强对新区的业务指导和管理，统筹促进新区规范发展。各功能组团和省直派驻机构则受赣江新区管

委会和省直部门的双重领导，履行所辖行政区或部门的相关职责。

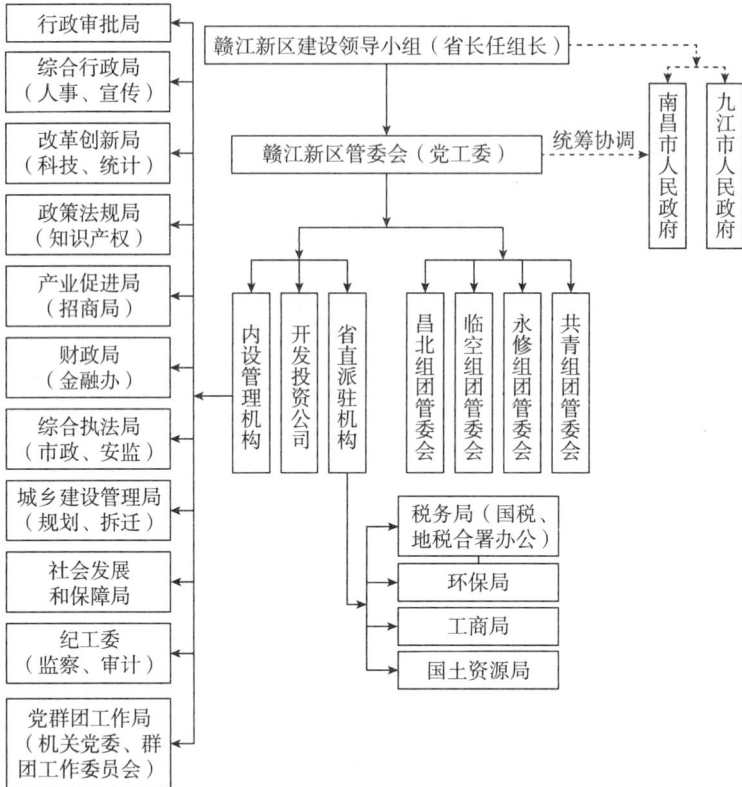

图2 赣江新区管理体制示意图

（三）突出特色优势和融合理念，提升重点产业竞争力，增强新区带动力

坚持重点突破、创新驱动、产城融合，以产业集群为主要抓手，通过强化产业配套、延伸产业链条、推进信息化改造等手段，优化产业结构，深化产城融合。

1. 突出特色优势，重点打造航空、LED、生物医药三大千亿主导产业

主导产业是新区辐射带动区域经济发展的有力抓手，是实现国家战略

任务的关键。重点依托洪都、昌飞等整机制造龙头企业，深化与中央企业的战略合作，高标准打造南昌航空城，争取国产大飞机核心试飞基地落户南昌，加快推进南昌国家通航产业综合示范区建设，积极创建国家军民融合创新示范区。以硅衬底 LED 原创技术为引领，做大做强"南昌光谷"，加快室外路灯、室内照明、导览应用等智慧照明产品的研发和产业化。依托国家医药国际创新园，以现代中药为主助攻方向，加快打造全国一流的医药产业研发、生产和物流配送重要基地。

2. 强化创新驱动，推动产业向中高端发展

支持省人才引进培育政策向赣江新区倾斜，探索实行国际通用的人才引进、培养、使用、评价、激励机制，集聚一批国内外有影响的科技领军人才、知名研究机构和孵化机构等创新资源。引导和支持有条件的企业自建、合建、并购收购等方式，创建国家级、省级重点（工程）实验室、工程（技术）研究中心等各类科技创新平台。积极创新财政资助、科技贷款、风险投资等融资方式，鼓励新区设立产业化示范基地和科技成果转化服务示范基地。以新产业、新业态为导向，重点支持赣江新区发展智能制造、智慧经济、分享经济、总部经济、绿色经济等新经济，完善产业链条和协作配套体系，形成传统产业与新兴产业融合创新发展新格局。

3. 坚持产城一体，全面推进产城融合发展

实行全域一体化规划，统筹考虑产业发展、人口集聚与城市建设布局，促进产业与城市融合发展、人口与产业协同集聚，做到产城融合、宜居宜业，努力将赣江新区建设成为全省产城融合示范区。促进高新区、临空经济区与周边街镇协同发展，加强新区基础设施和公共服务设施建设，逐步引导南昌市中心城区部分城市功能转移和搬迁到新区，提高人口集聚能力和园区产业发展人力支撑。支持赣江新区与省内外有条件的地区建立"飞地经济"、"战略联盟"等合作机制，进一步发挥集聚辐射功能。

牵住科技创新"牛鼻子" 跑出
创新发展"加速度"

——安徽科技创新崛起的主要经验及其对江西的启示*

习近平总书记多次强调，谁牵住了科技创新的"牛鼻子"，谁走好了科技创新这步先手棋，谁就能占领先机、赢得优势。近年来，安徽坚持科技创新发展核心战略，聚焦国家战略、新兴产业、高端平台、政策支持和环境改造，走出了一条具有安徽特色的创新发展新路，区域创新能力连续7年位居全国第一方阵、中部地区前列。科技创新能力不足，是制约江西高质量跨越式发展的最大短板。学习借鉴安徽以科技创新引领创新发展的经验，跑出江西创新引领的"加速度"，为江西"在加快革命老区高质量发展上作示范、在加快中部地区崛起上勇争先"提供强大支撑。

一、安徽科技创新政策及成效

近年来，安徽充分发挥科教资源优势，坚持把科技创新发展作为核心

---

　*　本文原文以《安徽科技创新崛起的主要经验及其对江西的启示》为题发表于《老区建设》2019 年第 5 期。

战略，统筹推进创新型省份、合芜蚌国家自主创新示范区、全面创新改革试验、合肥综合性国家科学中心等国家重大创新战略平台建设。出台了一系列促进科技创新发展的政策措施，从合芜蚌地区先行先试政策，到创新型省份获批建设后的"1+6+2"政策，到支持科技创新、"三重一创"、制造强省、技工大省建设等系列"十条"政策，实现了研发、转化、产业化等科技创新各个环节全覆盖，逐步构建了具有安徽特色的科技创新制度体系（见表1）。2018年末，安徽全省有各类专业技术人员230.7万人，从事研发活动人员24.4万人；全省全社会研发经费支出达630亿元，占地区生产总值的比重达2.1%。全省有效发明专利61475件，每万人口发明专利拥有量达到9.83件。拥有国家大科学工程5个，国家重点（工程）实验室26个，国家级工程（技术）研究中心39家，国家级高新技术产业开发区6个，高水平新型研发机构居全国前列。高新技术企业产值首次突破1万亿元，达到10947亿元。2012年以来，安徽区域创新能力连续7年位居全国第一方阵、中部地区前列。

表1 安徽省科技创新主要政策一览

序号	文件名	出台时间
1	安徽省人民政府关于推进安徽省实验室安徽省技术创新中心建设的实施意见（皖政秘〔2019〕137号）	2019年8月
2	安徽省人民政府办公厅关于印发支持科技型初创企业发展若干政策的通知（皖政办〔2019〕18号）	2019年6月
3	安徽省人民政府关于印发安徽省进一步优化科研管理提升科研绩效实施细则的通知（皖政〔2018〕108号）	2019年1月
4	安徽省促进科技成果转化行动方案	2018年8月
5	安徽省扶持高层次科技人才团队在皖创新创业实施细则（修订）（皖科〔2018〕1号）	2018年8月
6	关于促进经济高质量发展的若干意见（皖发〔2018〕6号）	2018年6月
7	关于进一步推进中小企业"专精特新"发展的意见（皖政〔2018〕46号）	2018年5月

续表

序号	文件名	出台时间
8	关于进一步推进大众创业万众创新深入发展的实施意见（皖政〔2017〕135号）	2017年12月
9	关于创优"四最"营商环境的意见（皖政〔2017〕120号）	2017年9月
10	关于印发加快建设创新发展四个支撑体系实施意见的通知（皖政〔2017〕76号）	2017年5月
11	支持"三重一创"建设若干政策的通知（皖政〔2017〕51号）	—
12	支持科技创新若干政策（皖政〔2017〕52号）	2017年4月
13	关于修订印发实施创新驱动发展战略进一步加快创新型省份建设配套文件的通知（"1+6+2"配套政策）	2016年3月
14	关于实施创新驱动发展战略进一步加快创新型省份建设的意见（皖发〔2014〕4号）	2014年2月

二、安徽科技创新快速崛起的 成功经验及主要做法

安徽作为中部内陆省份，近年来能实现科技"跟跑"到"领跑"的飞跃，得益于安徽省委省政府大力实施创新驱动战略，持续不断完善促进科技创新发展的政策举措，营造良好的创新创业创造发展环境，走出了一条以企业为主体推进自主创新的安徽特色之路。

1. 聚焦国家重大战略，打造"四个一"创新主平台

安徽抢抓国家创新驱动发展战略，依托科教资源大省优势，全力争取国家战略平台，拥有合肥综合性国家科学中心、合芜蚌国家自主创新示范区、系统推进全面创新改革试验省和国家创新型试点省四大国家级科技创新平台，形成自主创新的"安徽现象"，奠定了安徽在全国科技创新发展大局的重要地位。2011年合芜蚌试验区成为我国第4个自主创新重点区

域，参照中关村自主创新示范区开展企业股权和分红激励试点，享受与中关村同等政策待遇。2013 年 12 月安徽成为继江苏之后全国第二个开展创新型省份建设试点工作的省份。2016 年 6 月国务院批复建设合芜蚌国家自主创新示范区、系统推进全面创新改革试验省。2017 年 1 月国家批准建设合肥综合性国家科学中心。聚焦原始创新、技术创新、产业创新和制度创新，高质量"四个一"创新主平台建设，在争创国家科技创新基地、谋划新建重大科技基础设施等方面成效显著。"四个一"创新主平台已成为安徽建设现代化经济体系的重大支撑和推进自主创新的主要抓手，加快推动安徽由科技大省向科技强省跨越。此外，安徽还拥有合肥、马鞍山、芜湖 3 个国家创新型城市，为全省打造区域创新战略支点提供了重要支撑。

2. 聚焦战略新兴产业，推进"三重一创"建设

安徽着眼经济发展全局的长远战略，顺应产业变革趋势，加快推进重大新兴产业基地、重大新兴产业工程、重大新兴产业专项建设，构建创新型现代产业体系。重点打造新能源汽车、机器人、新型显示等重大新兴产业基地，量子通信与量子计算、石墨烯等重大新兴产业专项重大新兴产业工程，精准医疗、太赫兹芯片等重大新兴产业工程，加快建设具体安徽特色的创新型现代产业体系。先后制定出台了《安徽省促进战略性新兴产业集聚发展条例》、《支持"三重一创"建设若干政策》、《支持"三重一创"建设若干政策实施细则》，修订完善了《安徽省重大新兴产业基地、重大新兴产业工程、重大新兴产业专项管理办法》。省财政设立 300 亿元的省"三重一创"产业基金，从支持新建项目、奖励重大项目团队、支持企业境外并购、完善奖励机制、补助研发生产设备投入、补助研发试制投入、支持高新技术企业成长、支持创新平台建设、支持创新创业和运用基金支持 10 个方面强化细化具体支持政策。采取阶段参股、直接投资、跟进投资等方式，主要投向重大新兴产业基地、重大新兴产业工程中处于成长期和成熟期的项目。为支持"三重一创"，省财政对新认定的"一室一中心"分别给予 500 万元、300 万元支持，建立以绩效为导向的稳定支持和奖励机制。以"数字江淮"为引领，涌现了一批具有国际影响力的原创成

果。例如，世界首条千公里级量子保密通信骨干网"京沪干线"开通，中国科大首次实现 18 个量子比特的纠缠，稳态强磁场装置磁场强度达到国际尖端水平，世界最薄 0.12 毫米电子触控玻璃成功下线，合肥京东方全球液晶面板最高世代线 10.5 代线顺利量产，安徽农业大学在世界上首次破解中国种茶树全基因组密码，等等。截至 2018 年底，安徽有高新技术企业 5403 家，比江西多 1432 家；高新技术产业增加值占全省规上工业增加值的比重为 40.4%，比江西高出 6.6 个百分点。

3. 聚焦高端创新平台，按照"三个一批"梯次推进创新平台建设

坚持数质并重，按照"储备一批、培育一批、推荐一批"的思路，梯次推进企业技术中心建设，构建了国家实验室、大科学装置、交叉前沿平台，以及"一室一中心"为核心的创新平台体系。大力支持企业加强与国内外名院大所等开展科技创新和成果转化合作，建设了中国科技大学先进技术研究院、中国科学院合肥技术创新院和清华大学公共安全研究院等一批在国内有影响的高水平新型研发机构（见表 2），成为安徽科技创新发展的重要策源地。例如，中国科技大学先进技术研究院已建设联合实验室 47 家，累计引进各类人才 490 人，累计孵化企业 199 家，培育国家级高新技术企业 19 家，已申请专利 140 项。2018 年安徽省托大科学装置集群，全力推进量子信息科学国家实验室建设，启动建设量子信息与量子科技创新研究院、天地一体化信息网络合肥中心、离子医学中心、大基因中心等重大创新平台，组建首批 10 个安徽省实验室和 10 个安徽省技术创新中心，一年来总研究经费超 10 亿元，共引进业内有影响的高层次人才 60 多人，在争创量子信息科学国家实验室、建设重大科技基础设施、开展科研攻关等方面取得了明显成效。

4. 聚焦创新资金需求，完善"1 + 6 + 2 + N"创新政策体系

早在 2008 年安徽省财政每年安排 5 亿元专项资金，在合芜蚌全面实施升级创新型产业、培育创新型企业、集聚创新人才、建设创新载体、建设创新平台和优化创新环境"六大工程"，逐步构建了涵盖高校、科研机构、企业、中介机构等各类创新主体，包括财政、税收、金融等多样化工具的

表 2 安徽省代表性新型研发机构

名称	成立时间	共建单位	定位
皖江新兴产业技术发展中心	2012 年 4 月	中国科学院合肥物质科学研究院、铜陵市政府、安徽省科技厅	成为新兴产业技术领域重要的技术开发、集成、成果转化和产业化发展的综合应用平台
中科大先进技术研究院	2012 年 10 月	中国科学院、安徽省、中国科技大学、合肥市政府	国际影响的高层次人才聚集中心、高科技产业孵化基地和成果研发基地、转化基地
清华大学合肥公共安全研究院	2012 年 12 月	安徽省和清华大学	国际一流的公共安全科技创新和产业转化基地
合工大学智能制造技术研究院	2014 年 4 月	安徽省、教育部、工业与信息化部共建，合肥市、合肥工业大学承建	"立足合肥、面向安徽、辐射全国"的智能制造技术创新、成果培育与转化、高端人才培养引进和国际交流合作平台
中科院合肥技术创新工程院	2014 年 6 月	中国科学院合肥物质科学研究院与合肥市政府	科研、产业化和资本运作的有机融合，建设合肥高科技产业技术创新高地
芜湖哈特机器人产业技术研究院	2014 年 7 月	芜湖机器人有限公司、哈尔滨工业大学	机器人产学研结合的公共产业技术研发平台
北航合肥创新研究院	2016 年 7 月	安徽省、合肥市与北京航空航天大学	科学研究、技术研发、成果转化等功能的创新联合体，主要布局软件工程、信息与通信工程、网络空间安全等

科技创新制度体系。以奖励、后补助、股权投资和债权投入等多种方式，重点支持科技研发、成果转化、企业孵化产业化、创新服务体系建设、知识产权创造保护等。2017 年起，安徽计划 5 年内设立总规模 20 亿元的省级种子投资基金、总规模 150 亿元的省级风险投资基金，以及总规模 500 亿元的省战略性新兴产业发展基金，打造覆盖企业全生命周期的基金体系。修订和拓展了创新型省份建设相关配套政策措施，不断完善支持科技创新的政策体系。例如，支持科技研发方面，单个企业（项目）补助最高

可达 500 万元；扶持高层次人才团队在皖创新创业、转化科技成果最高支持 1000 万元。对新获批的国家高新技术产业开发区，省一次性给予 300 万元奖励，对国家级、省级科技企业孵化器或众创空间，市（县）先行奖补，省分别给予 100 万元、50 万元奖励。对开展公益性共享服务的农业种质资源库（圃），依据绩效情况，省给予最高可达 200 万元奖励。对新认定的国家知识产权示范企业，省一次性给予 100 万元奖励。支持鼓励大院大所在皖设立研发机构，按落户市对研发机构资金支持额度的 10% 给予补助，最高可达 1 亿元。

5. 聚焦创新环境改善，启动实施"三比一增"专项行动

安徽省委、省政府成立"三比一增"（即比创新、比创业、比创造、增动能）专项行动领导小组，定期对各市开展评价，评价结果纳入省政府目标管理绩效考核。专项行动包括高新技术企业加速成长、促进民营经济发展、企业家培育、重大项目提升和创优营商环境提升行动 5 项具体行动，着力推动高新技术企业培育和加快发展，努力营造有利于企业家健康成长的良好环境。通过"四送一服"双千工程集中活动，组织千名机关干部，深入千家企业，送新发展理念、送支持政策、送创新项目、送生产要素，服务实体经济，常态化开展送基金进市县活动。建立健全科技创新政策评估和动态化调整机制，定期对政策执行情况和实施效果进行制度化、规范化和常态化的监督评估。围绕创新政策的落实，定期开展政策调查和宣传培训，为科技政策动态调整提供依据。

三、加快江西科技创新高质量跨越式 发展的对策建议

近年来，安徽牵住了科技创新这个"牛鼻子"，聚焦国家战略、新兴

产业、创新平台、创新要素和创新环境等科技创新关键环节和领域，实现了科教资源大省向科技强省、创新强省的转变，为江西实施创新驱动、建设创新型省份提供了有益启示。

1. 借鉴安徽打造"四个一"创新主平台经验，高位推动江西国家自主创新示范区建设高质量发展

国家级创新战略平台，是推动区域创新发展的引爆点。安徽正是抓住了国家创新驱动发展战略机遇，提前谋划、高位推动、久久为功，实现了以"四个一"创新主平台为牵引的创新大跨越，值得江西学习借鉴。近日，国务院正式下发《关于同意南昌、新余、景德镇、鹰潭、抚州、吉安、赣州高新技术产业开发区建设国家自主创新示范区的批复》。国家自主创新示范区已成为区域发展的创新高地、国际科技创新合作的前沿阵地。江西要抓住和用好这一"金字招牌"，引领全国高新区和开发区高质量发展。要按照国家要求，大胆推进科技创新体制机制创新，重点在优势特色产业集群培育、高水平科技创新基地建设、科技投融资体系构建、人才引进培养、科技成果转移转化、知识产权协同保护、科技精准扶贫、协同开放创新等方面探索示范。要突出江西特色和优势，着力打造国家自主创新示范区江西品牌。例如，突出江西最大生态优势，打响生态科技创新品牌；强化赣江新区核心引领作用，打造全国绿色金融创新品牌；强化南昌首位城市功能，高标准建设南昌航空城、中国光谷、世界 VR 产业基地等品牌；加强文化科技创新，唱响景德镇千年瓷都、鹰潭绿色铜都等文化品牌；用好军民融合优势，打造全国军民融合创新江西样板。要紧紧抓住科技创新这个"牛鼻子"，坚定不移实施创新驱动发展战略，着力加强原始创新、集成创新和关键领域技术创新，打造一批具有自主知识产权的江西品牌，加快建设创新江西。

2. 借鉴安徽推进"三重一创"建设经验，加快建设江西创新型现代产业体系

产业是区域经济发展的关键和基础，区域创新能力的提升离不开战略性新兴产业的支撑。安徽创新能力的大跨越，与之实施"三重一创"密不

可分。要学习借鉴安徽抓重大新兴产业基地、重大新兴产业工程、重大新兴产业专项建设经验，坚持有所为有所不为，加快建设江西创新型现代产业体系，培育壮大经济发展新动能。一是突出江西优势，深入实施工业强省战略，大力推进战略性新兴产业倍增工程，重点抓好航空、电子信息、生物医药、新材料、新能源、虚拟现实、大数据和装备制造等战略性新兴产业，着力打造一批具有全国乃至世界影响力的战略性新兴产业集群。二是加大高新技术企业培育力度。高新技术企业是建设创新型现代产业体系的主体。要加大高新技术企业的培育，对新认定的高新技术企业和省"专精特新"企业给予更大力度的奖补和项目扶持，在产业细分领域培育一批"隐形冠军"和"独角兽"企业。三是促进科技金融结合创新。围绕省重点战略性新兴产业，设立 300 亿元省"三重一创"产业发展基金，省政府每年出资 50 亿元作为引导资金，采取阶段参股、直接投资、跟进投资等方式，重点投向"三重一创"成长期和成熟期的项目。加快赣江新区绿色金融改革创新试验区建设，深入推进企业上市"映山红行动"，提高金融服务实体经济能力。

3. 借鉴安徽梯次建设创新平台经验，建设江西高质量创新平台体系

"一室一中心"是企业科技创新的主阵地，也是安徽科技创新的"牛鼻子"。要强化企业创新主体地位，加强企业"一室一中心"建设，通过项目资助、后补助、PPP 等方式，大力扶持各类企业建设省级实验室、技术中心，并支持有条件的企业积极创建国家级"一室一心"。面向国内外科技创新源，建设开放型新型研发机构，也是安徽省科技创新的一大亮点。要学习安徽经验，支持大院大所开展科技创新合作，支持企业加强与国内外大院大所、领军企业、行业协会开展战略合作，在航空制造、生物医药、电子信息、虚拟现实、稀土等重点行业、龙头企业、产业基地、产业园区，加快组建一批省级以上重点实验室、工程技术研究中心、企业技术中心、科技企业孵化器、产学研协同创新平台等创新平台，推动产学研一体化发展。对经省级认定的新型研发机构，依据绩效评价情况给予最高500 万元奖励。瞄准国际产业技术创新制高点，聚焦关键核心技术，合力

开展攻坚，不断提升江西自主创新能力和科技进步水平。近年来，安徽始终把高新技术产业开发区建设作为实施创新驱动发战略的重要载体，有效地带动了全省区域创新体系建设和高新技术产业发展。2018年，全省16家省级以上高新区共实现工业总产值9735.4亿元，其中合肥高新区入选科技部"世界一流高科技园区"建设序列。

4. 借鉴安徽"1+6+2+N"科技创新支持政策经验，强化细化江西科技创新支持政策体系

2018年安徽省全社会研发经费支出达630亿元，占地区生产总值的比重达2.1%，分别是江西的1.62倍和1.5倍。与安徽相比，江西支持科技创新的政策需要强化和细化，部分政策只有发展导向缺乏可操作标准或实施细则。一是加大财税对科技创新的支持。加大财政投入，从省战略性新兴产业基金和创新型省建设基金中提取一部分用于科技创新，逐年提高全社会研发经费支出占GDP比重。在全面落实国家支持创新创业各项优惠政策的同时，进一步加大对科技创新的财税优惠。例如，明确科技成果转化收益用于科技研发团队的奖励提高到不低于70%等。二是加大金融支持科技创新力度。设立科技金融专项资金，成立集"投、保、贷、补、扶"于一体的省级科技金融集团，建立省市县三级科技金融服务中心，为科技创新提供"一站式"、全方位服务。综合运用创投引导、贷款贴息、风险补偿和保费补贴等方式，大力发展风险投资、科技支行、科技担保、知识产权质押贷款等。三是加大创新人才引进和激励。科技创新本质上是人才驱动。围绕"人"深化科技体制改革是安徽创新最鲜明的特点。借鉴安徽"人才+成果+金融+基地"的模式，实施更加灵活、更加精准的高层次人才政策，着力引进高层次科技人才团队，取得约定绩效的团队可获得所支持资金的直接奖励或股权回购奖励。完善国有企事业单位科研人员股权和分红激励政策，允许转制院所和事业单位专业技术人员以"技术股+现金股"形式持有股权。对离岗创业科技人员将过渡期由3年提升至5年，并依法保障其在原单位的社会保障福利。对从国外、省外引进的高层次人才和急需紧缺人才申报职称开辟"绿色通道"。

5. 借鉴安徽"三比一增"专项行动经验，营造鼓励创新创业创造的社会氛围

安徽开展"三比一增"行动，其本质上就是大力营造鼓励创新创业创业的良好环境，加快培育新经济新动能。当前，江西要以"五型政府"、"四最"营商环境打造为目标，具体抓好抓实以下创新创业环境：一是优化民营科技创新环境。对民营企业"一视同仁"，凡是国有企业能享受的科技创新政策，民营企业一律平等享受。提高对民营企业"一室一心"和产学研合作的奖励力度。支持民营企业建设院士、博士后科研工作站，支持民营企业建设技能大师工作室，并按规定给予补助。推动科研机构、高等院校的大型科研仪器和实验设施向民营企业开放等。二是实施创新型企业家培育。例如，开展百名优秀创新型企业家评选表彰。对创新型企业家创办或领办的企业，给予最多 3 年贷款贴息。实施企业家人才队伍素质提升工程，推广"企业家培养企业家"模式。三是实施江西"四送一服"双千工程，组织千名机关干部，深入千家企业，送新送政策、送项目、送融资、送人才，服务实体经济，构建亲清政商关系。完善赣服通服务平台，及时汇集各类政策和政府服务信息，实现政策信息"一站式"服务。四是完善"项目为王"考核机制。牢固树立项目为王的理念，围绕项目签约数、落地率、开工率和税收贡献等关键指标，定期考核通报，形成招商引资进位赶超新格局。开展中小企业发展环境评估，建立健全营商环境投诉举报、查处回应和抽查体检等制度。五是深化科技管理体制改革。深化科技领域"放管服"改革，赋予科研人员更大的人财物自主支配权，充分调动积极性。例如，开展科研项目经费使用"包干制"改革试点，提高社会科学类科研经费间接费比例；大力推进科技资源开放共享，推进大型科学仪器设备向民营企业开放；健全知识产权保护体系，加大知识产权综合执法力度；推行网上办理、信息共享、电子材料和评估结果互认，项目管理全程"可申诉、可查询、可追溯"。

参考文献

[1] 汪永安. 下好创新先手棋：安徽全方位激发科技创新活力 [N].

安徽日报，2019 - 04 - 17.

［2］安徽省统计局，国家统计局安徽调查总队．安徽省 2018 年国民经济和社会发展统计公报［N］．安徽日报，2019 - 02 - 28.

［3］杨杨．"三重一创"助力产业转型升级［EB/OL］．http：//ah. anhuinews. com/system/2017/10/15/007728825. shtml.

［4］汪恭礼．安徽推进"三重一创"建设的现状、问题及对策建议［J］．财政科学，2018（6）.

［5］吴长峰．安徽："一室一中心"成为创新强劲引擎［N］．科技日报，2019 - 05 - 08.

［6］李永华．安徽"四送一服"破解民企发展之困［J］．中国经济周刊，2018（12）.

［7］马宗国，张辉．推进国家自主创新示范区高质量发展的战略思考［J］．宏观经济管理，2019（7）.

［8］李环环．全力打造高新区创新主阵地加速推动安徽高质量发展［J］．安徽科技，2019（5）.

［9］王百江．改革开放中崛起的安徽科技创新［J］．安徽科技，2018（6）.

［10］余建斌，冯华．破除"重物轻人"观念深化科技体制改革［N］．人民日报，2019 - 07 - 08.

加快江西航空小镇布局与建设研究[*]

一、加快江西航空小镇建设的重要意义

航空小镇起源于美国，是基于通航核心业务和基础设施，可具备生产、居住、商务、休闲、旅游、会展等多功能指向的城镇化集聚区，又称"航空社区"。航空小镇既是通用航空（以下简称通航）和全域旅游发展的新载体，也是新型城镇化和新兴产业发展的新平台。加快航空小镇建设，对江西加快推进航空强省、旅游强省和特色小镇建设以及新旧动能转换等具有重要意义。

1. 抢占通航先机、加快迈向航空强省的战略举措

抓住抢占国家大力促进通航发展的历史机遇，积极抢占万亿元通航市场，加快补齐江西通航短板，有利于进一步巩固航空制造优势，加快

　　* 本文发表于《内部论坛》（专报），2017 年 10 月 9 日时任江西省省长刘奇批示为："所提建议有较强的针对性、可操作性，请伟明、晓军同志组织有关部门认真研究，形成工作意见，并抓好落实。"

　　2017 年 10 月 30 日时任江西省委书记鹿心社批示："印送省发改委、省工信委、省国防科工办、省住建厅等相关部门阅研。"

建设全国领先的航空制造高地和全国通航发展示范省，早日实现江西"航空梦"。

2. 发展全域旅游、加快旅游强省建设的有效载体

高标准推进航空小镇景区景点建设，大力发展全域旅游，推动"航空＋旅游"融合发展，创造和培育旅游新业态、新模式，有利于加快推动江西旅游扩规模、提品质、树品牌，开辟旅游强省建设新路径。

3. 深入推进新型城镇化、加快江西特色小镇建设的重要抓手

航空小镇是以航空为主题的特色小镇，是新型城镇化的新业态。坚持绿色引领，夯实航空小镇产业基础、完善城镇服务功能，优化生态环境，将航空小镇建设成为宜居宜业宜游的美丽宜居新城，有利于提升江西城镇化质量和水平，打造美丽特色小镇和美丽中国的江西样板。

4. 加快培育经济发展新动能，加快江西新旧动能转换的重要力量

航空小镇是跨界的新兴产业集聚区。以技术创新为引领，以新技术新产业新业态新模式为核心，加快航空小镇建设，做大做强航空制造、通航运营、航空服务、低空旅游等新经济、新形态，有利于培育壮大江西经济发展新动能，加快经济转型升级步伐。

二、国内航空小镇发展态势及主要做法

随着我国新型城镇化深入推进、低空空域改革有序推进和通航产业政策持续加码，作为聚集通航产业的航空小镇在全国特色小镇建设大潮中风生水起。浙江明确提出，"十三五"时期重点建设 10 个左右航空特色小镇，并已进入实质性启动阶段。江苏、四川、湖北、贵州、山东、广东、河北等 10 多个省市也纷纷提出规划和建设航空小镇，部分已经开工建设和运营，并取得良好经济、社会、生态和品牌效益。

综观国内航空小镇发展态势，主要有以下做法和特点：

1. 布局选址：主要"看天、看地、看景"

航空小镇一般选择空域条件好、土地资源丰富且适宜低空飞行以及风景优美、空气清新的地域。其中，通用机场为航空小镇布局的核心条件。例如，浙江10个重点建设的航空小镇均有通用机场（已建或拟建）。从航空小镇规划面积来看，核心区绝大多数控制在3~5平方千米，少数旅游度假型的大于5平方千米。国内已规划、建设的航空小镇如表1所示。

表1 国内已规划、建设的航空小镇

省份	名称	面积（平方千米）	投资（亿元）	投资主体	建设情况
浙江	建德航空	3.57	52.8	浙江虹湾、赛伯乐、万丰奥特	2015年边建边运营
	平湖航空运动	3.6	57.8	海航集团	2016年正式运营
	萧山空港	3.2	58	空港新城管委会	2016年规划建设
	德清通航智造	3.5	61.1	中航通飞、广东龙浩、国网通航	落户中航通飞浙江分院
	安吉通航	3	100	中航工业、中国航空器协会	2015年规划论证，已运营
	台州无人机航空	3.9	64	北京航空航天大学	2016年7月开工建设
	新昌万丰航空	3.1	100	万丰航空	2016年5月开工建设
	横店航空	3	75	横店集团、浙江东华通航	列入省"十三五"规划
	宁海滨海航空	3.5	58	龙浩集团	2017年6月正式签约
	绍兴滨海航空	1.7	50	中国民航大学	2016年5月开工建设
江苏	南通爱飞客	1.3	50	中航通飞、江苏通州湾	2013年7月正式签约
	镇江航空教育	3.6	100	江苏大路航空、江苏无国界航空	2017年4月开工建设
	常州智航	3	—	北京通航	2016年7月建设投产
四川	自贡航空	16.9	100	中航通飞	2015年11月机场运营
	彭州3D航空	12.1	25.1	成都航利集团	2013年启动建设

省份	名称	面积（平方千米）	投资（亿元）	投资主体	建设情况
湖北	荆门爱飞客	30	200	中航通飞	2015 年 10 月启动建设
	蔡甸区航空	10.6	15	武汉蔡甸祥云通航	2016 年 7 月开通低空旅游
贵州	黎阳航空	5.4	27	黎阳航空动力	2016 年 10 月开工建设
	贞丰航空	1.3	20	四川中蓝通航	2015 年 4 月签约
山东	莱西航空文化产业	2.3	—	青岛泛美航空	2016 年 9 月签约
	平度航空	3	—	青岛航空产业投资服务中心	2016 年 12 月开工建设
广东	人和航空	—	25	华南国际商务	2016 年 4 月规划建设
	珠海飞行航空	—	15	中航通飞、珠海通航	2017 年 6 月规划建设
河北	李哥庄航空	4	27	胶州市政府	2015 年 5 月规划建设
	栾城航空	4.7	—	中国宏泰、中航通飞华北	已办两届通运航展
广西	伶俐航空	4	57	南宁产投通航	2016 年 12 月开工建设
新疆	阿勒泰航空	—	—	恒久通航、中航	2016 年 3 月签约
福建	泰宁航空	—	—	中房老龄产业集团	2017 年 6 月签约
海南	澄迈航空旅游风情	—	—	安华通航	2015 年 8 月签约
河南	五云山飞行	—	70	奥伦达部落	2014 ~ 2017 年郑州航展
湖南	宁乡航空	2	26	长沙驭风航空飞行俱乐部	2015 年酷杰中国飞行者大会
北京	怀来航空	3.1	—	利世通航	2014 年 8 月举办低空飞行

2. 运作方式：政府引导、企业为主、市场化运作

一般是航空企业与小镇所在的县市区政府（或开发区管委会）签订战略合作协议，单独或联合相关企业进行投资建设；投资规模较大，大都在 50 亿元以上。其中，通航运营与服务相关企业是航空小镇投资建设、开发运营的主体。特别是中航工业旗下的中航通飞是国内通航小镇的倡导者和主力军。早在 2014 年中航通飞宣布，到 2020 年拟在全国建设 50 家"爱

飞客"城市综合体。中航通飞已先后在湖北荆门、江苏南通、新疆阿勒泰等地建设了"爱飞客"通航小镇，并取得较好的经济、社会和品牌效益。

3. 产业发展："航空+"引领多产业融合、全产业链延伸

"航空+旅游"、"航空+运动"、"航空+教育培训"、"航空+高端住宅"等为主要模式，其中"航空+旅游"最为普遍，几乎每个航空小镇均与大旅游紧密相关，并致力于建设成为3A级以上旅游景区。根据主导产业和主题特色，航空小镇大致可分为旅游度假、运动体验、赛事会展、生产制造和教育培训五种类型（见表2）。

表2　国内航空小镇的主要分类及典型代表

类型	典型代表	发展重点	备注
旅游度假	建德航空小镇	通航制造、运营和旅游	浙江首个省级航空特色小镇
	澄迈航空旅游风情小镇	水上飞行、航空旅游及培训	海南首个通航风情小镇
	泰宁航空小镇	养生养老、低空旅游	福建首个通运航空小镇
	平度航空小镇	低空旅游、通航作业及培训	预建成国家级5A景区
运动体验	荆门爱飞客小镇	航空体验运动、科普、培训	国内首个通航综合体
	南通爱飞客小镇	航空体验运动、科普、会展	江苏首个通航综合体
	宁乡航空小镇	滑翔运动、通航应用	预建中南最大的滑翔基地
赛事会展	珠海飞行小镇	航空体育赛事	全国首个航空体验飞行小镇
	五云山飞行小镇	航空运动体验、国际航展	2015~2017年三届郑州航展
	安吉通航小镇	航空器研发、制造、展示	两届无人飞行器创新大奖赛
生产制造	常州智航小镇	通航制造、运营服务、物流	以航空高端智造为特色
	德清通航智造小镇	航空研发、智造组装、运营	浙江首个通航制造基地
	彭州3D航空小镇	航空动力研发、高端3D打印	全国首个航空3D打印小镇
	台州无人机航空小镇	无人机生产、航展、公园	全国首个无人机产业基地
教育培训	镇江航空教育小镇	航空教育、制造、生态休闲	国内首个航空教育小镇
	李哥庄航空小镇	飞行社区、商务、生态旅游	入选全国首批特色小镇
	莱西航空文化产业小镇	航空教育、科技、文化旅游	山东首个航空教育小镇

4. 城镇建设：以通航产业为核心打造产城融合综合体

各地结合美丽特色小（城）镇建设，充分依托通航优势、产业优势、文化特色的特色元素，推进生产、生活、生态"三生"融合，打造各具特色的宜居宜业宜游的航空小镇。同时，将符合条件的航空小镇及时列入省级特色小镇创建名单，并积极申报国家特色小镇。荆门爱飞客小镇、李哥庄航空小镇和建德航空小镇分别入选第一批和第二批国家特色小镇。

5. 政策扶持：加大资金和土地等要素保障

目前，国内航空小镇建设大都处于规划建设阶段，除浙江之外各省市尚未出台针对航空小镇的专门政策，主要参照特色小镇政策。浙江对列入省级特色小镇创建名单的航空特色小镇，给予新增财政收入上缴省财政部分前3年全额返还、后2年返还一半给当地财政。同时，支持解决通用机场、通航制造基地等项目的发展用地指标，优先将其列入省重点项目和重大产业项目名单，并给予重点保障。

三、加快江西航空小镇布局和建设的建议

加强省级层面的规划、政策和制度引导，合理控制数量，有序有效推进，启动建设10个左右特色小镇。

1. 统筹空域、产业和生态三大选址条件，有序规划建设10个左右特色航空小镇

一是加强省级规划统筹，合理控制数量，有序有效推进。充分考虑江西通用机场建设时序、航空产业发展基础和生态环境条件，围绕航空先进制造、运营服务、旅游休闲和运动体验等领域，及时启动布局10个左右航空特色小镇。其中，"十三五"重点建设南昌瑶湖航空旅游小镇、景德镇吕蒙航空小镇、吉安桐坪航空运动小镇、庐山西海航空小镇和南康无人

机航空小镇五个航空小镇。同时，支持共青城、高安大成、宜春上高、新余分宜、安福武功山等地结合通航机场和自身条件，建设各类航空特色小镇。二是科学规划航空小镇空间布局。突出"多规合一"，与国民经济和社会发展规划、城镇总体规划和土地利用总体规划等相衔接，合理规划生产、生活和生态空间布局。根据国家特色小（城）镇申报条件及国内航空小镇规划建设经验，航空小镇规划面积一般控制在 3 平方千米左右（旅游类航空小镇可适当放宽），其中核心区建设面积控制在 1 平方千米左右。三是高起点、高标准推进航空小镇建设。所有航空小镇按 3A 级以上景区建设，旅游度假型航空小镇按 5A 级景区标准建设。

2. 坚持定位、产业和风貌"三位一体"，做好"三特"文章

产业选择决定小镇未来，特色决定小镇发展的竞争力。坚持定位、产业和风貌"三位一体"，做好"定位特"、"产业特"和"风貌特"文章。一是明确"一镇一定位"。围绕生产制造、旅游度假、运动体验、赛事展会等类型，明确主攻方向，进行差异化布局。二是突出"一镇一主业"。做精做强主导产业，将主导产业打造成特色小镇发展的核心竞争力。三是塑造"一镇一风格"。加强对小镇景观体系、建筑风格、形态、色彩等的科学设计，培育独特的航空小镇文化标识和风貌（见表3）。其中，吕蒙航空制造小镇突出直升机制造主题，集中发展航空整体研发制造、航空零部件配套制造、航空文化旅游和综合服务业，打造我国直升机的核心基地和全国通用航空产业示范区。瑶湖现代航空小镇突出大飞机和水上飞行主题，打造我国教练机核心基地、航空转包、航空配套设备及零配件加工重要基地和中部地区重要的航空休闲旅游基地。桐坪航空运动小镇突出航空运动主题，全力打响跳伞锦标赛品牌，积极开展航空航天模型、热气球、动力三角翼等运动项目，打造江西第一家航空运动小镇和全国重要的航空体育运动训练基地。庐山西海航空休闲小镇突出航空＋休闲养生主题，引进热气球、滑翔伞、水陆飞机等项目，融合射击、温泉、康养等多样运动休闲，形成集航空观光、休闲运动、健康养生、对外交流于一体的航空休闲旅游示范基地。南康无人机特色小镇突出无人机主题，延伸无人机制

造、维修、培训和旅游等产业链，继续办好"飞越花海"活动，打造江西第一个无人机特色小镇。

表3　江西重点航空小镇初步设想

名称	发展主题	发展定位	发展重点
吕蒙航空制造小镇	直升机制造＋通航旅游	全国直升机制造的核心基地和通航示范区	直升机制造、飞行培训和文化旅游
瑶湖现代航空小镇	大飞机＋低空旅游	中部地区航空制造与旅游示范重镇	大飞机组装试飞、航空培训及旅游
桐坪航空运动小镇	航空运动＋主题旅游	全国重要的航空体育运动示范基地	跳伞锦标赛、动力伞、热气球
庐山西海航空休闲小镇	航空＋休闲养生	中部地区重要的航空旅游休闲小镇	航空旅游、通勤观光、养生养老
南康无人机特色小镇	无人机＋	江西省第一家无人机特色小镇	无人机生产、试飞、滑翔伞、飞行观光

3. 深入推进产城、航旅和军民"三融合"，建设宜居宜业宜游新城

一是加快产城融合。加快开工建设共青城、高安、安福、靖安等通用机场，加快吉安桐坪、南昌高新区等省级航空飞行营地建设，支持有条件的地方创建航空飞行营地和航空运动体验基地，支持景德镇等地创建直升机航空职业培训基地。实施"道路联网"、"绿化提升"、"新城亮化"、"精品社区"、"商气集聚"等工程，完善小镇功能配套，加快集聚人气商气。二是推进航旅跨界融合。通过策划和举办重大赛事活动、会展和旅游推介等活动，积极培育水上飞行、低空旅游、休闲、健康、娱乐等消费热点，打造一批航空运动旅游示范基地。在南昌瑶湖、芦山西海等航空小镇开展"航空＋旅游"试点，形成常态化飞行。积极争取国家级航空体育赛事落户吉安桐坪，支持开展国际无人飞行器创新大奖赛（鄱阳）等赛事。三是深入推进军民融合。以军地共建共用共享为着力点，引导优质资源资本向航空小镇集聚，加快推进南昌航空工业城、景德镇直升机产业基地、南康无人机配套产业基地等建设，重点打造南昌、景德镇国家通航产业综

合示范区。

4. 加快构建专业化、市场化、多元化投融资体制，破解航空小镇资金难题

坚持"政府引导、企业为主、市场化运作"方式，创新投融资体制机制，加快构建专业化、市场化、多元化投融资体制。一是引进和培育专业化建设运营主体。鼓励通过收购、控股、合作等多种方式，做大做强江西航投、江西机场集团和江西航空等国有投融资平台企业。整合各类航空产业发展基金和城镇化发展基金，联合中航通飞、中国商飞、昌飞公司等知名航空企业、战略投资者组建江西航空小镇发展基金，并委托专门的基金管理公司进行专业化管理、运作。重点用于通用机场建设、通航公益性飞行服务作业和通航企业的支持力度。二是积极推广政府与社会资本合作模式。对通用机场建设等基础设施积极推广 PPP 模式。在经营性领域，鼓励企业和个人投资通航服务业；在运营初期阶段，实行政府补贴和企业自理的方式统筹运营成本，让企业没有后顾之忧。三是发挥多层次资本市场作用。支持符合条件的航空企业上市，加强债券市场对航空企业的支持力度，鼓励金融机构拓宽对航空企业贷款的抵质押品种类和范围。积极协调国开行、农发行等金融机构加大对航空小镇建设的扶持力度。

5. 完善政策，加大土地、财税和服务支撑

优先保障用地。支持解决通用机场、通航制造基地等项目的发展用地指标，优先将其列入省重点项目和重大产业项目名单，并给予重点保障。建设项目可整体打包列入年度县（市、区）重点项目，所含子项目享受重点项目优惠政策。强化财政扶持。借鉴浙江的经验，对列入创建名单的省级航空特色小镇，在每年年度考核合格后，规划范围内新增财政收入上交区（市）级分成部分，5 年内可由所在区（市）安排等额资金予以扶持。同时，对认定为国家级特色小镇和国家级科技企业孵化器的，给予一次性财政补助 200 万元以上。优化精准服务。加强与东部战区空军和民航华东管理局的沟通协调，力争在南昌、景德镇现行创建更加便捷高效的可飞行条件。进一步放开放活社会资本投资通航机场、飞行营地等准入条件。根

据航空小镇的产业类别，制定细化扶持政策。争取国家政策支持，支持南康区无人机试飞基地试点、武功山国家航空旅游试点和桐坪国家航空运动试点。支持南昌、景德镇建设国家通航产业综合示范区，支持景德镇申办"中国·直升机产业发展论坛"。

推动江西航空产业高质量跨越式发展研究^{*}

江西省委十四届六次全会明确提出，要"把推进高质量、跨越式发展作为江西的首要战略"。"以科技创新引领产业升级，做优做强做大主导产业、特色产业；聚焦航空制造等优势产业，全力打造几个具有爆发力的产业集群"。江西是航空资源和航空制造大省，航空产业是江西最有基础、最有潜力推动高质量、跨越式发展的战略性牵引产业。但科技创新能力不足，是当前制约江西航空产业由大变强的最大"瓶颈"。必须坚持科技创新是引领产业的第一动力，着力破解江西航空产业技术路线不明、企业主体不强、创新人才不足、平台能级不高、创新生态不优"五大短板"，以科技创新为核心加快江西航空产业升级、动能转化，为早日实现江西"航空梦"提供强大的科技支撑。

一、江西航空产业发展现状

江西是我国第一架飞机诞生地。经过 60 多年的发展，江西已初步形

　＊　本文以《以五大行动加快江西航空产业跨越式发展》为题发表于《领导论坛》2018 年第 13 期。2018 年 9 月 14 日江西省委副书记、省长易炼红批示为："请晓军同志阅研，并部署、推进相关工作。" 9 月 11 日江西省委常委、常委副省长毛伟明批示："请省发改委、工信委、教育厅、科技厅参阅。"

成了以教练机、直升机和通用飞机为主体的比较完整的航空产业体系，成为全国重要的航空产业研发和生产基地。

1. 航空产业体系日益健全

江西拥有2家国家布局的航空总装厂（洪都集团、昌飞公司），8家整机制造企业，6家通航运营单位，65家航空企事业单位，是全国教练机、直升机研制生产核心基地，是唯一同时拥有旋翼机和固定翼飞机研发生产能力的省份。航空制造业规模位居全国前列。2017年实现主营业务收入和利润分别为740.13亿元和47.3亿元，分别同比增长21.7%和30.8%。

2. 航空科教支撑能力逐渐增强

江西拥有2家"国字号"整机设计单位——中国直升机设计研究所（602所）和洪都飞机设计研究所（650所），南昌航空大学、江西航空职业技术学院2所航空院校，以及江西航空制造业协同创新中心、北航江西通航研究院、江西省通用航空研究院等协同创新平台。全省航空工业系统有专业技术人员8700多人，拥有2个国家级企业技术中心，12个省部级国家重点实验室（工程中心），3个航空专业博士后科研工作站和70个硕士点。

3. 部分航空优势领域领跑全国

在优势领域关键性技术取得重大突破，拥有一批自主知识产权，直升机、教练机、通用飞机的研制在国内具有优势。其中：洪都集团自筹资金研制生产的L15高教机是我国最先进的第三代教练机，承担了C919机体约25%的研制生产任务；昌飞公司重点型号和民用直升机项目均取得了重大进展，形成了从1吨级到13吨级20多个产品体系。全国首个省局共建的民航适航审定中心在南昌成立，国内首张无人机航空运营许可证花落上饶，江西航空中心优势进一步提升。

4. 航空产业基地集聚态势良好

2009年12月"一城两园区"（南昌航空工业城、景德镇直升机产业园和九江红鹰飞机产业园区）经国家发改委认定批复为南昌航空产业国家高技术产业基地。总投资300亿元的南昌航空工业城加快发展，瑶湖通用机场正式启用，军民融合产业园已引进落户 18 家航空企业。景德镇直升机产业园初步形成了 3 家直升机整机、40 多家配套企业协同发展的直升机产业集群，荣获国家新型工业化直升机产业示范基地（军民融合）和国家创新型产业集群试点等称号。

二、江西航空产业创新发展面临的"五大短板"

虽然近年来江西航空产业取得了长足进展，但产业创新能力总体较弱，与航空强省建设要求还有很大差距。突出地表现在以下几个方面：

1. 技术路线不明，尚未制定省级层面的航空产业技术路线图

近年来，江西省委、省政府坚持把航空产业列为全省战略性新兴产业重点扶持，出台了《江西省航空产业发展规划（2014—2020 年）》、《江西省通用航空产业发展规划（2015—2020 年）》、《关于加快通用航空产业发展的意见》等产业规划和扶持政策，但对江西航空产业发展技术主攻方向、技术壁垒、研发市场需求和实现路径等缺乏针对性、前瞻性、战略性的顶层设计，在很大程度上制约了江西航空产业的创新发展，迫切需要从战略高度加强对江西航空产业技术路线的研究与规划建设。

2. 企业主体不强，创新意识和研发投入不足

企业作为创新主体的竞争力还不强。除洪都集团和昌飞公司等少数高科技企业外，江西大多数航空制造企业规模小、研发投入少、自主创新意识不强。以研发投入为例，2017 年，全省 R&D 经费支出占 GDP 的比重为 1.2%，低于 2.12% 的全国平均水平；规模以上工业企业研发投入占主营业务收入之比低于 1%，与国际上认可的 2% 基本生存、5% 以上才具有竞争力的法则相差甚远。

3. 平台能级不高，研发与转化功能型平台严重滞后

总体而言，江西航空创新研发与转化平台数量少、层次低，缺乏承接

重大科研项目的国家级平台，特别是缺乏面向产业创新需求、促进科技创新资源开放协同、主攻共性关键技术和产品攻关及应用、支撑全产业链创新的具有较强资源整合、产业影响力和区域辐射力的研发与转化功能型平台。北京航空航天大学江西研究院和江西省航空制造业协同创新中心等协同创新研发平台仍处于筹建或建设初期，南昌航空工业城和景德镇直升机产业园两大核心产业基地，对全省航空产业发展的引领和辐射带动力还不够强。

4. 创新人才不多，高层次航空科技人才尤为短缺

江西仅有南昌航空大学、南昌航空职业技术学院 2 所航空大专院校，高层次航空人才主要来源于洪都、昌飞、602 所等原有航空军工企业，支撑通用航空发展的研发设计、管理培训、飞行、运营服务等高层次人才紧缺。部分民营航企反映即使给比上海、天津等地更高的工资待遇也难以从发达地区引进高端技术人员和管理人才。特别是在当前"人才大战"背景下江西人才政策不具吸引力，省内航空专家、技术骨干和制造人才还面临流向天津、陕西、上海、湖北等省市的风险。昌飞公司部分航空人才流向中航工业直升机天津产业基地。

5. 创新生态不优，航空创新创业环境仍需完善

部分企业反映，项目审批手续烦琐，特别是民参军企业要取得军用"四证"手续烦琐、耗时较长；企业不清楚有关科技创新激励政策细节，也难以享受到优惠政策；产品本地化配套率较低，如冠一飞机的关键零部件主要来自法国。金融服务体系还不健全，个别民营航企因经营不善造成破产。例如，2015 年 3 月实现江西民营航空史上第一飞的天翔通航公司，2018 年 3 月因债务问题进入破产重组。

三、推动江西航空产业高质量、跨越式发展的政策建议

坚持产业链、创新链、价值链协同发展理念，突出抓好"规划引领、主

体培育、人才集聚、平台支撑、服务提升"五大重点工作，以科技创新为核心全面提升江西航空产业创新能力。

1. 坚持规划引领，研究制定江西航空产业创新发展技术路线图

产业技术路线图作为一种新型战略性科学规划工具，最早应用于20世纪80年代美国的汽车产业，我国也广泛采用。例如，工信部制定了《产业技术创新能力发展规划（2016—2020年)》，广东省制定了3D打印产业技术路线图，四川省早在2014年就编制了《四川省航空产业技术路线图》，对加快产业提档升级发挥了重要引领作用。建议由省航空产业推进领导小组部署，省科技厅或工信委牵头，研究制定《江西航空产业创新发展技术路线图》，科学确立重点领域、技术壁垒以及今后一段时期该产业领域的科技创新主攻方向、实施路径、阶段安排、招商引资和政策配套。研究制定江西直升机、教练机中长期发展规划，巩固提升江西直升机、教练机研发制造在全国的龙头地位。

2. 突出主体培育，着力打造一批龙头型和创新型航空企业

重点深化与中航工业、中国商飞、航天科工、航天科技等军工央企及其下属公司的合作，争取在"十三五"末引进2~3家在产业链构建、产品辐射、技术示范方面具有核心引领和集聚效应的飞机整机龙头企业。

同时，实施科技企业梯队培育计划，通过产业链延伸、跨界融合、合资并购、科技创新等多种形式，打造一批航空产业细分领域的小巨人企业，集聚和孵化一批通航运营、教育培训、维修服务等专业服务主体，推动形成科技型企业集群。深入开展品牌、专利、标准"三大提升"专项行动，打响"江西航空制造"品牌。通过财政补贴、减免税收等引导企业增加科技创新投入，积极承担参与国家、省重大科技项目。

3. 加强人才集聚，吸引各类优秀人才来赣创新创业

（1）突出"高精尖缺"导向，实施更加开放、更具竞争力的航空人才政策，研究制定江西引进和培育航空领军人才的专门文件。对通用航空领域急需的制造、飞行、空管、维修、运营等高端和紧缺人才，开辟专门绿色通道。对航空领军人才，建立省级领导联系制度，并在劳模评选、人大代表、

政协委员等方面予以适当倾斜。采取工作调入、"候鸟式"聘任、第三方引才等方式，精准引进航空高层次人才，择优推荐申报国家、省级各类人才工程、科技计划项目和优势科技创新团队。

（2）加强航空专业人才培养。加强与民航总局、中国航空协会、中国民航大学等对接合作，充分利用南昌的航空高校、人才、产业和机场等综合优势，整合江西经济管理干部学院（建议搬迁至麻丘）和南昌航空职业技术学院，在麻丘航空小镇筹建江西飞行学院，努力打造以航空飞行为特色、理、工、经、管类协同发展的航空应用型大学。同时，加强与北京航空航天大学的深度合作，争取在北京航空航天大学江西研究院（北航江西通航研究院）的基础上升级为北京航空航天大学江西分校，联合开展研究生培养和技术研发转化合作。支持南昌航空大学、602所等航空院所学科建设，在重点学科、重点实验室、科研团队等航空相关领域予以倾斜。支持省内大专院校和职业学校开设通用航空类专业。鼓励国内外航校在江西设立分院、分校，鼓励社会资本投资通用航空培训机构。

4. 强化平台支撑，强化航空产业研发与承载类功能型平台建设

学习借鉴上海研发与转化功能型平台建设经验，重点打造3~5个有行业地位、感召力和号召力的研发与转化功能型平台，实现江西航空研发强起来。

（1）组建中国（江西）航空先进技术研究院。整合602所、650所、江西航空制造业协同创新中心、北京航空航天大学江西通航研究院、北京航空航天大学江西研究院、航空发动机学院等协同创新资源，组建中国（江西）航空先进技术研究院，包括"直升机研发"、"航空先进材料"、"航空投融资"、"航空检测检验"等服务平台，采用政府主导、社会参与、市场化运作模式，探索机构式资助、财政资金投入"退坡"机制，努力打造创新需求明、服务能力强、管理体制新、国内一流的航空创新功能型平台。引导各类航空研发基地向功能型平台拓展，提升研发与转化服务能级。围绕信息共享、科技成果转移、科技金融、检测认证、科技咨询等服务环节的需求，构建一批创新服务功能型平台。

（2）打造军民融合科技成果双向转化平台。搭建国防科技工业成果信息与推广转化平台。鼓励相关单位通过院所自转、军工自转、院企联转、校企联转、军民共转、民企参军等多种模式，推进大型或专用仪器设备共享，鼓励国防专利解密转化，促进知识产权"军转民、民参军"双向转化。高位推动南昌、景德镇联合申报创建国家军民融合创新示范区，支持赣江新区军民融合科技创新产业园建设。支持南昌航空大学等设立航空"双创"示范基地，支持南昌、景德镇等航空基地设立航空创新科技服务中心、知识产权（专利）孵化中心。

（3）优化"2＋X"航空产业基地平台布局。原则上航空制造龙头企业、重大项目和创新平台应优先向南昌和景德镇集聚，着力提升南昌航空城和景德镇直升机产业园两大核心基地在全国的地位及对全省的引领作用。当前最紧迫的是要举全省之力争取南昌航空城成为国产大飞机的第二总装和第二试飞基地这个重大功能型平台落地。同时，促进"X"特色发展，因地制宜培育一批航空小镇、军民融合产业园等通用航空产业基地。

5. 促进服务提升，更好发挥政府引导、服务和保障作用

（1）加强航空产业宣传教育。航空产业是江西最有可能实现突破的战略性新兴产业，建议像贵州抓大数据产业一样将航空产业作为江西"一号产业"，在北京、上海、西雅图等大城市进行专题宣讲和招商，向外界释放江西加快实现"航空梦"的蓝图和决心。同时，加强干部培训教育，将航空产业纳入全省干部培训教育课程，南昌和景德镇等航空产业重点城市纳入市县区干部必修课。

（2）提升政府服务效能。从省级层面加强与军方及民航监管部门沟通，贯通全省低空空域，并与周边区域空域形成有机整体，特定区域适当放宽空域高度限制。简化通用航空飞行任务申请和审批程序，提高报告空域、监视空域范围。设立航空产业行政审批"绿色通道"，规范简化项目审批程序。研究制定《江西省航空制造领域科技成果转化的指导意见》，规范并促进航空工业科技成果转化活动。

（3）加大资金等要素保障。加快组建省级航空产业投融资平台，引导金

融机构创新融资产品和工具。建议由省政府、南昌市政府、景德镇市政府、南昌高新区、景德镇高新区、洪都集团、昌飞公司7家共同组建江西省航空发展投资集团公司，并发起设立100亿元江西航空产业创新发展基金，主要用于航空产业基地、关键共性技术研发、技术改造和科技成果转化等。其中省政府出资30%，南昌市政府、景德镇市政府各出资15%，南昌高新区、景德镇高新区各出12%，洪都集团和昌飞公司各出8%。鼓励金融机构建立龙头企业信贷审批绿色通道，创新开展知识产权、股权质押等多种融资方式。优先保障航空整机及其配套制造厂房建设、通用机场及其配套设施建设、通用航空运营服务企业及基地建设等发展用地指标。

第二篇　推进改革开放走深走实

　　赣南等原中央苏区是中国共产党最重要的治国理政试验田，共产党人的文韬武略都在这里试验过、预演过。习近平总书记强调，这种敢为人先的精神实质上也是先行先试的改革精神。要把工作重心转到抓改革落实上来，在生态文明体制改革、科技体制改革、农业农村改革、社会民生领域改革上抓创新、抓落实。要充分利用毗邻长珠闽的区位优势，主动融入共建"一带一路"，积极参与长江经济带发展，对接长三角、粤港澳大湾区，以大开放促进大发展。这些重要论述，既是对江西敢为人先、先行先试的改革精神的高度肯定，也是对推进新时代江西改革开放提出的新要求。

推进改革开放走深走实要念好"四字诀"*

改革开放是决定当代中国命运的关键一招，是决定实现"两个一百年"奋斗目标和中华民族伟大复兴的关键一招，也是决定江西发展升级的关键一招。坚决贯彻习近平总书记对江西"推进改革开放走深走实"的更高要求，需念好"全、重、融、深"四字诀。

一是在"全"字上拓思路。思路决定出路。当今世界正面临百年未有之大变局，正处于大发展大变革大调整时期；中国特色社会主义进入新时代，当代中国正经历着我国历史上最为广泛而深刻的社会变革，改革发展面临许多新情况新问题，需要进一步解放思想，以思想大解放引领改革开放大发展。首先，要全面理解全面深化改革开放。我国的改革是全面的改革，就内容而言是包括经济、政治、文化、生态和党的建设在内的全面改革；开放也是全面的开放，是面向世界各国各地区的全方位开放，既注重高层次"引进来"，又强调高水平"走出去"。全面深化改革是有方向、有立场、有原则的，总目标是完善和发展中国特色社会主义制度、推进国家治理体系和治理能力现代化。注重系统性、整体性、协同性是全面深化改革的内在要求，也是推进改革的重要方法。胆子要大，但步子一定要稳，是推进改革开放必须遵循的重要原则。要以全球视野谋江西改革发展大局。经济全球化是不可逆转的时代大势。无论国际风云如何变换，中国改革开放的大门不会关闭，只会越开越大。作为中部欠发达省份，江西要

---

* 本文发表于《风范》2019 年第 8 期。

保持战略定力，立足江西、服务全国、放眼世界，树立国际眼光，不以江西为世界，而以世界谋江西，主动把江西的新一轮改革开放放到全国"一盘棋"、全球一体化的大潮流中来谋划推进，全面参与国际大分工、大合作，以思想大解放促进改革开放大发展。要把改革开放贯穿全过程、全领域。改革开放是一项复杂系统工程。各级各部门要高度重视，各级领导干部要争当改革的促进派和实干家，牢牢地把改革开放抓在手上、扛在肩上，以更加饱满的激情、更加开放的姿态、更加务实的举措打好"组合拳"，统筹推进各项改革开放任务。要更加重视对改革开放实效的考核，建立全过程、高效率、可核实的改革开放落实机制。

二是在"重"字上下功夫。习近平总书记明确指出，要结合自身实际，突出改革重点，在生态文明体制改革、科技体制改革、农业农村改革、社会民生领域改革上抓创新、抓落实，为新时代江西改革开放指明了重点和方向。要践行绿水青山就是金山银山的理念，在巩固最大生态优势上下功夫。充分发挥绿色生态最大财富、最大优势、最大品牌，统筹山水林田湖草系统治理，坚决打好污染防治攻坚战，加快构建生态文明制度体系，繁荣绿色文化，壮大绿色经济，筑牢绿色屏障，高标准推进国家生态文明试验区建设，以更高标准打造美丽中国"江西样本"。要大力实施创新驱动战略，在补齐创新能力最大短板上下功夫。牢牢牵住创新这个"牛鼻子"，深化科技体制改革，完善科技成果转移转化机制，建立以企业为主体、市场为导向、产学研深度融合的技术创新体系，努力走出一条创新链、产业链、人才链、政策链、资金链深度融合的路子。要大力实施乡村振兴战略，在推进农村改革最大薄弱环节上下功夫。始终坚持农业农村优先发展方针，发挥粮食生产优势，大力实施"藏粮于地、藏粮于技"战略，加强高标准农田建设，夯实粮食生产基础。要促进一二三产业融合发展，大力发展绿色农业、休闲农业、品牌农业，不断提高农业综合效益和竞争力，扎实推进秀美乡村建设，建立健全城乡融合发展体制机制和政策体系，推进农业农村现代化。要坚持以人民为中心的发展理念，在保障和改善民生最大政治上下功夫。聚焦解决"两不愁、三保障"突出问题，聚焦深度贫困地区、建档立卡贫困人口，实施精准扶贫十大行动，坚决打赢精准脱贫攻坚战，确保老区人民与全国一道全面建成小康社会，过上更加美好的新生活，在推动革命老区高质量发展上作示范。

三是在"融"字上做文章。江西作为一个不沿边、不靠海的中部内陆地区，扩大开放尤为重要，做好"融"字文章。要主动融入中部，提高政治站位，在实施中部崛起战略中找准定位、积极作为，以长江中游城市群为重点，加强与中部兄弟省份在基础实施、产业、科技、教育、生态等重点领域的战略合作，学习兄弟省份先进经验，扬长补短，努力在推动中部地区崛起上勇争先。要主动融入国家战略，充分发挥江西承东启西、连南贯北、毗邻长珠闽的区位优势，积极参与长江经济带发展，主动对接融入长三角、粤港澳大湾区和京津冀，加强开放平台建设，有效承接北京非首都功能和沿海新兴产业转移，在融入国家发展重大战略中赢得发展空间。要主动融入世界，主动顺应世界新一轮科技和产业革命，以主动融入共建"一带一路"为主抓手，学习借鉴自由贸易试验区的先进经验和管理方法，探索建设自由贸易试验区，加快建设景德镇国家陶瓷文化创新区，围绕基础设施互联互通、数字丝绸之路、创新丝绸之路建设，推动航空、电子信息、装备制造、汽车、现代农业等优质产能和装备制造走向国际市场，融入全球产业链、创新链、价值链和资金链，打造内陆双向开放新高地。

四是要在"深"字上见实效。改革开放只有进行时，没有完成时。当前，改革已进入攻坚期、深水区，面临着许多新矛盾、新问题、新挑战。能否深入学习、深入调研、深入攻坚，直接决定着改革开放的成败。要深入学习，在学懂弄通做实上见实效。习近平总书记多次强调，学懂弄通做实，关键是做实。当前，要把深入学习贯彻习近平新时代中国特色社会主义思想和习近平总书记视察江西重要讲话精神作为首要政治任务，往深里走、往心里走、往实里走，聚焦"作示范、勇争先"目标定位和"五个推进"更高要求，学深悟透、融会贯通，自觉用习近平新时代中国特色社会主义思想指导武装头脑、指导实践、推动工作，推动习近平总书记重要讲话精神在江西落地生根。要深入调研，在立实情出实招上见实效。大力弘扬井冈山精神和苏区精神，大力弘扬求真务实的良好作风，拜人民为师、向人民学习，放下架子、扑下身子，围绕改革发展的重点难点问题，深入开展调查研究，紧密结合实际，完善工作思路、抓牢工作重点、破解发展难题、提升工作水平，脚踏实地把习近平总书记为江西擘画的蓝图一步步变成美好现实。要深入攻坚，在攻坚克难上见实效。三大攻坚战既是决胜全面建成小康社会必须攻克的现实难题，又是开启全面建设社会主义现代化国家新征程的坚实保障。必须进一步增强责任感和使命感，以担当之责、严实之态、精准之策和有效之举，坚决打好打赢防范化解重大风险、精准脱贫和污染防治三大攻坚战，奋力开启建设富裕美丽幸福现代化江西新征程，齐心协力描绘好新时代江西改革发展新画卷，努力创造出无愧历史、无愧时代、无愧人民的更大业绩，答好"时代之问"。

将"飞地经济"打造成江西对接粤港澳大湾区的"领头雁"*

——对长三角"飞地经济"和吉安深圳产业园南山示范园的调查与思考

"飞地经济"是指相互独立的行政地区打破原有行政区划限制通过跨空间的合作与开发实现两地资源互补经济协调发展的一种区域经济合作模式。当前，国家大力推进粤港澳大湾区和飞地经济发展，为江西对接融入粤港澳大湾区提供了难得机遇。学习借鉴江浙皖对接融入上海发展经验，创新合作方式，将飞地经济打造成江西对接粤港澳大湾区的重要平台，对加快江西高质量跨越式发展具有重要意义。

一、飞地经济：江浙皖对接上海的"领头雁"

近年来，上海作为长三角一体化的龙头，强化服务功能，打破周边城市单向接轨上海的思路，构建协同互动的双向接轨机制。为对接融入上

---

* 本文以《借鉴江浙皖对接上海经验，将"飞地经济"打造成江西对接粤港澳大湾区的"领头雁"》为题发表于《领导论坛》2019年第19期。2019年8月16日，江西省委常委、常委副省长毛伟明批示："请省发改委、吉安市政府阅研。"

海，江浙皖等省纷纷出台政策，主动接轨上海、对接上海、服务上海，与上海合作共建飞地经济。据不完全统计，上海在长三角地区合作共建的产业园区不少于30家，上海、江苏、浙江、安徽4省市拥有飞地经济园区200多家，形成了灵活多样的合作模式，飞地经济正成为长三角一体化发展的"领头雁"。归纳起来主要有四种模式：

1. 合资开发模式

由上海园区、企业与当地开发企业设立共建产业园，合作双方成立合资公司负责园区规划、投资开发、招商引资和经营管理等工作，收益按照双方股权比例分成。例如，上海外高桥（启东）产业园由上海外高桥保税区联合发展有限公司和启东滨海工业园开发有限公司双方共同成立合资公司，上海、启东各占股本的60%和40%，税收等收益也按照6:4分成。

2. 合作开发模式

例如，张江长三角科技城地跨沪浙两地，由位于上海金山区的张江枫泾科技园和位于浙江平湖的张江平湖科技园共建而成，占地面积分别为41.8平方千米和45.3平方千米，是我国第一个跨省市、一体化发展的实践区。张江高新区管委会、金山区政府、平湖市政府共同组建张江长三角科技城领导小组，以"一城两园"、"两地三方"模式协调推动开发和运营。

3. 委托招商模式

例如，上海嘉定工业区建湖科技工业园由嘉定工业区出资60%，江苏盐城市的建湖开发区出资40%共同建设，同时采用产业招商模式委托嘉定工业区开展招商，通过嘉定工业区引进的项目，受托方除享受相关优惠政策和奖励外，5年内对所引项目产出税收的地方留存部分可获取40%分成。

4. 校地共建模式

上海高等院校依托自身科研优势和人才优势，也在积极探索与周边城市共建产业园区，推动科研成果转移转化和科技人才创新创业。例如，上海交通大学和嘉兴市政府共建上海交大嘉兴科技园，落户企业中30%为交大内部科技成果转化，30%为交大校友以及上海周边的成熟企业。

二、南山示范园：赣深飞地经济合作的典范

南山示范园位于国家井冈山经济技术开发区（以下简称井开区），也称江西深圳产业园，是在江西、深圳的高位推动下，吉安市和南山区通力合作的结果，开创了"特区支持老区、沿海带动内地"的区域经济协作新路，其合作渊源可以追溯到 2007 年。2007 年 4 月江西与深圳共同签署了《关于加强赣深经济社会领域合作与发展的框架协议》，2009 年 7 月江西与深圳形成《关于进一步深化赣深两地经济合作加快推进吉安深圳产业园发展会谈纪要》，共同商定在江西井冈山经济技术开发区合作建设吉安深圳产业园，南山区作为吉安深圳产业园的对口合作单位，并决定启动建设 3 平方千米南山示范园。2012 年 4 月南山示范园正式启动建设。主要做法如下：

1. 政府主导，分步实施

本着"特区辐射老区、沿海带动内地、优势互补、互利共赢"的原则，深圳、吉安两地政府合力推动，规划建设南山示范园，总占地面积 14.3 平方米，总建设面积 19.2 平方米，项目分期建设，着力打造宜工、宜商、宜居的综合基地。一期工程（生产区）包括 8 栋厂房、5 栋宿舍和 1 栋配套综合服务类，占地面积 7.26 万平方米；二期工程（生活区）位小南山公园，包括配套的山顶花园和中心广场，占地面积 4.3 万平方米；三期工程（研发区），包括 1 栋研发孵化大楼、6 栋高级人才公寓，占地面积 2.8 万平方米。示范园一期引进入驻的红米谷创业园项目已入驻企业 13 家，注册企业 500 多家，2018 年税收达到 1.07 亿元，成为集创客创业创新为一体的"互联网＋"产业孵化基地；二期于 2019 年 10 月竣工；三期工程正结合二期工程进行初步方案设计。

2. 分工合作，专业管理

吉安市主要负责示范园的征地、拆迁和水、电、路、通信、排水排污等公共基础设施配套建设和公共社会事业的管理服务等。2012 年 5 月南山区明确，由南山区属国有全资资产经营公司——深圳市科汇通投资控股有限公司（以下简称科汇通）作为南山示范园项目投资、规划建设和管理的牵头单位，负责项目的建设与管理。依托其深圳发达的产业体系和成功的园区经济管理经验，组织电子信息、生物医药类大型企业或其上下游配套企业入驻，为入园企业提供产业集聚和延伸服务。

3. 统筹协调，税费优惠

南山区政府对南山区对口帮扶（支援）地区共建产业园引进的企业（办理了企业登记或分支机构工程设立登记），并与对口（支援）地区共建产业园运营主体（科汇通等区属国企）签订投资项目合作协议，约定投资 5000 万元以上，给予每个企业不超过 300 万元的一次性落户资助。并开区从税收、租金补偿等方面对入园企业进行扶持奖励，增值税在 500 万 ~ 1000 万元的，原则上按区级留成部分的 40%；超出 1000 万元的，原则上按区级留成部分的 60%，纳入产业扶持资金予以奖励，奖励期限原则上不超过 5 年。企业所得税，原则上前 3 年按 100%、后 3 年按 50% 纳入区级产业扶持资金予以奖励支持。对符合"1 + 3"产业发展的、年缴税收在 200 万元以下的科技型、成长型微小企业，原则上前 2 年所缴纳税收区级留成部分的 70% 奖励给企业。对符合主导产业项目，根据其实际生产规模需要提供厂房，并根据企业主营业务收入、上缴税收等情况，给予 60% ~ 100% 的租金补贴，补贴年限 1 ~ 3 年。鼓励区内企业联动发展，对区内企业购买区内其他企业生产的产品和物流、检测等服务，给予买方当年区内采购总额 2% 的补贴，单个企业每年补贴最高不超过 200 万元。

4. 共建共享，利益分成

根据《吉安市人民政府南山区人民政府关于合作建设吉安深圳产业园的协议》，按照"共同投资、共同招商、共同经营、利益共享"的原则，成立产业开发公司或独资成立开发公司，对产业园进行基础设施配套建设，共同招商引资，壮大主导产业。同时，大力发展商贸、服务及房地产业。示范园产生的税收地方所得部分、土地收益、商业、服务业等所有收益按出资比例分享。

同时，南山示范园在合作推进中也存在以下突出问题：一是合作体制还需进一步加强。两地政府对接合作频率不高，常态化的高层互访和议事协调机制有待加强，特别在经济下行压力下区域合作容易忽视，总体推进进度低于原计划进度。二是市场化管理需进一步强化。科汇通作为示范园的牵头建设、运营机构，在井开区只设立了办事处，财力、物力、人力等相对不足，加之各地招商引智竞争激烈，招商引智难度较大。三是利益分配需进一步优化细化。2009 年签订的《关于合作建设吉安深圳产业园的协议》，部分条款不明确或不能适应新时代两地战略合作需要，急需进一步完善双方的成本分担和利益共享机制。四是重大支撑项目需进一步强化。示范园虽已落户 13 家和注册 500 多家企业，但大多数企业属于创业型中小企业，且大都还处于注册、建设或培育过程，已建标准厂房和宿舍大都空置，急需项目引进和落地。五是要素保障需进一步加强。资金和人才等生产要素短缺，特别是随着人力资本、土地等要素成本的上涨，招商引资的原有优势正在逐步缩小，企业融资难、招工难等问题普遍存在。以上这些问题，具有普遍性、针对性，需要在对接融入粤港澳大湾区中加以重视和解决。

三、借鉴长三角经验，将飞地经济打造成江西对接粤港澳大湾区的"领头雁"

江西是粤港澳大湾区的腹地，两地地理毗邻、人文相亲、经济往来密切，除南山区示范园外，还有赣州香港工业园、定南河源飞地园（定南—

和源）等探索，但因种种原因，赣港粤飞地经济发展不理想。学习借鉴江浙皖对接融入上海的经验，大胆解放思想，主动接轨、对接、服务粤港澳大湾区，找准合作点，创新发展模式，努力将飞地经济打造成江西对接粤港澳大湾区的"领头雁"。

1. 找准与粤港澳跨区域合作的突破口和互利点

长三角飞地经济的发展关键在于江浙沪皖4省市发现并利用各自的比较优势，寻找合作点、互利点，以此"携手"共建共赢。江西要与粤港澳大湾区发展飞地经济，需要在以下三方面做好科学谋划：一是找准发展定位。通过调查研究和分析判断，科学制定江西对接融入粤港澳大湾区的发展定位、重点产业和区域。根据江浙皖对接上海的经验，主要是以苏州、南通、盐城、嘉兴等上海临近城市为主要依托，江西应选择资源环境承载力强、地理临近和合作基础较好的"三南"、寻乌和赣州经济技术开发区等作为首选合作对象，全力支持赣州打造对接粤港澳大湾区的"桥头堡"。二是找准合作点和利益点。要站在国家战略、全省发展大局的高度，根据粤港澳大湾区发展规划纲要，客观分析其发展需求、合作意愿和合作互利点。三是加强示范引领。进一步深化吉安市与南山区合作、全力打造赣粤飞地经济合作标杆的同时，在赣南地区重点打造2~3个示范基地。

2. 建立常态化的议事协调和高位推进机制

飞地经济作为跨区域协同发展的新型合作机制，政府引导与推动不可或缺，尤其在合作的前期阶段，江浙沪皖省（市）政府及地方政府发挥了主要引导者和推动者作用。同时，在建设运营过程中又建立了专门的领导小组，如市北高新（南通）科技城理事会、"张江长三角科技城"领导小组和工作小组等。为此，一是加强省级层面的引领推动。充分利用原中央苏区、泛珠三角、"一带一路"等重要平台，加强省级层面与粤港澳三地高层的高位对接，建立联席会议制度。二是建立强有力的领导小组。加强飞地经济合作方政府间的沟通协调，建立以主要领导为组长的飞地经济领导小组或理事会，领导小组每半年举行一次联席会议，及时研究解决园区建设、项目引进和运营管理中的问题。加强配齐领导小组办公室力量，加强业务指导和工作推动，及时反映、协调解决合作中的困难和问题。三是推进"干部互挂制度"。为更好地解决合作中的多个不同行政部门的沟通不畅等问题，由合作双方政府、管委会选派优秀干部到对方挂职或任职，互相协助处理相关工作。

3. 创新灵活的多元招商引智机制

一是转变思路。改变过去单一利用低成本要素资源或优惠招商政策的吸引模式，充分利用"飞出地"的科技、人才、金融等服务网络优势，建立起全方位、多角度、多元化的招商引资体系。二是主动"走出去"。例如，南山示范园可以利用深圳的招商网络，在南山区或深圳市设立招商网络；在南山区建设一个井开区孵化园，实现"研发在南山、制造在吉安"，待条件成熟后吸引研发机构来示范园设立分支机构或生产线搬迁，直接吸引"飞出地"当地的优质企业入驻园区。三是市场化统一招商。发挥市场主体作用，实行公司化运作，实行"封闭运作、税收分成、自求平衡、风险共担、利益共享"的运行模式，并授权联合公司为园区开发、建设和运营的唯一主体，实行统一招商。积极鼓励园区共同打造产业联盟，整合产业链资源，推进区内企业合作。

4. 建立动态的成本分担和利益分成机制

合作共赢的核心要义就是经济效益、社会效益、生态效益的分享问题，也就是解决好考核统计、财税收入、群众就业、土地供应、环境保护等问题的权责利益。一是合理分担园区建设运营成本，征地拆迁、基础设施建设、招商引资、社会管理、环境保护等事项产生的投入和费用，商定分摊比例。二是对地区生产总值、工业总产值、固定资产投资额、进出口额、外商投资额等主要经济指标，明确权责关系和出资比例。三是明确税收分成机制和规范税收划拨方式，制定动态调整税收分成机制，为合作双方政府提供有效激励，促进可持续发展。

5. 加大资金支持和政策倾斜

一是充分利用鄱阳湖生态经济区、赣南原中央苏区振兴发展、长江经济带等国家战略红利，积极向国家争取对飞地经济发展给予财税、土地、规划、环保、信贷等政策倾斜，探索设立产业转移专项基金，加强与各类风险投资基金合作，为园区合作共建和企业转移迁建提供资金扶持。二是充分发挥财政资金的撬动带动作用。鼓励合作方共同设立投融资公司，采取政府和社会资本合作（PPP）等模式，吸引社会资本参与园区开发和运营管理。支持通过特许经营、政府购买服务等方式，将园区部分或全部事务委托给第三方运营管理。三是支持符合条件的共建园区通过发行中期票据、短期融资券等方式筹集资金，为飞地经济发展拓宽资金来源渠道。充分利用粤港澳金融服务优势，积极拓展金融服务领域，逐步构建区域金融体系，形成对飞地经济的全方位金融支持。围绕本地主导产业，通过降低准入门槛、提供引导资金和发挥导向作用等举措，加大招商力度。

聚焦"拐点""难点""痛点""险点"
破解江西民营企业之困

——对江西 21 家 A 股上市民营企业的调查与思考[*]

　　上市企业作为一个地区优秀企业的代表，是地区经济高质量运行的动力源和"晴雨表"。为了解江西民营企业发展情况，课题组对江西 21 家 A 股上市民营企业进行了实地走访或电话调研，重点研究了各公司 2018 年前三季度经营和财务状况，发现：江西上市民营企业总体运行平稳，但部分企业面临业绩拐点、融资难点、税负痛点和债务险点等突出问题。这些上市民营企业反映出的问题具有典型性、紧迫性，广大中小型民营企业可能困难更多、更严重。为此，以习近平总书记关于民营经济的重要论述为指引，充分参考中央及上海、广东、浙江等省市出台的支持民营经济发展政策措施，并结合江西实际，提出了助力江西民营企业走出困局、高质量可持续发展的政策建议。

---

　　* 本文发表于《领导论坛》2018 年第 19 期。2018 年 11 月 16 日，江西省委副书记、省长易炼红批示为："调研深入，建议有据，请省发改委、工信委、财政厅、金融监管局等部门阅研。"11 月 17 日江西省委常委、常委副省长毛伟明批示："关于对江西 21 家 A 股上市民营企业的调查与思考，经过深入的调研、认真的思考，指出了部分企业面临的'四点'突出问题，分析透、问题准、情况实，并提出了建设性的意见和建议，很有针对性和操作性，请亚联同志并省金融局阅研并在工作中加以吸纳。"11 月 21 日江西省副省长吴晓军批示："请省工信委、国资委认真研究。"

一、当前江西上市民营企业经营发展
"四点"突出问题

截至 2018 年 11 月 9 日，江西在 A 股上市的民营企业共 21 家，总市值为 1561.59 亿元，占全省 A 股上市企业总市值的 48.5%。其中：医药 6 家、电子 4 家、化工、电气、有色、农业各 2 家，钢铁、材料、多元金融各 1 家；市值过百亿民营企业 4 家，依次为赣锋锂业（312.7 亿元）、方大特钢（163.8 亿元）、金力永磁（124 亿元）和博雅生物（115.7 亿元）。总体来看，前三季度江西 21 家上市民营企业总体运行平稳，实现主营业务收入和净利润分别为 876.26 亿元和 58.46 亿元，分别占全省 A 股上市企业的 24.06% 和 34.16%。其中，17 家主营业务收入和 15 家净利润均保持 10% 以上高增长，但部分民营企业在经营发展中遭遇业绩拐点、融资难点、税负痛点和债务险点。

1. 部分企业业绩遭遇"滑铁卢"，净利润断崖式下滑

受产品周期规律、原材料涨价、产品价格下降和货币政策趋紧等影响，部分企业主营业务收入增速放缓、成本上涨过快挤压盈利空间。例如，上年高增长的正邦科技、世龙实业、天音控股和同和药业 4 家企业，前三季度净利润出现断崖式下跌，分别同比下降 91.38%、75.46%、72.72% 和 50.5%，导致这些股票股价下跌市值大幅缩水。具体来看，正邦科技主要因"猪周期"、"非洲猪瘟"叠加导致生猪价格持续低迷所致；世龙实业主要因大宗化工原材料尿素、盐、煤采购成本攀升至历史高位以及下游市场需求不旺、同业激烈竞争等冲击；天音控股主要因融资成本上升以及公司销售费用增加等造成；同和药业主要因上游企业受环保压力停业整顿造成部分原料短缺涨价以及公司部分产品量价齐降等影响。

2. 融资难普遍存在，融资贵有所攀升

在去杠杆、定增新规、债券违约潮、P2P爆雷等叠加影响下，银行信贷收紧，上市企业定向增发、发债、信托、私募等融资渠道受阻，部分企业资金偏紧；且融资成本不断攀升，一年期资金成本最高达18%。以一年期为例，上市公司通过银行抵押借款，利率在7%～8%；通过券商股票质押，利率从2017年的5.5%上涨至2018年的7.5%左右，且质押折扣从上年的5～6折下降到3～4折；通过发债融资综合成本8%以上，且AA+以上评级才有资方认可；通过信托项目融资以及私募基金，利率达12%以上；通过P2P平台融资，融资成本高达15%～18%。

3. 部分企业税负较重，税费利润比高达七成

一般认为，若实际税率（又称实际负担率＝净税费支出÷净利润×100%）大于1，说明税费净支出高于净利润，企业税负较重。特别是在经济下行压力加大和经济景气度明显不足形势下，较重的税负使盈利下滑企业感到前所未有的"税负痛苦"。受企业盈利下滑和增值税较高等影响，江西21家上市民营企业中实际税率大于1的有5家，依次为天音控股（2176%）、章源钨业（237.9%）、正邦科技（206.7%）、煌上煌（107.64%）和泰豪科技（107.58%）。其中，天音控股营业收入高达307.8亿元、各项税费支出1.86亿元，但净利润下降72.7%，只有855万元，导致实际税负比高达21倍多。同时，部分企业反映，难以全面及时掌握企业可减免税费政策的条件、时限、流程和减免渠道，导致错失国家政策红利。

4. 部分企业负债较多，股票质押风险不容忽视

（1）企业负债水平较高。21家企业总负债637.81亿元，平均负债30亿元。其中，4家资产负债率超过60%，11家负债超过10亿元，5家负债超过50亿元，其中正邦科技（133亿元）和天音控股（120.5亿元）更是超百亿元。

（2）短期偿债能力较差。从债务来源看，21家企业短期借款158.48亿元，占总负债的24.85%。流动比率和速动比率达不到安全指标2和1

的企业分别有 11 家和 6 家，说明这些企业用于营业的流动资金紧张。

（3）股票质押风险凸显。17 家企业有股票质押，股票质押数占企业总股本比例超 20% 的 10 家，其中控股股东质押股占其持有股比例超 80% 的有 7 家，超 90% 的有 4 家，依次是天音控股（100%）、九鼎投资（99.12%）、泰豪科技（98.06%）、博雅生物（96.61%）。一旦股价持续低迷和下跌，这些质押股权就存在爆仓风险，部分优质企业控股权可能被外省市的企业低价收购，对江西民营经济发展极为不利。

二、着力破解江西民营企业发展困难的对策建议

江西民营企业遇到的上述问题是国内外环境变化、长短期经济增长、内外因共同作用和上下游相互影响产生的，具有紧迫性、复杂性和艰巨性，必须高度重视，坚持问题导向，综合施策、精准帮扶，合力促进江西民营企业高质量发展。

1. 强化金融服务支持，有效缓解民营企业融资难题

融资难、融资贵是企业反映最普遍的难题。建议江西地方金融监督管理局紧跟国家最新金融政策，统筹协调省内金融机构与上市企业、中小企业、商会协会深化银企合作，满足企业合理资金需求。一是加大金融机构对暂困民营企业的信贷支持。支持在赣商业银行积极申请人民银行再贷款、再贴现。金融机构要提高对民营企业的授信比重和贷款坏账容忍度，原则上四季度银行新增贷款应向民营企业倾斜，对暂时困难民营企业不轻易抽贷、断贷、压贷，并开展无还本续贷。例如，对符合条件的民营企业，可通过风险可控的借新还旧、展期、变更借款人、调整还款计划等方式，解决企业临时性资金周转问题。研究设立江西省融资担保基金，鼓励有条件的地区创新设立转贷基金和转贷服务公司。二是拓宽民营企业融资

渠道。落实民营企业上市、新三板挂牌、区域性股权市场融资的奖补政策，降低企业直接融资成本。鼓励符合条件的民营企业发行企业债、公司债和非金融企业债务，募集长期限、低成本资金。鼓励金融机构开展特许经营权、应收账款、知识产权等质押融资业务；用好"科创贷"等财政金融互动资金政策，对符合条件的上市公司开辟绿色通道，争取优先、尽快发放。三是研究建立江西省综合金融服务平台。学习借鉴江苏省综合金融服务平台和深圳市小微企业综合金融服务平台等经验，以江西省公共信用信息平台为依托，将省级金融机构和征信公司的信贷信用信息、公共征信信息、融资服务供给、融资支持政策等统一接入平台，构建"互联网＋大数据＋金融"的公益性综合金融服务平台，面向全省民营企业和小微企业提供融资撮合、企业征信等各类金融服务。四是强化金融监管和引导。加强对金融机构民营企业贷款利率的监测和考核，推动银行机构努力实现银监会的"两增两控"以及国务院常务会议规定的"主要商业银行四季度新发放小微企业贷款平均利率比一季度下降 1 个百分点"的目标。整治不合理抽贷断贷，清理融资不必要环节和附加费用，严查存贷挂钩等行为。在全省范围内开展政府和国企清欠民营企业账款专项行动，建台账、限时清，严重的列"黑名单"。

2. 强化国资国企担当，有效化解上市企业股权质押风险

当前，国资国企驰援上市公司化解股权质押风险，企业有需求、国家有政策、地方有先例，对推进混合所有制改革、实现高质量发展具有重要意义。广东、北京、上海、浙江、湖南、河南等省（市）以及深圳、北京西城区、厦门和成都等纷纷设立驰援基金，股债联动驰援上市公司。例如，深圳安排数百亿元实施"风险共济"驰援计划，北京西城区设立新动力优质企业发展基金 100 亿元，成都设立上市公司帮扶基金 100 亿元。江西也应从战略高度加大政府对股权质押比例较大上市企业的扶持，初步考虑如下：一是组建江西省共济发展基金。支持省属国企与金融机构加快设立总规模 150 亿元的江西省共济发展基金，首期 20 亿元，按照市场化、专业化方式运作，重点支持江西实体经济上市企业纾解股权质押风险。二

是股债并举纾解股权质押风险。主要通过国有资本直接持股、委托贷款、过桥贷款、向实际控制人借款、受让股票质押债权等多种方式，向上市公司或实际控制人提供流动性支持化解资金风险。不谋求上市公司控股权，如与大股东约定股权回购条款，待有效化解企业债务风险后适时推出。用好证监会纾困专项债"绿色通道"政策，持各类符合条件的机构发行专项公司债，引导银行机构市场化、法治化"债转股"，引导证券、基金、保险等机构参与股权风险化解。三是尽快启动首期上市企业股权质押纾困名单筛选。严格按照市场化机制和专业判断遴选投资标的，委托第三方机构对天音控股、九鼎投资、泰豪科技、博雅生物、章源钨业、方大特钢、华伍股份等江西上市企业股权质押比例较大的重点企业进行评估调查，优先支持主业突出、管理科学，有技术、有市场、有前景、有信用的高股权质押企业纳入首期扶持名单。

3. 强化税费落实完善，有效降低民营企业财务成本

当前，重点是推进《江西省人民政府印发关于进一步降低实体经济企业成本补充政策措施的通知》（赣府发〔2018〕30号）的全面落实，全面落实增值税、支持产业发展税收、支持创新创业税收、研发费用等税前扣除、相关政府性基金减免政策和其他涉企税收等优惠政策。对地方权限内的有关税费政策在国家规定的幅度内降到法定税率最低水平；根据国家有关政策及时下调增值税、社保费率下调等企业反映较为集中的政策诉求；对符合条件的"个转企"企业可按规定享受企业所得税、教育费附加、地方教育附加、残疾人就业保障金、工会经费等税费减免。进一步取消一批涉企经营性收费项目，优化企业设立、项目审批、税费缴纳和社保办理等服务流程。全面梳理、跟踪和落实国家和江西省有关税费政策及最新举措，以政策包形式在政务网及时发布。积极开展企业税费优惠政策落实专项督察检查，对于检查中发现的应享未享民营企业发放告知通知书以及退还有关税费等，让广大民营企业共享税费改革成果。

4. 强化精准分类帮扶，有效帮助困难企业爬坡过坎

一是构建政府牵头、银监引导、协会会商、企业自救、银行帮扶的机制。成立以省领导为组长的省困难企业帮扶领导小组，建立由省政府办公厅牵头，发改、工信、财政、税务、银监、金融、生态环保和工商联等共同参加的联席会议制度，协同解决当前民营企业遇到的突出困难和问题。二是建立上市帮扶企业"白名单"，建立"一对一"帮扶和定期跟踪机制。"白名单"可采取企业自愿申报、行业协会推荐或主管部门推荐的方式遴选确定，采取分类引导、银团贷款、技术改造、兼并重组、管理培训和市场拓展等方式，帮助企业做精主业、稳定市场、增加盈利。三是以"零增地"技术改造为抓手提升企业核心竞争力。在工业领域实施"零增地"技术改造行动，支持工业企业在不涉及新增建设用地前提下实施技术改造，大力推进"互联网＋"、"标准化＋"、"机器人＋"技术改造，同时，不搞环保"一刀切"，帮助企业环保升级、智能转型、弯道超车。四是建立产业统计预测和风险预警机制。及时收集、整理、分析和发布国内外经济形势和江西重点园区、产业和企业运行数据，为政府决策和企业生产提供参考服务。当前，考虑到中美贸易摩擦的复杂性、长期性以及贸易政策传导的滞后性，应组织专家学者加强理论和对策专题研究，科学制定江西应对贸易摩擦确保外贸稳定增长的实施意见。

赣深民营经济营商环境政策比较研究*

习近平总书记指出，民营经济是推动社会主义市场经济发展的重要力量，要不断为民营经济营造更好的发展环境。党的十九大报告明确指出，要清理废除妨碍统一市场和公平竞争的各种规定和做法，支持民营企业发展，激发各类市场主体活力。江西和深圳（以下简称赣深两地）一直高度重视民营经济的健康发展。党的十八大特别是习近平总书记在民营企业座谈会上发表重要讲话以来，江西和深圳更加重视民营企业，纷纷出台了一系列促进民营经济健康发展的政策举措，并取得明显成效。深圳作为全国经济特区和民营经济发展最集中、最发达的地区，近年来大力实施"民营经济倍增计划"，不断优化营商环境，民营经济营商环境走在全国前列。与深圳相比，江西在推动营商环境市场化、法治化、国际化、便利化等方面相对不足，有利于民营经济发展的科技创新、人才集聚、财税扶持、金融服务、土地集约、外贸促进和政务服务等方面亟待强化深化细化。要适应新时代高质量发展要求，对标深圳等国内标杆地区，结合《优化营商环境条例》（国令第 722 号）等国家最新政策和江西实际，坚持市场化、法治化、国际化原则，以民营企业诉求为导向，更加注重转变政府职能，更加注重赋能性改革，更加注重体制机制创新，更加注重政策配套落实，努力营造稳定、公平、透明、可预期的"四最"营商环境。

---

* 原文部分成果以《深圳优化营商环境的经验及其对江西的启示与建议》发表在《专报》（2019 年第 34 期），2020 年 1 月 9 日省委常委、常务副省长毛伟明批示："请省政府办公厅（政务办）、省发改委阅研。"

一、赣深优化民营经济营商环境政策概述

赣深两地都高度重视民营经济的健康发展，始终坚持两个"毫不动摇"，深入贯彻落实党中央和国务院决策部署，不断完善有利于民营经济健康发展的营商环境，民营经济不断发展壮大。

（一）把民营经济发展摆上全局工作的重要位置

民营经济是利用国内民间资本兴办的个体、私营、股份合作等各种形式的非公有制经济，与国有、集体、外资经济一样，都是社会主义市场经济的重要组成部分。赣深两地都高度重视民营经济发展，深入贯彻落实党中央和国务院促进民营经济发展的决策部署，毫不动摇地鼓励、支持、引导和规范民营经济发展，把加快民营经济发展摆在当地党委政府的重要工作日程。早在 2002 年江西省政府出台的《关于进一步加快民营经济发展的若干意见》（赣府字〔2002〕20 号）明确提出，"大力发展民营经济是加快江西省经济发展的必然选择，是实现江西在中部地区崛起的重要突破口。"2003 年深圳市委市政府《关于加快民营经济发展的意见》中也明确指出，要"把加快民营经济发展摆上全局工作的重要位置。"党的十八大以来，赣深两地深入贯彻习近平新时代中国特色社会主义思想和习近平总书记关于民营经济发展的重要讲话精神，坚持"两个毫不动摇"，以更大力度、更优政策、更好服务，积极推动民营经济高质量发展。

（二）出台了一系列促进民营经济健康发展的政策措施

党的十八大以来，特别是习近平总书记在民营企业座谈会上发表重要讲话以来，赣深两地深入贯彻落实党中央和国务院决策部署，纷纷出台多

项重量级"含金量"高的政策文件，以更大力度更实举措支持民营经济健康发展（见表1）。2017年7月，中央财经领导小组会议提出深圳等特大城市要率先加大营商环境改革力度，随后深圳市委就对其进行了专题部署，并将商环境优化行动被确定为深圳"十大行动"之首，先后出台了"降成本28条"、"营商环境20条"和"四个千亿"等一系列政策措施，加快营造稳定公平透明、可预期的国际一流营商环境。江西近年来持续深化"放管服"改革，大力推进"降成本优环境"专项行动，先后出台了《关于大力促进非公有制经济更好更快发展的意见》、《关于支持民营经济健康发展的若干意见》和《江西省优化提升营商环境十大行动方案》等政策举措，全力支持民营经济发展壮大、转型升级、提质增效。

表1　党的十八大以来赣深两地优化民营经济营商环境的主要政策

序号	文件名（号）	时间
1	《江西省优化提升营商环境十大行动方案》（赣府厅字〔2019〕37号）	2019年5月
2	《江西省非公有制经济五年发展规划（2019—2023年）》（赣府发〔2019〕7号）	2019年4月
3	《关于支持民营经济健康发展的若干意见》	2019年1月
4	《关于进一步降低实体经济企业成本的补充政策措施》（赣府发〔2018〕30号）	2018年11月
5	《关于进一步激发民间有效投资活力促进经济持续健康发展的实施意见》	2017年12月
6	《关于进一步降低企业成本优化发展环境的若干政策措施》（赣府发〔2016〕44号）	2016年11月
7	《关于开展降低企业成本优化发展环境专项行动的通知》（赣字〔2016〕22号）	2016年4月
8	《关于大力促进非公有制经济更好更快发展的意见》（赣发〔2013〕14号）	2013年12月
9	《关于以更大力度支持民营经济发展的若干措施》（深府规〔2018〕23号）	2018年12月
10	《关于加大营商环境改革力度的若干措施》（深府〔2018〕1号）	2018年1月
11	《关于降低实体经济企业成本的若干措施》（深府规〔2017〕10号）	2017年12月
12	《关于支持中小微企业健康发展的若干措施》（深府〔2013〕56号）	2013年6月

（三）聚焦科技、人才、土地、财税、金融和外贸等重点领域

科技、人才、土地和资金是民营经济健康发展的重要生产要素。在经济全球化大环境下民营经济的健康发展也离不开政府的财税扶持和外贸促进等政策支持。因此，科技、人才、土地、财税、金融和外贸等扶持政策，成为赣深两地优化民营经济营商环境政策的重点领域。例如，《中共江西省委江西省人民政府关于支持民营经济健康发展的若干意见》主要从进一步营造公平竞争市场环境、破解民营企业融资难融资贵、支持民营企业转型升级、降低民营企业经营成本、加强民营企业合法权益保护、完善政策执行方式、构建亲清政商关系和强化组织保障八个方面进行了全面部署。《深圳市人民政府关于以更大力度支持民营经济发展的若干措施》（深府规〔2018〕23号）主要从降低企业生产经营成本、缓解融资难融资贵、建立长效平稳发展机制、支持企业做优做强和优化政策执行环境等方面做出重点安排。针对民营经济融资难融资贵等突出问题，赣深两地还专门出台了金融服务民营经济或中小企业的政策文件。例如，2018年9月深圳市人民政府《关于强化中小微企业金融服务的若干措施》和2019年2月江西省政府《关于金融支持民营经济发展的若干措施》。此外，赣深两地还出台了推动科技创新、人才集聚、土地集约、财税扶持、金融服务和外贸促进等一系列专项政策。尽管这些政策不是专门为民营经济制定，但根据竞争中性原则，民营企业只要符合这些普惠政策条件均可享受，为民营经济发展提供了良好的政策环境。

（四）将优化政务服务作为优化营商环境的"牛鼻子"

党的十八大以来，赣深两地围绕"简政放权、放管结合"优化服务，深化商事制度改革，通过注册资本登记制度、"先照后证"、"多证合一"等一系列改革举措，加快构建亲清新型政商关系。例如，深圳对照世界银行指标出台"营商环境改革20条"，率先推出40余项"秒批"，实施投资项目审批"深圳90"，300多项"不见面审批"，商事登记"三十证合一"

等，以及出台"四个千亿"支持民营经济。江西省持续深化"三单一网"、"一次不跑"和"只跑一次"等改革，大力开展降成本优环境专项行动，大力开展忠诚型、创新型、担当型、服务型、过硬型"五型"政府建设，努力打造"政策最优、成本最低、服务最好、办事最快"、"四最"营商环境。

（五）民营经济发展地位和作用日益增强

改革开放特别是党的十八大以来，赣深两地民营经济呈现总量规模持续扩大、产业结构继续优化、发展活力持续增强、上缴税金加快增长等显著特点，在地区经济发展中的地位和作用愈加凸显。深圳民营企业数量连续多年保持两位数以上高速增长。2018 年深圳民营经济增长 10%，高新技术企业超过 1.44 万家，培育出了华为、腾讯、中兴、大疆、正威、比亚迪等一批世界级科技企业。近年来，江西非公有制经济保持健康发展的态势。截至 2017 年底，江西全省民营企业数量 54.4 万户、个体工商户169.7 万户，非公有制经济市场主体数量占全省市场主体的比重达94.2%；全省民营经济增加值 12394.6 亿元，占 GDP 比重为 59.5%；民营企业纳税 2058.8 亿元，占全省税收总额的 77.6%。2019 年，在中国民营企业 500 强中，江西有 6 家企业上榜，依次为正邦集团、江西方大特钢、双胞胎集团、晶科能源、江西博能集团和江西济民可信集团。

二、赣深民营经济营商环境政策比较分析

根据赣深两地近年来促进民营经济发展和优化营商环境的政策文件，结合实地调研和调查问卷情况，重点从科技、人才、金融、财税、土地和外贸政策等方面进行比较分析，阐述值得江西学习借鉴的深圳好经验好

做法。

（一）深圳民营经济营商环境政策总体优于江西

深圳作为国家经济特区，具有鲜明的改革创新精神和市场化、法治化、国际化思维，民营经济营商环境总体走在全国前列，总体优于江西。具体可以概括为"新"、"大"、"实"、"亲"和"高"五个方面。

1."新"，大胆创新，成为全国改革创新先锋

2017 年深圳作为被习近平总书记"点名"要率先加大营商环境改革力度的城市之一，以"营商环境改革 20 条"为统领不断打造营商环境的"升级版"，加快形成"服务效率最高、管理最规范、市场最具活力、综合成本最佳"的国际一流营商环境，部分政策举措开全国之先河。例如，在科技创新方面，以市场化方式探索设立 100 亿元中试创新基金，率先实施惩罚性赔偿制度等；在人才集聚方面，率先实施"人才安居工程"，探索建立人才住房封闭流转机制；在金融服务方面，在全国率先设立 150 亿元的政策性纾困资金，民营企业债券担保市场一直走在全国前列等；在财税方面，落实涉企行政事业性收费"零收费"，自主研发了全新"银税互动"合作平台——金融超市等；在土地集约方面，创新存量土地再开发制度，创新原农村土地入市流转政策等；在外贸促进方面，前海自贸区探索试点跨境贷款，前海蛇口自贸区先行先试资本项目外汇收入可用于境内股权投资，等等。

2."大"，力度更大，扶持力度明显大于江西

例如，深圳针对民营经济发展困难、股权质押风险、融资难等突出问题，2018 年创新推出了支持民营经济发展的"四个千亿"计划：新增中小微企业银行信贷规模 1000 亿元以上，新增民营企业发债 1000 亿元以上，减负降成本 1000 亿元以上，设立总规模 1000 亿元的深圳市民营企业平稳发展基金。在全国率先设立 150 亿元政策性纾困资金，组建 30 亿元政策性融资担保基金，设立 50 亿元银行信用贷款风险补偿资金池，其力度之大居全国大中城市之首，平稳发展基金规模也大于绝大多数省份，更

远大于江西（江西仅提出组建 100 亿元省级政策性救助基金）。在人才引进方面，深圳分别给予 A、B、C 类人才 300 万元、200 万元和 160 万元的奖励补贴；对科技领军创新团队，最高给予 8000 万元扶持。

3. "实"，措施更实，深化细化配套政策体系

与江西相比，深圳民营经济政策措施"更实"，不仅有宏观规划和指导性意见，而且有深化细化的实施方案（行动计划）、重大工程、配套政策和政策指引，确保政策落地落实。例如，在科技创新方面，深圳在制定全国首部创新型城市总体规划、国家自主创新示范区规划、战略性新兴产业及未来产业发展规划等系列规划基础上，2016 年以来又制定了《关于促进科技创新的若干措施》、《关于支持企业提升竞争力的若干措施》、《加快深圳国际科技产业创新中心建设总体方案和十大行动计划建设实施方案》、《深圳市科研机构创新绩效分类评价办法（试行）》、《深圳市海外创新中心认定与评价办法》、《深圳市关于加强基础科学研究的实施办法》等"一揽子"政策及配套落地措施，支持企业提升科技创新能力，并取得显著成效。据统计，2018 年，深圳全社会研发投入超过 1000 亿元（占 GDP 比重达 4.2%），高新技术产业增加值 8297 亿元，PCT 国际专利申请量继续居全国各大中城市第一，深圳高新区综合实力排名跃居全国第二。

4. "亲"，政商更亲，新型政商关系好于江西

推动构建亲清新型政商关系，是优化民营经济营商环境的重要方面。近年来，深圳各级政府坚持"无事不扰、有求必应"的服务理念，充分尊重市场，尊重企业的主体地位，按照市场的原则主动服务企业，无论是政府部门的开明态度还是职能部门的服务效能都在国内首屈一指。根据中国人民大学国家发展与战略研究院发布的《中国城市政商关系排行榜（2017）》，深圳城市政商关系健康指数居全国第二。近年来，江西大力推进"五型"政府建设，民营经济营商环境有了明显改观，但调研中有部分企业反映仍然存在"门好进"、"脸好看"、"事难办"以及办事人员"吃拿卡要"等现象。我们的调查问卷也显示，深圳民营企业对深圳政务服务的满意度高达 84.87%，高于江西民营企业对江西政务服务满意度 13.76%。

5. "高"，评价更高，企业满意评价高于江西

根据我们对江西 928 家民营企业和深圳 238 家民营企业的调研情况，深圳民营企业对深圳民营经济营商环境总体评价的满意度高达 82.35%，而江西民营企业对江西营商环境总评评价的满意度只有 70.04%，低于深圳 12.31 个百分点（见表 2）。与此同时，深圳民营企业对深圳民营经济营商环境总体评价不满意度仅为 3.36%，而江西高达 7.87%，比深圳高 4.51 个百分点。调查问题表明，除用地政策、财税政策外，深圳民营企业对科技、人才、金融、外贸、政务服务等营商环境的满意度均高于江西民营企业对江西的满意度。

表 2　赣深民营经济营商环境调查问卷情况　　　　单位：%

序号	评价指标	满意度		不满意度	
		江西	深圳	江西	深圳
1	总体评价	70.04	82.35	7.87	3.36
2	科技政策	69.71	84.04	5.39	0.84
3	人才政策	62.50	86.53	6.90	3.36
4	用地政策	64.98	61.35	8.73	9.24
5	财税政策	72.09	71.43	4.63	5.04
6	金融政策	61.85	69.75	10.88	5.88
7	外贸政策	64.98	73.11	3.88	2.52
8	政务服务	71.11	84.87	7.87	2.52

注：评价选项分为非常满意、基本满意、一般和不满意，满意度为非常满意和基本满意两项之和。

（二）赣深民营经济科技创新政策比较及深圳经验

面对全球新一轮科技革命和产业革命，赣深两地大力实施创新驱动发展战略，坚持以科技创新为核心推动全面创新，出台了一系列促进科技创新的政策措施（见表 3），为民营企业创新发展提供了政策保障。

表3　近年来江西和深圳出台的鼓励科技创新的主要政策

序号	文件名（号）	时间
1	《江西省技术转移体系建设实施方案》（赣府厅字〔2019〕4号）	2019年1月
2	《关于加快科技创新平台高质量发展十二条措施》（赣府厅字〔2018〕59号）	2018年6月
3	《关于印发加快新型研发机构发展办法的通知》（赣府厅发〔2018〕19号）	2018年6月
4	《江西省创新驱动发展纲要》（赣发〔2017〕21号）	2017年10月
5	《关于加快发展新经济培育新动能的意见》（赣发〔2017〕6号）	2017年2月
6	《江西省促进科技成果转移转化行动方案（2017—2020年）》（赣府厅字〔2017〕11号）	2017年1月
7	《江西省加大全社会研发投入攻坚行动方案》（赣府厅发〔2016〕85号）	2016年12月
8	《关于加快特色型知识产权强省建设的实施意见》（赣府发〔2016〕37号）	2016年9月
9	《关于创新驱动"5511"工程的实施意见》（赣府发〔2016〕13号）	2016年7月
10	《关于深入实施创新驱动发展战略推进创新型省份建设的意见》（赣发〔2016〕5号）	2016年5月
11	《江西省鼓励科技人员创新创业的若干规定》（赣府发〔2016〕20号）	2016年4月
12	《深圳市关于加强基础科学研究的实施办法》（深府规〔2018〕25号）	2018年12月
13	《加快深圳国际科技产业创新中心建设总体方案和十大行动计划建设实施方案》（深府〔2017〕47号）	2017年5月
14	《关于促进科技创新的若干措施》（深发〔2016〕7号）	2016年3月
15	《深圳国家自主创新示范区建设实施方案》（深府〔2015〕54号）	2015年7月
16	《贯彻落实习近平总书记重要批示精神努力在"四个全面"中创造新业绩的决定》（深发〔2015〕1号）	2015年2月

通过赣深两地科技创新政策的梳理，两地都大力支持和鼓励民营企业研发投入、培育创新型企业、自主创新、高水平研发机构建设、科技成果转移转化、知识产权保护和推进"双创"等。与江西相比，深圳科技创新更加重视市场在创新资源配置中的决定性作用，更加突出发挥政府对科技创新引导推动作用，更加注重全球创新资源整合利用，更加大胆地推进科研管理体制机制创新，最大限度地激发科技创新的活力与潜力。

1. 强化科技创新资金支持

近年来，赣深两地都加大财政对科技创新的资金支持和引导，推广实施科技创新券，但江西的扶持力度明显小于深圳。2012 年以来，深圳通过"八大专项 35 个计划"，共安排财政资金 328.49 亿元，支持科技计划项目1.8 万余个。深圳市科技研发资金对民营科技企业的研发投入提供资助，给予不超过国家及广东省科技资助经费 50% 的配套资助，每个项目配套资助总额不超过 100 万元。深圳率先开展创新券跨区域应用试点，并规范科技创新券使用。2018 年深圳科技创新券为 2976 个科技创新项目，券抵用总额 6172 万元，拟兑现总额 6097 万元。值得关注的是，江西政府资金对民营企业科技创新的支持较少，并存在比重下降趋势。2018 年江西全省民营企业研发经费方面得到政府资金支持仅 4.1 亿元，占工业企业政府资金支持的 47.1%，比上年下降 13%；全省民营企业研发经费投入强度为0.78%，远低于深圳市全社会研发投入强度 4.2% 的水平。

2. 建设新型高端研发平台

赣深两地都高度重视建设高水平研发机构，都支持鼓励民营企业与国内外高等院校和科研机构共建自主研发机构，特别是国家级科技创新平台。例如，江西出台了《加快新型研发机构发展办法》（赣府厅〔2018〕19 号）、《加快科技创新平台高质量发展十二条措施》（赣府厅〔2018〕59号）和《江西省重大创新平台提升行动方案》等政策措施，对新认定的国家级科技创新平台给予 500 万～1000 万元补助；对通过验收的国家级科技创新平台，根据实际情况每年给予 100 万～300 万元奖励性补助。与江西相比，深圳对高层次科技平台扶持力度更大。例如，深圳对海外高层次创新中心，最高给予 1 亿元奖补。同时，深圳还对建有市级以上研发中心的民营企业给予重点企业及便利直通车服务待遇，并优先将民营企业开发的新产品列入市新产品开发计划，享受有关财政补贴；成立深圳市大型科学仪器设施资源共享管理中心，建立健全大型科学仪器设施共享服务平台。

3. 推进全球创新资源整合

赣深两地都注重利用国际创新资源，主动对接国家"一带一路"，合作建设面向"一带一路"沿线国家的科技创新基地，但深圳的开放意识和创新资源全球整合能力明显强于江西。例如，2017 年深圳就提出要实施十大海外创新中心行动计划，对符合认定标准的企业等法人单位授予"深圳市海外创新中心"牌子，并且给予不超过经审计的前期开支的40%的事后资助，资助和奖励最高可达 2000 万元。同时，加强深港创新合作，支持深港高等院校、科研机构间的合作，探索深港联合资助研发项目资金、仪器设备跨境使用方式，积极推进深港边界地区开发，优化深圳市科研人员赴港管理操作办法，打造深港科技走廊。根据世界知识产权组织"2018 年全球创新指数报告"，深圳地区位居全球"最佳科技集群"第二。

4. 推进创新成果转化应用

近年来，江西出台了《江西省促进科技成果转移转化行动方案（2017—2020 年）》、《江西省技术转移体系建设实施方案》（赣府厅字〔2019〕4 号）等政策，重点培育建设省级以上技术转移示范机构 30 个，省级以上科技企业孵化器 100 个，省级以上高新技术产业基地 30 个，省级以上产业技术创新战略联盟 30 个，省级以上国际联合研究中心 30 个。深圳不断完善"基础研究 + 技术攻关 + 成果产业化 + 科技金融"的全过程创新产业链，加速科技成果转化和市场化进程。2017 年深圳出台了《深圳市促进科技成果转移转化实施方案》，到 2020 年重点建设 5~8 个示范性国家科技转移机构，1~2 个国家科技成果转移转化示范区，培养 1000 名专业化技术转移人才。2018 年深圳市率先实施创新验证计划，支持高等院校、科研机构等设立"创新验证中心"；支持以市场化方式探索设立 100 亿元中试创新基金，支持中试基地、中试生产线建设。

5. 实施最严格的产权保护

深圳对标世界发达城市，先后修订和出台了《深圳经济特区加强知识产权保护工作若干规定》、《深圳市关于打造国家知识产权强市推动经济高质量发展的工作方案（2019—2021 年）》，不断完善知识产权政策法规体系，建设中国（深圳）知识产权保护中心和南方知识产权运营中心，率先探索知识产权质押融资登记制度，率先实施惩罚性赔偿制度，建立海外知识产权维权援助机制，打造国家知识产权强市、国际知识产权示范城市乃至世界知识产权之都。目前，深圳73%的授权发明专利、91%的中国驰名商标以及96%的广东省名牌产品都来自民营企业。2018年深圳全年发明专利申请量与授权量分别为7万件和2.13万件，PCT国际专利申请量1.81万件。江西也十分重视知识产权保护，出台《江西省发明专利提升工程实施方案》，建成南昌市中国（江西南昌）知识产权保护中心，累计获批设立国家知识产权示范企业19家、国家知识产权优势企业102家，实现专利质押融资额23亿多元、商标质押融资近10亿元。2018年江西全省民营企业申请发明专利2.1万件，有效发明专利8284件，申请PCT专利仅305件，注册商标6948件。

6. 推进科研管理体制创新

为激发广大科技人员创新创业创造活力，深圳不断推进科研领域"放管服"改革，将科技成果使用、处置和收益权，下放给符合条件的项目承担单位。在全国率先探索开展经费使用"包干制"改革试点，赋予科研人员更大的人财物支配权；增强科技计划项目承担单位的自主权，项目资助资金不设置劳务费比例，提高人员绩效支出比例至资助金额50%，会议费、差旅费、国际合作与交流费可自行相互调剂使用。对重大科技计划项目评审实施"主审制"，机构评估探索推行"里程碑式"管理。允许市属高等院校、科研机构协议确定科技成果交易、作价入股的价格；科技成果转移转化所得收入全部留归项目承担单位，处置收入不上缴国库，将科研负责人、骨干技术人员等重要贡献人员和团队的收益比例提高至70%以上。深圳这些科研管理创新制度走在全国前列，值得江西学习借鉴。

（三）赣深民营企业人才集聚政策比较及深圳经验

人才是指具有一定的专业知识或专门技能，进行创造性劳动并对社会做出贡献的人。创新驱动实质上是人才驱动。近年来，赣深两地高度重视人才工作，在人才培养、引进、使用和评价等方面出台了一系列具有竞争力的政策。例如，江西出台了《江西省鼓励科技人员创新创业的若干规定》、《中共江西省委关于深化人才发展体制机制改革的实施意见》和《深化职称制度改革实施意见》等人才政策。深圳出台了"促进人才优先发展81条"、"十大人才工程"和《深圳经济特区人才工作条例》等人才新政，形成了较为成熟完备的人才政策体系。赣深两地都加大人才资金投入，鼓励引进与培养急需紧缺人才，资助人才创新创业，支持人才平台建设，创新人才使用和评价方式，优化人才服务环境，努力营造人才引得进、留得住、用得好的良好环境。与深圳相比，江西民营企业人才政策有待强化、深化、细化。

1. 高层次人才引进

江西明确提出，鼓励民营企业引进高层次领军人才、青年拔尖人才，民营企业引进的各层次人才享受与国有企事业单位同等政策待遇和津贴。对民营企业全职引进的各类急需人才，所需租房补贴、安家费以及科研启动经费等人才开发费用可按规定在税前列支。针对重点行业、紧缺人才，江西明确提出要分类制定引进政策，给予不同的倾斜保障。例如，2018年江西出台《关于加强全省航空产业人才队伍建设的若干措施》的专门政策。深圳一直高度重视高层次人才的引进。2010年推出引进高技术人才的"孔雀计划"，2018年出台"鹏城英才计划"，对经认定的杰出人才、国家级领军人才、地方级领军人才、后备级人才和海外人才，分别给予600万元、300万元、200万元、160万元奖励补贴；经评审认定的海内外高层次人才"团队＋项目"，最高资助1亿元。2018年深圳新引进人才28.5万名，新增全职院士12名，新增高层次人才2678名，引进海归人才1.7万人。相比之下，江西高层次人才引进相对不足。近五年江西全省引进博士以上高层次人才仅3131人，引进海外高层次和急需紧缺人才仅1.5万人次。

2. 人才自由流动

江西省明确提出，建立人才双向流动机制，允许科技创新人才在高校、科研院所和民营企业间双向兼职。但由于全省尚未出台明确的科技人员创新创业实施细则，人才双向流动受到工作单位的原有规章制度的限制，效果不明显。深圳在促进人才流动方面，改革力度更大，并有比较详细的操作办法。例如，深圳明确提出，高等院校、科研院所等事业单位可聘请具有创新实践经验的企业家、科研和技术技能人才担任兼职教师和兼职研究员；高等院校和科研院所的科研人员可利用专业特长到科技型企业兼职并按规定获得报酬，也可在单位同意下在本市离岗创业，在规定期限内返回原单位的，接续计算工龄，并按照所聘岗位等级不降低的原则，结合个人条件及岗位空缺情况聘用至相应等级岗位；打破体制壁垒，吸收非公有制经济组织和社会组织中的优秀人才进入党政机关、国有企事业单位。深圳的这些创新举措，开辟人才"双向"流动的制度通道。

3. 人才服务保障

江西省级层面在省人社厅设立人才发展基金，每年编制和向全社会发布全省引才目录、开展系列引才活动，在省外举办江西引进高层次人才专场招聘会，开展海外博士江西行活动。与江西相比，深圳人才服务保障财力更足，物质精神激励更强，政务服务更优。例如，深圳设立人才发展基金和人才创新创业基金，自 2016 年开始每年人才工作预算达 44 亿元。为实施"孔雀计划"，深圳每年投入不少于 10 亿元，用于培育和引进海内外高层次人才和团队。2017 年深圳制定出台了《深圳经济特区人才工作条例》，规定每年 11 月 1 日为"深圳人才日"，设立"人才伯乐奖"，以特区立法的形式保障了人才优先发展战略。同时，大力实施人才安居工程，市财政注资 1000 亿元设立人才安居集团，"十三五"期间将为人才提供 30 万套人才住房，探索先租后买、以租抵购的人才住房封闭流转制度。深圳在特区设立初期就设立专门的人才服务机构，负责人才引进工作，现在仍保留人才服务局，并建立人才管理服务权力清单和责任清单。

4. 人才管理创新

江西出台了《关于分类推进人才评价机制改革的实施意见》、《深化职称制度改革实施意见》等文件，对 10 类重点领域的人才分类评价，全面下放高级职称评审权，鼓励符合条件的大型民营企业开展高级职称自主评审等一系列改革举措。但这些政策主要是指导性的意见，尚未出台具体的实施细则，政策效果有待进一步观察。深圳人才管理改革一直走在全国前列。例如，2013年深圳首创实施企业技能人才评价的人才综合评定方式，将体制外的职称评定权下放到企业；2014年实现所有社会化评审工作均交由行业组织承接，推行企业高级职称自主评价试点以及自主认定高层次人才试点。对符合条件的外籍人才，签发长期多次往返签证，凭该签证办理工作许可和工作类居留证件。符合条件的来深圳创业的外籍华人可直接申请5年有效的居留许可。深化深港人才合作，打造前海全国人才管理改革试验区，实行税务、建筑等专业资格深港互认。

5. 重大人才工程

近年来，江西大力实施"赣鄱英才555工程"、"双千计划"等重大人才工程，拟重点支持引进1000名左右"高精尖缺"优秀高层次人才和100个左右高层次创新创业团队，重点培养1000名左右的高层次人才，对高层次创新创业团队入选者，给予每个团队500万~800万元不等的项目资助。深圳实施"院士引进工程"、"创新领军人才集聚工程"、"孔雀计划"、"鹏城英才"、"优秀大学毕业生引进计划"、"千人计划"、"双百苗圃计划"和"高技能人才振兴计划"等重大人才工程。截至2018年底，深圳人才资源总量510万人。其中，累计认定高层次人才12480人，诺贝尔奖获得者6人，全职院士41人，国家"千人计划"人才335人。

（四）赣深民营企业财税扶持政策比较及深圳经验

近年来，江西持续精准深入开展降成本优环境专项行动，全面落实国家更大规模减税降费等政策措施，大幅提高税收优惠标准，对增值税小规模纳税人顶格按50%的税额幅度减征地方"六税两费"；对重点群体、退役士兵从事个体经营的限额扣除标准比国家标准上浮20%。推行主税附加税合并申报，推行省内通办（含同城通办）事项8大类98项，推行"容缺受理"服务，推行一网通办，减少纳税次数，压缩纳税时间，为纳税人提供轻松便捷的办税环境。江西财税政策也得到了民营企业的认可，企业满意度高达81.5%。与江西相比，深圳在全面落实国家和广东省大规模减税降费的同时，还推出了一系列具有深圳特色的财税政策，值得江西学习。

1. 设立民营企业发展专项资金

为进一步增强民营及中小企业自主创新能力，深圳市依法设立专门资金并加强规范管理。2013年深圳市财政将市民营及中小企业发展专项资金每年预算规模由2003年的1亿元扩大为2亿元，市、区（新区）各类中小企业专项资金每年资助小微企业的数量比例不低于60%。2013年经深圳市政府批准，由市创业投资引导基金和市民营及中小企业发展专项资金联合设立总规模不少于100亿元的深圳市中小微企业发展基金，委托专业基金管理机构采取市场化运作，重点支持符合全市产业导向的初创期、成长期中小微企业发展。2017年深圳出台了《深圳市民营及中小企业发展专项资金管理办法》（深经贸信息规〔2017〕8号）等文件，明确专项资金的申请、使用及监督管理举办办法。首批中小微企业基金50亿元，已于2018年正式启动投资运作。

2. 全面落实民营企业税惠政策

深圳全面落实国家减税政策，指导帮助企业用足用好国家对民营及小微企业的税收减免政策。2018年深圳贯彻落实国务院关于研发费用加计扣除、创业投资企业优惠政策、小型微利企业优惠政策、提高出口退税率、深化增值税改革，降低城镇土地使用税、车船税的适用税额标准，降低符合条件企业购销合同印花税核定征收标准等减税措施，落实各项税惠政策共减免税额2411亿元。其中，落实2018年新出台的增值税、新个税等减税降负政策累计减负近200亿元，在外贸形势严峻、出口下行压力较大的情况下，办理出口退税1083.6亿元，约占全国退税总额的10%。以股份公司和私营企业为主的民营企业合计减免税收1705.7亿元，占减免税总额七成以上。

3. 最大限度降低民营企业费用

深圳积极创新举措，打造"财税联动"减税降费"深圳样本"。严格实施涉企收费目录清单管理，开展涉企经营服务性收费专项清理行动，逐步落实涉企行政事业性收费零收费。在降低用地、用电和物流成本、提高企业资金周转效率等基础上，新增"三降一缓一返还"，即到 2019 年底阶段性降低企业医疗保险费率 1%，降低失业保险费率 0.5%，降低工伤保险费率 30%；亏损满 1 年的民营企业，经职工代表大会或工会同意可以申请缓交住房公积金；提高对小微企业工会的工会费返还比例，由 60% 提高到 70%。同时，深圳大力清理转供电加价行为，2018 年全市工商业用电先后进行三次降价，涉及金额达 9.03 亿元，实现终端用户电价零加价。2018 年深圳实现降低企业生产经营成本超过 1000 亿元。

4. 优化公平便利税务营商环境

深圳税务部门对符合政策的纳税人实行即报即享、应享尽享，积极探索更多与国际接轨的税收管理与服务方式，出台涵盖压缩办税时间、减轻税费负担、优化税后流程、规范税收执法等 108 条优化营商环境措施，通过政策推送到人、优惠落实到户、服务提醒到点等举措，确保纳税人应知尽知、应享尽享各项优惠。其中：推广应用区块链发票、申报系统对接财务系统"一键申报"、新增误收多缴退税功能等在内的 28 项措施属于深圳首创。联合多家银行创新推出"银税互动"服务，并自主研发全新的"银税互动"合作平台——金融超市。2018 年深圳税务局"银税互动"项目帮助 3079 户企业获得贷款 23.5 亿元。深圳创建了"千户集团"服务名单，集中税政、征管、纳税服务等业务骨干建立专家团队，为重点税源企业提供专业化、个性化的服务。推进国税、地税业务网上通办，全面推行电子办税，全市网上申报率已高达 95%，实现 200 多项业务无纸化。

（五）赣深民营企业金融服务政策比较及深圳经验

融资难、融资贵是长期制约民营企业发展的"老大难"，也是民营企业反映最集中的突出问题。为更好地推动金融服务民营经济，赣深两地出台了一系列有针对性的政策措施。例如，江西出台了《关于进一步深化小微企业金融服务的实施意见》、《关于金融支持民营经济发展的若干措施》等专项文件，深圳出台了《深圳市推进普惠金融发展实施方案（2016—

2020 年)》、《关于强化中小微企业金融服务的若干措施》（深府规
〔2018〕17 号）等政策。从赣深两地金融服务共同点来看，主要围绕加大
信贷支持、降低融资成本、提高融资效率、拓宽融资渠道、完善功能平台
等方面，支持民营企业健康发展。与江西相比，深圳金融服务民营企业措
施更新、体系更全、力度更大、效果更好。

1. 构建现代金融服务体系

金融是现代经济的核心和血脉。赣深两地都十分重视金融业的发展。
例如，江西省出台了《关于加快绿色金融发展的实施意见》（赣府发〔2017〕
37 号）、《关于加快推进企业上市的若干措施》（赣府厅字〔2018〕39 号）等
文件。深圳早在 2003 年就率先推出《深圳市支持金融发展若干规定》及
配套实施细则，随后又 5 次修订完善，还在全国率先出台了《关于构建绿
色金融体系的实施意见》（深府规〔2018〕29 号）和《关于促进深圳市供
应链金融发展的意见》（深府金发〔2019〕7 号）等金融政策，形成了比
较成熟、国内领先的金融服务体系。深圳积极鼓励金融总部企业做大做
强，支持金融企业分支机构落户布局，鼓励通过增资扩股、并购重组做优
做强，差异化奖励促进金融业集聚发展，规范引导新兴金融业态良性发
展，经市政府认定给予 1000 万~5000 万元奖励。2018 年，深圳金融业实
现增加值 3067.21 亿元，占 GDP 比重 12.7%；全市持牌金融机构总数 465
家，其中：法人金融机构 196 家，保险法人机构 27 家；共有境内上市公
司 285 家，其中主板 80 家、中小板 116 家、创业板 89 家，上市公司总市
值 4.60 万亿元。深圳金融业总体实力远远强于江西。以上市公司为例，
2018 年末江西全省辖区内共有境内上市公司仅 42 家，其中：主板公司 25
家、中小板公司 9 家、创业板公司 8 家，上市公司总市值仅 3249 亿元，总
市值仅相当于深圳的 7%。

2. 加大民营企业信贷支持

赣深两地都强调，督促银行对不同所有制企业一视同仁，积极运用人
民银行定向降准、再贷款、再贴现等货币政策支持银行投放民营企业贷
款，拓展抵（质）押物范围，逐步提升民营企业贷款比重，加强对民营企

业贷款投放的考核评价。与江西相比，深圳还采取了更大力度的信贷支持政策。例如，设立总规模为 30 亿元的中小微企业融资担保基金，设立初始规模 20 亿元中小微企业贷款风险补偿资金池，通过产业化信用贷款扶持计划、产业化担保贷款扶持计划、设备融资租赁扶持计划建立战略性新兴产业中小企业政银担合作新机制，等等。

3. 降低民营企业融资成本

赣深两地都采取措施，督促各银行机构对民营和小微企业贷款合理定价，降低转贷成本，清理贷款中间环节收费，帮助民营企业降低融资成本。2018 年第四季度江西省新发放的普惠型小微企业贷款平均利率 6.44%，较一季度下降 0.82%。深圳市政府性融资担保基金优先为符合条件的小微企业提供低费率的担保支持，市财政每年安排 5000 万元鼓励银行落实无还本续贷政策，对符合条件的自主创业人员提供最高 30 万元、最长 3 年的创业担保贷款及贴息。2019 年 7 月，深圳企业贷款平均利率 5.51%。

4. 提高民营企业融资效率

江西采取包括优化信贷业务流程、下放信贷审批权限、推广线上贷款产品，完善融资增信平台、"一站式"金融综合服务平台、应收账款质押融资平台和开发区金融创新平台，持续深入开展产业与金融对接、银行挂点开发区、金融专家服务团入企帮扶等金融定向帮扶活动，提高企业融资效率。深圳健全优化金融机构与民营企业信息对接机制，实现资金供需双方线上高效对接。2017 年 8 月率先搭建深圳市创业创新金融服务平台，截至 2018 年底平台注册金融机构 119 家，注册企业 1.84 万家，累计融资金额 101.5 亿元。同时，推广创业创新金融平台应用，鼓励银行开展特许经营权、政府采购订单、收费权、知识产权新型融资方式，提高中小微企业融资效率。

5. 拓宽民营企业直接融资

赣深两地都大力支持民营企业上市挂牌直接融资，支持民营企业发行债券进行融资，健全保险产品体系，帮助民营企业分担经营风险等多元化措施拓宽融资渠道。深圳作为全国重要的金融中心，坚持梯度培育和分类指导，加大民营企业在主板、创业板、新三板、科创板的上市培育力度，支持有条件的民营企业到境外上市融资，资本市场、债券市场和保险市场比较发达，形成了"证券市场＋债券市场＋投资基金"的多元服务格局。深圳市在市政府投资引导基金下，设立并购重组类子基金，鼓励上市企业参与发起设立产业并购基金，构建并购重组服务平台；用好民营企业债券融资支持工具，为符合条件的融资担保机构提供100亿元发债增信资金支持，民营企业债券担保市场深圳始终走在全国前列。目前，深圳有专业担保公司增信的民营企业债券发行规模每年约100亿元。同时，深圳积极推动各类股权融资规范发展，鼓励和支持各类政府性基金和民间资本，尤其是国家中小企业发展基金深圳子基金、深圳市中小微企业发展基金和深圳市创业投资引导基金，加大对改制上市及新三板挂牌企业的股权投资。

6. 帮助上市民营企业纾困

2018年以来，一些民营上市公司在经营发展中遇到融资难、融资贵、股权质押平仓等多方面的困难和风险。深圳市国资委在全国率先开展支持民营上市公司稳健发展专项行动，设立运营200亿元共赢基金，采取股债结合的方式，为优质上市公司及实际控制人提供流动性支持。截至目前，深圳市属国有企业已累计为近50家上市公司提供股权、债权流动性支持，涉及支持资金近185亿元，有效实现了国企和民企的优势互补、互惠共赢。江西省2018年也提出组建100亿元江西国资创新发展基金，首期30亿元，支持省内上市公司纾困。国盛证券、九江银行和赣州发展投资控股集团共同发起设立江西首个规模10亿元的企业纾困发展资产管理计划，但仅投放2亿元支持民营企业纾困。

（六）赣深民营企业土地利用政策比较及深圳经验

江西土地资源比较丰裕，土地成本较低是江西招商引资的重要优势。随着工业化和城镇化的快速推进，江西产业用地日益紧张，推进土地节约集约利用势在必行。2019年江西出台了《关于实施"节地增效"行动的实施意见》，对企业"亩产论英雄"、工业"标准地"、建设用地"增存挂钩"和城镇低效用地再开发等进行部署。深圳经过40多年的改革开放，土地可利用空间越来越小，政策越来越严，积累了丰富的土地节约集约利用经验。深圳市先后出台了《土地管理制度改革近期实施方案（2012—2015年）》、《深圳市土地管理制度改革总体方案》、《关于加强和改进城市更新实施工作的暂行措施》、《深圳市土地整备利益统筹试点项目管理办法》、《深圳市扶持实体经济发展促进产业用地节约集约利用的管理规定》等政策，率先探索高城市化地区土地节约集约发展新路。

1. 完善差别化土地供应

2016年10月，深圳市政府出台了《深圳市工业及其他产业用地供应管理办法（试行）》（深府〔2016〕80号），提出产业用地实施差别化供应年限政策，其出让年限为10～30年不等，不再按照工业用地最高年限50年出让；根据用地类型、产业导向等多种因素，细化包括社会事业在内的各类土地的差别化地价修正系数。江西也实施土地差别化政策，支持重大招商项目、龙头类制造业招商项目列入省重大项目调度会，优先安排省预留新增建设用地计划；支持利用存量建设用地或增减挂钩节余指标开展重大招商引资项目建设，持续推进消化批而未用土地专项行动。

2. 促进土地集约节约使用

深圳产业布局向地上地下、功能整合要空间，向结构调整、低效挖潜要效益，持续提升土地节约集约利用水平。例如，修订工业楼宇转让办法，探索工业楼宇分割转让，建立准入资格、转让时限、转让增值分配和政府优先购买权等制度，盘活工业楼宇存量资源。支持和鼓励各地建设高标准厂房，可按幢、层等权属界线封闭且具有独立使用价值的空间为不动产登记单元进行登记，在符合规划、不改变用途的前提下，现有工业用地提高土地利用效率和增加容积率的，不再征收土地价款差额。深圳允许产业用地提高容积率，在无新增建设用地情况下，可增加1.6亿平方米。2017年深圳单位建设用地GDP达到22.3亿元/平方千米，位居内地城市首位。江西近年来也高度重视土地节约集约利用。例如，针对新经济发展特点，在规划许可的前提下，鼓励各地积极盘活商业用房、工业厂房、企业库房、物流设施和家庭住所、租赁房等资源，为新经济主体提供低成本办公场所和居住条件。

3. 降低企业建设用地成本

深圳将土地出让、城市更新、土地整备、棚户区改造等各类地价政策纳入统一体系内，设置产权政策调节系数，根据用地类型、产业导向等多种因素，细化包括社会事业在内的各类土地的差别化地价修正系数。江西对优先发展产业且用地集约的工业项目，土地出让底价可按所在地土地等别对应工业用地最低价标准的70%执行，进一步降低用地成本。

4. 健全国土规划治理体系

为加快构建"科学高效、规范透明、多元参与、合作共治"的规划国土治理新体系，深圳在全国率先建立契合高度城市化地区发展的规划国土体制机制，将城市更新、产业用地、土地整备、民生工程、临时用地等八项重点领域职权调整至各区行使，推动土地审批制度改革取得重大突破。

（七）赣深民营企业外贸促进政策比较及深圳经验

近年来，江西围绕打造"五型"政府和"四最"营商环境，出台了《江西省学习借鉴自由贸易试验区新一批"最佳实践案例"和复制推广第三批改革试点经验工作实施方案》、《关于进一步扩大开放推动经济高质量发展的若干措施》、《江西省优化口岸营商环境促进跨境贸易便利化工作实施方案》、《江西省复制推广自由贸易试验区第五批改革试点经验工作实施方案》等外贸政策，促进贸易投资自由化、便利化。深圳对标国际一流城市，深化自贸区改革，突出深港合作，推进国际贸易便利化改革，营造更加开放便利的贸易投资环境，值得江西学习借鉴。

1. 打造国际一流的投资环境

深圳全面落实准入前国民待遇加负面清单管理制度，试点将外商投资企业设立备案事项整合到商事登记"多证合一"，推动深港跨境商事登记电子化。放宽外商准入限制，除法律已明确的限制性规定外，将自贸试验区外商投资负面清单管理模式推广至全市。落实国家外商投资企业设立及变更备案管理暂行办法，设立及变更备案事项一律自受理之日起 3 个工作日内办理完毕。加大利用外资财政奖励力度，符合省财政奖励条件的，市财政予以 1∶1 资金配套，市财政最高奖励 1 亿元。江西将外资备案权限下放至各设区市、国家级开发区、县（市、区）商务主管部门，实行商务备案与工商登记"一口办理"。同时，江西全面清理与《外商投资法》及现行开放政策不符的法规、规章和规范性文件。

2. 深化外贸"放管服"改革

深圳加快前海开发开放和自贸片区建设，新推出制度创新成果 111 项，其中 42 项全国领先。积极争取国家支持，探索建设自由贸易港。除特殊领域外，深圳取消对外商投资企业经营期限的特别管理要求，清理和取消资质资格获取、招投标、权益保护等方面的差别化待遇，实现各类市场主体依法平等准入相关行业、领域和业务。在前海蛇口自贸片区试点简化跨境商事法律文书流转程序，在全市推广前海蛇口自贸片区跨境电子支票、跨境电子缴费等业务。而江西主要是学习借鉴推广全国自贸区经验。例如，先后分 5 批次复制推广自贸区改革试点经验，确定了 140 项改革事项，116 项试点经验落地。

3. 支持民营企业"走出去"

赣深两地都支持民营企业到境外特别是"一带一路"沿线国家和地区开展投资经贸活动，为其人员及货物出入境和通关提供便利化服务以及完善风险保障平台和信息服务平台。相比江西，深圳支持企业"走出去"措施力度更大、更开放。例如，推进中国（深圳）跨境电子商务综合试验区建设，支持企业开拓境外市场，扩大自主知识产权和高附加值产品出口，加快发展外贸综合服务平台；拓展与"一带一路"沿线国家和地区经贸合作，启动总规模 100 亿元的丝路发展基金，推动深越海防合作区、中白物流园的建设发展。大力建设"走出去"公共服务平台，加快构建"一带一路"城市合作伙伴网络，拓展"一带一路"市场，开通深圳至明斯克的首条中欧班列。

4. 推进国际贸易便利化改革

深圳依托海关特殊监管区域等，推动深港共建高水平自由贸易港，实施"一线全面开放、二线安全监管"制度。全市领域推广国际贸易"单一窗口"标准版，打造符合国际通行规则的贸易便利化支撑服务平台；全面推广报关报检"并联"等通关改革举措，实现企业"一点报关/报检、全域验放"，加快通关一体化改革；提升口岸查验智能化水平，加快推广"先期机检"、"智能识别"、"集中审像"实际应用，推动整体通关时间压缩1/3；将报关单位注册登记（进出口货物收发货人）、原产地证企业备案与商事备案纳入"多证合一、一照一码"改革，逐步实现海关监管区全覆盖，并向检验检疫环节延伸。与深圳相比，江西国际贸易便利化程度相对较低，但近年来江西也加大了改革力度。例如，江西建立省政府贸易便利化联席会议制度，定期研究推进贸易便利化和实现外贸高质量发展工作；加强开放大通道及支点门户、开放平台建设，加快国际贸易"单一窗口"建设；支持民营企业到境外特别是"一带一路"沿线国家和地区开展投资经贸活动，为其人员及货物出入境和通关提供便利化服务。

三、进一步优化江西民营经济营商环境的建议

良好的营商环境是决定城市竞争力、区域竞争力的重要因素。要适应新时代高质量发展要求，对标深圳等国内标杆地区，强化"五型"政府建设，坚持市场化、法治化、国际化原则，以民营企业诉求为导向，更加注重转变政府职能，更加注重赋能性改革，更加注重体制机制创新，更加注重政策配套落实，努力营造稳定、公平、透明、可预期的"四最"营商环境。

（一）更好发挥政府职能作用，完善科学的决策、执行和服务机制

1. 加强顶层设计，健全科学的涉企政策制定机制

民营企业是最重要的市场主体。与深圳相比，江西在民营企业政策制定过程中积极广泛听取民营企业家意见不够，政策主要以落实国家政策和宏观指导为主，创新性举措不多，部分政策"含金量"不高。

（1）健全涉企政策征求民营企业意见制度。健全党委、政府重大决策主动向企业家问计求策制度，把征求民营企业意见作为必要程序，通过召开座谈会、函询、网上公示等方式，更大范围听取和吸纳商会、协会和民营企业的意见建议，增强政策的科学性。

（2）打造一批民营经济改革"江西样板"。鼓励和支持各地结合实际情况，在生态文明、脱贫攻坚、军民融合、红色基因传承等重点领域，采取更大力度、更实举措积极推出一批具有江西特色的原创性、差异化的政策措施。例如，鼓励民营企业参与"河长制"、"林长制"、"湖长制"，打造江西民营企业生态治理"样板"；鼓励民营企业结对帮扶，建立健全民营企业扶贫开发长效机制；健全民营企业参与军工企业合作机制，推动军民融合发展走在全国前列；鼓励民营企业红色资源的保护和开发，打造全国红色旅游与红色基因传承示范基地。同时，鼓励各地大胆创新，积极探索推动民营经济发展的创新举措，对典型经验进行总结推广和嘉奖表彰。

（3）切实提高民营经济政策的"含金量"。设立省级民营企业发展基金，加大财政对民营企业高质量发展的扶持力度。既要发挥政策的引导性，更要注重政策的可操作性和企业获得感，增加政策中的"真金白银"举措。进一步深化和完善"放管服"、减税降费、"五型"政府等改革，努力降低企业制度性成本，让企业更加及时便利享受政策实惠，心无旁骛地发展实业。

2. 强化政策落实，健全有效的涉企政策跟踪机制

深圳民营经济成功的一个重要因素是快速、准确、创造性落实中央各

项政策，并把中央政策细化成一条条可执行、可检验的政策要求和工作方案。要对标深圳等先进地区，全面梳理现有政策，加强政策配套和跟踪问效，打通惠企政策"最后一公里"，推动好政策及时落地生根。

（1）分类制定深化细化配套政策。全面梳理涉及民营企业的政策措施，根据政策要求和执行情况，分类精准完善相关配套措施和实施细则，有效提高政策的可操作性。对已出台的指导性意见文件，要结合政策实施情况，出台相应具体方案或行动计划；对已出台实施细则（具体方案）的进行动态督察，根据实施情况及时完善优化相关配套政策；对部分已不适应新的发展需要的政策，要及时调整、完善和强化。

（2）主管部门制定相关政策实施指引。调研发现，近年来，江西出台了一系列促进民营经济健康发展的政策举措，该制定的已按照国家要求基本制定，但有的政策分布在不同部门和不同文件中，导致民营企业很难找准政策、了解政策。建议科技、人才、财税、融资、土地、外贸等涉及民营企业的政策措施，分别由省科技厅、人社厅、财政厅、地方金融监管局、自然资源厅和商务厅等业务主管部门归纳汇编统一的政策实施指引，主要包括政策内容、政策解读、适用对象、实施要点、组织实施单位、实施时间、参考流程图等内容，推动政策集成化、具体化、简便化。建立健全统一的、汇集各部门营商环境政策的宣传发布平台，加强政策解读和业务培训，组织专门的团队深入企业进行宣讲，向重点企业、商会和行业协会派驻政策宣讲员。

（3）加强民营经济政策效果评估考核。以市场主体和社会公众满意度为导向，进一步完善全省营商环境评价体系和评价办法，提高民营经济发展、民营企业投诉等指标比重。开展"企业评价政府部门工作"，进一步增加民营企业对部门年度考评的话语权。把优化民营企业营商环境纳入行政效能监察工作重点，建立常态化的督察督导机制。建立涉企政策落实情况第三方评估制度，根据评价结果完善政策实施措施细则、优化政策实施流程。

3. 坚持竞争中性，健全公平参与的市场竞争机制

江西民营企业在发展过程中相较国有企业，在产业和市场准入、科技

创新、融资信贷、政府项目和财政补贴等方面仍然存在一些不公平待遇。要坚持竞争中性、"一视同仁"的原则，依法保障民营企业依法平等使用生产要素、公平参与市场竞争、同等受到法律保护。

（1）全面实施负面清单管理制度。全面清理涉及民营企业市场准入的各种不合理的隐性或显性障碍，全面贯彻落实国家统一的市场准入负面清单管理制度，市场准入负面清单以外不得对民营企业另设门槛和隐性限制。例如，不得对市场准入负面清单以外的行业、领域、业务等设置审批限制；不得提出与项目无关或过高的资质和业绩要求。

（2）公开公平公正参与市场竞争。保障民营企业依法平等使用资金、技术、人力资源、土地使用权及其他自然资源等各类生产要素和公共服务资源，确保民营企业在土地供应、政府采购、招标投标、项目申报、资质许可、产业扶持、用水用电等方面享有与国有企业同等待遇。政府投资项目及建设工程不得以非公开招标方式设立各类预选企业名录。一视同仁对待招商引资企业和本地民营企业。

（3）民营企业同等受到法律保护。法治是最好的营商环境。要根据国家《优化营商环境条例》适时启动《江西优化营商环境条例》或《江西民营经济发展条例》的起草，以政府立法的形式保障市场主体的合法权益。依法保护民营企业的投资、收益和其他合法权益，严厉打击侵害企业家合法权益、影响企业发展的违纪及违法犯罪活动，加大对黑恶势力、阻挠施工等刑事犯罪的打击力度。严格规范涉企执法行为，不得减损市场主体的合法权益或者增加其义务，不得干预民营企业的正常生产经营活动。对民营企业处罚，应坚持审慎处罚原则，实施行政处罚教育前置制度，不得以罚代管、重罚轻教。

4. 突出亲清关系，健全高效廉洁的政务服务机制

调研发现，懒政怠政现象在江西的一些部门和地区还不同程度地存在，有的不作为、有的乱作为、有的慢作为、有的谈商色变，还有的多头管理、相互推诿等。为此，要强化"五型"政府建设，从释能性改革转到赋能性改革上来，努力营造法治化、可预期的市场环境，提升政务服务效

率效能。

（1）树立市场化、法治化、国际化服务理念。坚持"无事不扰、有求必应"，充分尊重市场，尊重企业的主体地位，按照市场的原则主动服务企业，做到"企有所忧、我有所解，企有所盼、我有所应，企有所需、我有所为"。坚持依法行政，严格规范政府对民营企业的检查、考察和评比等各行为，最大限度地减少政府对市场资源的直接配置，最大限度地减少政府对企业正常生产经营的干扰，依法保护包括民营企业在内的各类市场主体合法权益。对标国际国内一流营商环境，持续不断营造更加开放、便利的国际化营商环境。

（2）深入推进"互联网＋政务服务"改革。加快互联网、大数据、云计算、区块链在政务服务领域的运用，不断深化"互联网＋政务服务"建设，完善"一窗受理、分类审批、统一出件"工作模式，推动更多事项"一窗进出、一次告知、一表申请、一次办成、异地可办"，全力构建企业办事"最多跑一次"和"不见面"审批服务体系。对企业开办、施工许可、税费缴纳、用电报装、不动产登记、水气供应六类事项实现"一网通办"，进一步缩减和明确办理时限。

（3）打造江西政企直通信息服务平台。民营企业公共服务平台少，是民营企业反映最多、最期望政府改善的政务之一。当前，江西省已上线"赣服通"，为群众企业办事提供了极大方便，但在服务民营企业方面功能相对不足。建议学习河北廊坊"政企直通服务平台"经验，在省非公有制发展服务中心的基础上组建江西省政企直通车服务平台，搭建包括涉企政策发布、政策解读、企业诉求、管理培训和办事指南等在内的"一站式、多功能"信息服务平台，为企业咨询、求助、投诉提供"零距离、点菜式、马上办"服务，精准推送民营政策，全面纾解企业诉求。当前，要加快完善省非公有制企业维权服务中心功能，全方位集中受理民营企业诉求，实行清单式台账管理，并制定诉求受理、分类、交办、督办、回访、销号的标准化工作流程，建立民营企业诉求快速响应机制。

（4）构建"亲"、"清"新型政商关系。健全党政领导定期与民营企业家座谈制度，邀请企业家和商（协）会负责人代表参加党委、政府有关经济工作会议。建立省领导联系帮扶民营企业制度，完善省市县领导挂点联系开发区制度，深入开展"入企走访连心"活动。适时开展民营企业评价政府活动，将其作为"五型政府"重要指标纳入绩效考核。

（二）突出科技创新核心引领，完善推动民营企业创新发展政策

科技是第一资源。科技创新不足是制约江西省民营企业高质量发展的最大短板。要学习借鉴深圳科技创新成功经验，加强江西省科技投入、主体培育、平台建设、机制创新等，更好发挥科技对民营企业创新发展的支撑引领作用。

1. 加大对民营科技创新的资金支持

积极探索政府产业基金与优质基金机构合作设立创业投资基金、私募股权基金。鼓励国内外市场主体在自创区设立风险投资、创业（天使）投资基金及管理机构。鼓励金融机构来赣设立科技金融专营机构，支持发展科技信贷、知识产权和股权质押贷款、应收账款质押和仓单质押贷款等创新产品，对人才密集型科技企业实行递延缴纳增值税政策，缓解企业的资金压力。支持符合条件的民营企业依法发行股票、债券以及其他融资工具。加大和落实研发费用加计扣除抵扣的实施力度，推广实施创新券、科技金融等普惠性政策。

2. 梯次培育科技民营企业创新主体

企业是创新发展的主体。要大力实施科技型民营企业倍增行动，引导民营企业加大研发投入和科技创新；对成长性好的科技民营企业，政府产业引导基金应率先跟投；对已出台的支持"瞪羚"企业十二条措施要跟踪落实。鼓励和引导中小企业走"专精特新"之路，持续深化"个转企、小升规、规改股、股上市"，支持民营企业做大做强做优。支持有条件的民营企业在"一带一路"沿线国家建立科技园区、离岸（海外）创新孵化中心、联合实验室、研发基地，支持民营企业到省外设立"科技飞地"。

3. 加强科技创新公共服务平台建设

支持和鼓励龙头企业在开发区和重点产业基地牵头组建共性和关键技

术研发平台。鼓励高校院所等按照集约化、社会化、市场化整合大型科学仪器建设"开放实验室",推进大型科研仪器向民营企业开放。支持中国(南昌)知识产权保护中心和省级知识产权(专利)孵化中心建设,建立全省科技大市场(南昌),打造线上线下融合、信息资源共享的科技成果转移转化网络。

4. 大胆推进科技管理体制机制创新

由省科技厅牵头完善民营企业科技政策实施指引,对民营科技政策进行梳理、分类汇编,加强政策宣讲,优化操作指南,方便企业查政策、知政策、享政策。赋予科研项目负责人在科研立项、资金使用等方面更大的自主权,提高绩效支出占比和间接费提取比例,对劳务费不设比例限制;加大对承担关键领域核心技术攻关任务科研人员的薪酬激励,探索实行一项一策、清单式管理和年薪制。

(三) 坚持人才优化发展战略,实施更大力度的人才政策

创新发展,关键在人才。高层次人才短缺和引进难是制约江西省民营企业创新发展的重要"瓶颈"。要把人才工作摆在更加突出的战略地位,实施人才强省和优先发展战略,采取更大力度更实举措打造区域人才集聚高地。

1. 组建高规格人才引进机构

适时组建高规格的省委人才服务局,鼓励南昌市、赣州市等人才较为集中的设区市,将市委组织部承担的人才工作职责、市人社局的人才工作相关职责整合,组建市级人才服务局。编制重点行业领域人才发展规划。

2. 实施"十大人才集聚工程"

学习借鉴深圳经验,进一步完善省重大人才工程,实施"杰出人才引进工程"、"院士引进工程"、"创新领军人才集聚工程"、"海外引才引智工程"、"优秀企业家培育工程"、"双千计划"、"优秀大学毕业生留赣计划"、"高技能人才振兴计划"、"青年人才培养计划"、"三请三回计划"

十大人才集聚工程，出台专项政策，强化细化实化具体目标、责任部门、主要举措和保障措施。对顶尖人才，实行"一事一议、即来即报"。

3. 创新人才管理体制机制

最大限度向科研主体放权，赋予科研项目负责人在科研立项、资金使用等方面更大的自主权。提高绩效支出占比和间接费提取比例，对劳务费不设比例限制。加大对承担关键领域核心技术攻关任务科研人员的薪酬激励，探索实行"一项一策"、清单式管理和年薪制。在南昌设立海外人才创新创业试验区，加快建设一批国际学校和国际社区。建立江西人才库，建立高层次人才举荐制度和首席科学家制度。深化人才管理服务权力清单和责任清单制度。

4. 加强企业人才服务与保障

完善党对人才工作的领导，实施"人才一把手工程"，将人才发展列为经济社会发展综合评价指标。设立人才日和人才服务月，营造尊重人才的良好氛围。建立健全各级党政领导联系重点民营企业人才制度，及时表彰奖励各类民营企业人才。推荐优秀民营企业人才和企业家为人大代表、政协委员，更好地发挥参政议政作用。学习借鉴深圳人才安居工程，实施"新建楼盘人才住宅配建制度"，优先将民营企业高精尖缺等优秀人才纳入保障性住房体系。实行"零门槛"落户，加大人才安居、子女教育、医疗卫生、社会保障等激励力度，全面落实人才奖励政策。

（四）持续深入推进减税降费，切实增强民营企业获得感

近年来，江西持续深化减税降费并取得明显成效，但民营企业反映税负仍然较重，特别希望政府持续减税降费、优化纳税退税流程和提高税务服务质量。

1. 持续推进企业减税降负

不折不扣落实国家和江西省已出台的各项减税降费政策，对减税降费政策进行督察落实。围绕进一步加大减税力度，深入组织开展调查研究，及时解决税制改革和推进过程中发现的问题，并提出有针对性、切实可行

的完善政策建议。持续清理规范涉企收费，全面清理和整顿涉企行政事业性收费，坚决查处乱收费、乱罚款和各种摊派等问题。进一步推进纳税政策标准化，减少或取消自由裁量权。

2. 增进民营企业办税便利

运用大数据、云服务和人工智能技术，打造智慧电子税务，引导和推广应用网上办税、自助办税服务。制定"最多跑一次"办税事项清单，发布办税指南和标准化材料清单，优化办税流程，精减办税资料，压减税收申报次数，压缩纳税时间，规范税务执法。学习深圳"首税申报"、"发票智能审批"、合并申报和区块链电子发票等经验，开展"引导式申报＋智能审批"线上办税，将增值税、消费税和与之关联的三个附加税费合并申报，实现全流程网上办理，实现房地产交易环节的多税种的"一表集成"、"一秒计税"等。加强"银税互动"，实现申报、证明办理、核准、退库等业务网上办理，提高资金退付和使用效率，增强民营企业等纳税人的资金流动性。

3. 帮助民营企业解难纾困

健全与民营企业常态化沟通机制，进一步扩展税企双方沟通渠道和平台，及时解决中小企业在生产经营过程中遇到的跨区域税收执法标准不统一、政策执行口径不一致等现实问题。依法为生产经营困难、纳税信用良好的民营企业办理延期缴纳税款。合理确定增值税发票领用数量和最高开票限额，严禁在发票领用中对民营企业设置不合理限制。严格规范税收执法，保障民营企业合法权益。

（五）全面提升金融服务水平，破解民营企业融资"老大难"

针对江西省民营企业融资难、融资贵、融资慢突出问题，全面贯彻落实国家和江西省政府出台的金融支持民营经济发展的各项政策，进一步提升金融服务水平，努力构建多渠道、高便捷、低成本的金融服务环境。

1. 建设与民营企业相匹配的金融服务体系

加强江西省政府性融资担保体系建设，鼓励有条件的地方设立民营企业和小微企业贷款风险补偿专项资金、引导基金或信用保证基金，重点为中小微企业提供首贷、转贷、续贷等增信支持。鼓励各地设立中小微企业信用保证基金，因地制宜制定"政银保"、"政银担"、"政银担担"合作方案。进一步完善江西省"一站式"综合金融服务平台，加快构建覆盖信贷、保险、融资担保、租赁、转贷、创业投资、上市培育等环节的综合服务网络体系。鼓励各银行业金融机构与符合条件的民营企业构建中长期银企关系，进一步优化信贷流程，提高审批效率，积极开展转期贷、循环贷、年审制贷、无还本续贷等业务，大力发展普惠金融。

2. 帮助民营企业化解资金链和高杠杆风险

用好用足 100 亿元民营企业纾困基金，采取老股转让、定增入股、受让股票质押债权、周转贷款、发行债券等市场化、法治化手段，重点支持符合国家产业政策、发展前景良好的民营企业，优先支持各地产业转型升级、促进就业等方面的优质民营企业。鼓励各地财政增资转贷基金，引导银行业金融机构与政策性小微企业转贷基金、转贷服务公司开展合作，提升转贷服务效率。对出现经营困难和资金链风险的企业，组织协调银行业协会和银行业金融机构，"一户一策"分类处置。健全市场化债转股交流对接平台，稳妥降低高杠杆民营企业杠杆率。

3. 多元化支持民营企业扩大直接融资规模

强化落实对民企上市融资、并购重组的支持措施，大力推动上市挂牌和股权融资，利用股权市场为民企提供长期资本金。加大民营企业在主板、创业板、新三板、科创板的上市培育力度，对优质企业"一对一"服务。支持民营企业债券发行，鼓励金融机构加大民营企业债券投资力度，充分运用信用风险缓释工具、担保增信等风险分担措施提高民营企业债券市场接受度。规范发展区域性股权市场，构建多元融资、多层细分的股权融资市场，开展民营企业股权融资辅导培训。

4. 加强金融支持民营企业政策的督导落实

金融监管部门要加强对银行等金融机构的引导和监管，督促金融机构落实金融支持民营企业的各项政策，确保民营企业融资规模增速、比重和效率"三提升",融资成本逐步下降并稳定在合理水平。全面取消企业的银行开户行政许可,金融机构应当加取消各类违规的手续费、管理费、咨询费、顾问费、承诺费等费用。

(六) 持续巩固土地政策优势,提升土地集约化利用水平

土地相对丰裕是江西招商引资的重要优势,也是民营企业选择来赣投资兴业的重要因素。在有效保障企业建设用地的同时,江西应学习借鉴深圳土地节约集约使用经验,进一步提升江西土地综合利用效率效益。

1. 强化民营企业合理用地保障

全面贯彻落实江西省《关于加强自然资源保障支持民营经济健康发展的实施意见》,强化建设项目规划支撑,产业用地实行差别化年限和差别化地价供应制度,支持实行弹性年期出让、长期租赁、先租后让、租让结合的土地灵活供应方式,营造民营企业用地优良环境。优先保障符合环保要求的重点产业、重大项目、高新技术企业和总部经济等建设用地需求,统筹当年新增建设用地、历年批而未供土地、存量盘活挂钩指标予以重点保障。支持民营企业投资重大项目纳入省级重点推进项目清单。

2. 提高土地综合利用效率效益

学习借鉴深圳"工业上楼"、"工改工"等经验,加大多层标准厂房建设,完善城市更新现有政策机制,加大综合整治。探索工业楼宇分割转让,建立准入资格、转让时限、转让增值分配和政府优先购买权等制度。深入推进"工业标准地"改革,推进建设用地增存挂钩,构建新增用地计划安排和消化存量挂钩机制,优化土地资源配置。全面推进城镇低效用地再开发,盘活工业园区闲置和低效用地。建立产业用地用房供需服务平台,推动土地供应与企业需求高效对接。完善"以亩产论英雄"评价机制。

3. 促进企业用地审批提速降费

由江西省政府确定的优先发展产业且用地集约的工业项目,以及农、林、牧、渔业产品初加工工业项目,在确定土地出让底价时,可按不低于

工业用地出让最低价标准的 70% 执行。合理确定公共服务项目出让底价。积极鼓励民营企业通过采取政府和社会资本合作（PPP）模式、以奖代补等方式，根据土地整治规划投资或参与土地整治项目，依法依规参与收益分配。进一步优化土地审批流程，提速民营企业用地审批，主动解决民营企业用地遗留问题。全面落实企业办理不动产登记由 30 个工作日压缩至 5 个工作日。

（七）对标国内一流外贸环境，打造内陆双向开放新高地

江西作为内陆欠发达地区，国际贸易和利用外资明显落后于深圳。要对标深圳等沿海发达城市，全面深化改革开放，持续优化有利于外资外贸稳定增长的营商环境，努力打造内陆双向开放新高地。

1. 优化"引进来"营商环境

全面落实好外资领域准入前国民待遇加负面清单管理制度，加快复制推广自由贸易试验区改革试点经验。坚持"内外资一视同仁、公平竞争"原则，确保符合条件的外商投资企业与内资企业同等享受科技创新、转型升级、技术改造、知识产权保护、标准化建设和资质申请等扶持政策。加快中国（南昌）跨境电子商务综合试验区建设，推动南昌、赣州加快进境免税店建设，加快全省特殊商品指定进境口岸布局和发展。做大会展经济，重点打造世界绿色发展投资贸易博览会、世界 VR 产业大会、中国绿色食品博览会等会展品牌。省、市、县三级联动，建立目标引进人才库、企业库、研究机构库和技术库，四库同步，建立精准招商联动机制。

2. 优化"走出去"营商环境

支持优势产业和优势企业扩大出口，加强外贸转型升级基地培育工作，继续认定一批省级重点培育和支持出口品牌。推进江西文化出口基地建设，高标准、高质量、高水平建好景德镇国家陶瓷文化传承创新试验区。支持南昌国家跨境电商综合试验区建设，争取更多符合条件的设区市列入国家跨境电商综合试验区试点。鼓励企业在"一带一路"沿线国家（地区）开拓市场，设立子公司、分公司、研发基地和境外经贸合作区。

全面贯彻落实国家出口退税政策，积极培育对外贸易新优势。

3. 提升国际贸易便利化水平

全面推广国际贸易"单一窗口"标准版，不断压缩通关时间，打造符合国际通行规则的贸易便利化支撑服务平台。对标深圳盐田港，加快通关一体化改革，深入推进关检融合，提升口岸查验智能化水平，实现江西进出口货物与沿海港口同价起运、同价抵港、同效服务，扩大"五定班列"，推行多式联运，降低企业运输成本，畅通国际物流通道。再造出口退（免）税流程，打造出口退税综合服务平台。全面实施货物进出口行政许可无纸化。强化事中事后监管，全面推行和细化"双随机、一公开"的监管模式，完善投资促进工作体系，提高服务水平。

参考文献

［1］迟福林. 以全面深化改革开放赢得未来［J］. 中国政协，2018（12）.

［2］王宇. 中国民营经济：潮起海天阔［J］. 金融纵横，2018（10）.

［3］桂榕，郑荣. 林好势头·大机遇·新未来［N］. 江西日报，2018 - 12 - 04.

［4］胡嘉莉. "让深圳民营企业发展得更好"［N］. 中华工商时报，2019 - 04 - 04.

［5］崔霞. 打出改革组合拳营商环境再升级［N］. 深圳商报，2019 - 04 - 25.

［6］何泳. 深圳"四个千亿"支持民企发债专项计划启幕［N］. 深圳特区报，2019 - 03 - 01.

［7］王泱. 政策"筑巢"新政"引凤"——深圳出台人才新政81条揽人才［J］. 国际人才交流，2016（4）.

［8］张彭强. 引才用才的"深圳经验"［J］. 人才资源开发，2019（4）.

［9］叶青．中国民营经济"第一城"的发展经验［J］．四川省情，2019（3）．

［10］深圳市发改委．深圳市土地管理制度改革试点工作情况［J］．中国经贸导刊，2013（7）．

高标准推进江西"一站式"金融
综合服务平台建设研究[*]

　　近年来，江苏积极运用互联网、大数据技术，有效整合政府扶持政策、公共信用信息、社会征信信息等资源，建设省级综合金融服务平台，打造网络化、"一站式"、高效率、公益性的金融服务基础设施，有效缓解了中小微企业"融资难、融资贵"。目前，江西一站式金融综合服务平台建设正处于加快筹建和内部运营阶段。学习借鉴江苏成熟经验，对高标准推进江西"一站式"金融服务平台建设具有重要的借鉴和参考价值。

一、江苏省综合金融服务平台优势及成效

　　江苏省综合金融服务平台（以下简称苏金服）是由江苏省金融办牵头，江苏省联合征信公司提供技术支持，利用互联网、大数据，有效整合政府扶持政策、公共信用信息、社会征信信息等资源，打造网络化、"一

　　* 本文以《学习江苏经验，高标准推进江西"一站式"金融综合服务平台建设》为题发表于《领导论坛》2019 年第 3 期。2019 年 1 月 26 日江西省委常委、常委副省长毛伟明批示："请省地方金融监管局阅研"。

站式"、公益性的金融服务基础设施。自 2018 年 5 月 8 日上线试运行以来，苏金服已由单一信贷产品发展到信贷、保险、担保、转贷、租赁五大板块多元化发展格局，全省金融机构和中小企业上线意愿强烈，各类融资对接日趋活跃。截至 2019 年 1 月 20 日，苏金服已成功实现全省 13 个设区市全覆盖，上线企业突破 10 万家，累计发布融资需求 6270.3 亿元，上线 109 家金融机构 599 款金融产品，成功撮合融资 5966.45 亿元，成为中小微企业获得普惠金融的重要平台。与一般金融服务平台相比，苏金服具有如下显著特色优势：

1. "一键式"实现融资供需对接

全省正常经营、具有融资需求的中小企业均可免费注册使用平台，一键发布融资需求，与所有接入平台的金融机构实现"无缝"对接。

2. "一次性"查询企业征信信息

上线金融机构经企业授权可通过平台查询企业税务、工商、环保等公共信用信息，有效降低银行风险控制对抵（质）押、担保等措施的依赖。

3. "一站式"提供综合金融服务

除融资撮合外，平台还向中小企业提供保险、融资性担保、融资租赁、股权投资、在线路演等综合性服务，有效满足中小企业个性化多元化金融需求。

4. "全方位"享受融资扶持政策

省市县三级面向中小企业建立的各类融资扶持政策，包括信用保证基金、中小企业风险补偿、政策性担保等，均可在平台查询对接，符合条件的中小企业可直接享受相应政策扶持。

二、江苏建设省级综合金融服务平台的主要经验及做法

江苏省综合金融服务平台是江苏省委、省政府对苏州综合金融服务平

台建设经验的完善与推广，是政府、金融机构和企业协同配合、多方共赢的典范。

1. 坚持高位推动与部门协同、融资平台与征信平台建设"两结合"

早在 2015 年苏州市率先推动建设了"苏州综合金融服务平台①"和与之配套的苏州企业征信公司，采用"线上＋线下"的金融服务模式，有效地缓解了中小企业融资难，引起了江苏省委省政府的高度关注。2016 年 12 月，江苏省金融办、人民银行南京分行组织课题组赴苏州调研，并形成调研报告上报省政府。2017 年 7 月，江苏省政府召开省长办公会，研究《江苏省综合金融服务平台建设方案（审议稿）》和《江苏省联合征信公司组建方案（审议稿）》。2017 年 9 月，江苏省委书记要求放大苏州经验，加快搭建省级综合金融服务平台。2018 年，苏金服建设列入省委常委会工作要点、省委深改组重点改革任务和省政府年度工作任务。根据省委省政府有关部署，省金融办牵头，会同省国资委、人民银行南京分行、江苏银监局等部门，在推进平台建设方面做了大量工作。江苏省金融办组织江苏银行、苏州征信成立了江苏省综合金融服务平台技术团队，用 3 个月时间顺利完成平台系统开发工作，并于 2018 年 5 月 8 日正式上线试运行。同时，成立了由省金融办、人民银行南京分行和江苏银监局等省有关部门共同组成的省综合金融服务平台指导小组，负责政策制定、业务指导和协调推进等工作，办公室设在省金融办。

2. 坚持政府搭台、企业（金融机构）唱戏、市场化运作"三原则"

苏金服功能定位为省级金融服务公共基础设施，立足"公益平台、共享服务"，免费为金融机构与中小微企业提供类"网络零售市场"对接平台，充分体现了"政府搭台、企业（金融机构）唱戏、市场化运作"的原则。在组织架构上采用"母子平台、双层架构"模式，省级层面建立"母平台"，13 个设区市建立"子平台"。坚持因地制宜原则，有序推进各设

---

① 自 2015 年上线以来，截至 2019 年 1 月 21 日，苏州综合金融服务平台上线企业 31577 家，发布企业融资需求 5815 亿元；上线金融机构 56 家，发布金融产品 165 款，成功对接融资 5625 亿元。

区市上线对接工作。针对未自建平台的南京、徐州、常州等 9 个设区市，首批向其统一开通子平台；针对苏州、无锡、扬州、泰州已自建平台，采用接口方式对接融合，逐步接管系统开发运维工作。省级"母平台"主要提供省级法人金融机构和非法人金融机构省级分支机构的接入、统计查询等综合类服务，各设区市"子平台"主要提供辖内法人金融机构和企业接入、融资对接、政策对接、征信产品支持等服务，县（市、区）接入所在地设区市"子平台"。依法经营、照章纳税的合规企业，都可以在线注册，依法合规实时发布融资需求；持牌金融机构可依相关规定正常接入，按要求合法合规查询政策信息、发布金融产品、主动对接企业需求、及时更新业务信息；双方按照市场化原则进行贷款区域、期限、额度、机构类型、担保方式等产品筛选对接。

3. 坚持服务中小企业的"五单标准"

按照《金融机构接入江苏省综合金融服务平台管理办法》，接入平台的金融机构，必须按照"五单标准"建立"中小企业金融支持中心"：①单独配置人力资源，有专职运营管理人员。②单列信贷计划，专项用于支持符合创新驱动发展方向的中小企业。③单独建立信贷评审制度，试行分类授权管理，面向平台内企业 500 万元以下融资需求，逐步建立相对独立、快速便捷的信贷审批机制。④单独建立考核机制，以支持中小企业融资为主要考核目标，不考核存款、中间业务收入等传统银行业务指标，淡化利润考核，适当提高不良贷款容忍度。⑤单独建立尽职免责制度。同时，要求接入的金融机构要为用户提供便利化金融服务，包括关注后首个工作日要与用户取得联系，进入审贷流程后 3 个工作日要主动上门拜访，信用贷款审批周期不超过 7 个工作日，有抵（质）押或者担保类贷款审批少于 30 个工作日。

4. 坚持政银合作推出多元化金融创新产品

江苏省联合征信公司就是由省金融办、人民银行南京分行牵头负责组建，江苏银行等金融企业和 13 个设区市政府投资平台共同发起设立，注册资本 5 亿元，其中各设区市政府投资平台各持股 2%（合计占 26%）。

充分发挥省、市财政资金的引导作用，和相关银行业金融机构、部门配合，设立一系列银政合作产品，推出了苏微贷、苏科贷、鑫科保、小微 e 贷、保贷通、智慧保、创业担保贷等系列政策性产品（见表 1），重点支持"专精特新"和科技型中小微企业健康发展。泰州市作为国家金融改革试验区，分类归集扶持政策和金融产品，探索开展了应急转贷、融资担保、涉外融资、股权融资、应收账款融资、外汇预受理、智能农业管理等金融创新产品。

表 1　江苏省综合金融服务平台政策性产品一览

产品名称	参考利率（%）	贷款额度（万元）	产品特点
南京银行—小微 e 贷	4.35～5.75	1～500	专用于支持贷款在 500 万元以下的小微实体企业，利率优惠，最低可至基准利率
农业银行—苏微贷	4.35～4.77	1～1000	担保方式和承贷主体灵活，以财政风险补偿基金为主，并视风险情况追加其他担保
民生银行—商贷通	6.35～7.85	1～1000	准入条件宽松，融资利率优惠，抵押物广泛、贷款期限长，可随借随还、免还本续贷
建设银行—抵押快贷	4.35～5.66	1～1000	在线评估、押品实时查询，成本低廉、超快办理，申请到放款 3 天完成
江苏银行—科技之星	4.35～4.35	1～500	为科技之星提供基准利率，经科技部门推荐企业无须提供担保，优先获得科技扶持政策
农业银行—苏科贷	4.35～4.35	1～500	担保方式为纯信用方式；贷款利率优惠采用基准利率
交通银行—保贷通	4.35～5.44	100～500	无抵押、低利率，以"小额贷款保证保险"为单一担保，产品纳入科技银行风险补偿
如东农商银行—创业担保贷	4.35～6.53	1～200	财政贴息，要求企业取得《劳动密集型小企业吸纳失业人员认定证明》
大丰农商银行—金丰随易贷	5.88～9.31	100～3000	可按固定周期还本付息或按固定周期付息，但每半年至少偿还一次本金
南京银行—鑫科保	4.35～4.78	1～500	为科技型企业提供低于市场平均水平的优惠利率及担保条件，最高可达 500 万元

三、加快江西"一站式"金融综合服务
平台建设的政策建议

学习借鉴苏金服前期筹建、征信平台、组织架构和产品设计等经验，有利于高起点、高标准推进江西"一站式"金融综合服务平台建设。

1. 高位推动，加强省级领导和分工协作

江西省金融综合服务平台建设是一项系统性工程，同时专业性比较强，需要省级层面的统筹协调。目前，江西省金融综合服务平台筹建主要以省地方金融监管局和省发改委在牵头负责，做了大量前期工作。考虑到平台建设的紧迫性、重要性和复杂性，建议学习江苏经验，高位推动，于2019年上半年试运行、年底正式公开运行。一是将省金融综合服务平台建设列入2019年省委常委会工作要点和省政府年度重点工作任务，作为江西推动金融服务实体经济、优化营商环境的重大改革举措。二是成立以常务副省长为组长，以省发改委、地方金融监督管理局、人民银行南昌支行、财政厅、国资委、工信委、税务局等为主要成员的省金融综合服务平台建设领导小组，形成部门协同推进合力。三是由省地方金融监督管理局和发改委牵头，联合有关部门起草《江西省金融综合服务平台建设方案》，并提交省政府有关会议讨论。

2. 以省级征信平台为突破口，加强专业化监管和服务

无论是苏州还是江苏综合金融服务平台的建设，都是与同级的征信公司组建的入手同步推进的。目前，江西征信资源分散于各部门，并且没有专门的市场化运作和管理的征信公司。为此建议，学习苏金服的经验，由江西地方金融监督管理局、人民银行南昌分行牵头负责组建江西省联合征信公司，注册资本5亿元，江西省财政厅、省国资委和江西银行等政府和

金融机构以及 11 个设区市政府投融资平台共同出资设立，其中各设区市政府投资平台各持股 2% ~ 3% 为宜。并从人民银行南昌分行、江西银行、江西省信息中心等部门抽调专门的技术骨干集中办公，加快筹建前期工作。江西省联合征信公司经省政府授权、人民银行南昌分行备案后，具体负责省级层面政府部门、金融机构和企业接入江西省金融综合服务平台的各项具体业务，在合法合规的基础上，积极开展与企业经营相关的非银信息采集，依法使用企业信贷信息，为获准接入省综合金融服务平台的政府部门、金融机构和企业提供专业优质的征信服务。

3. 以"赣服通"为主载体，优化组织架构和功能设计

从运行情况看，江苏以及苏州市、泰州市综合金融服务平台已经比较成熟，尤其是在组织架构、页面设计、产品创新和运营管理方面值得江西学习借鉴。可以考虑在"赣服通"的基础上，有效整合银行、证券、保险、租赁、担保等金融产品，有效整合各级政府中小企业融资扶持政策，有效整合人民银行南昌分行的企业信用信息，加快推动省市场监管局的企业申报、营业执照以及企业名称核准以及省税务局的有关信息接入"赣服通"，科学搭建开放性、全覆盖的江西省金融综合服务平台，实现省市县三级全覆盖。在组织架构上，建立省级母平台和 11 个设区市子平台。在页面设计上设计政府、金融机构和企业三个登录口，突出贷（我要贷款）、保（我要保险）、担（我要担保）、转（我要转贷）、租（我要租赁）等融资主渠道，实时在线显示注册企业数、金融产品、融资需求和融资动态。建议由江西省地方金融监督管理局牵头，会同省有关部门为平台接入的金融机构及时、准确地提供各类政策服务和企业融资信息。

4. 以服务中小企业为宗旨，鼓励个性化多样化金融产品创新

苏金服成功的一条重要经验就是坚持服务中小企业的"五单标准"，推出了一系列政策性和普惠性金融产品，以满足中小企业个性化多元化融资需求。要学习借鉴江苏经验，强化服务中小企业服务宗旨，加强对金融机构服务中小微企业的刚性约束和业绩考核，对推出创新产品并取得明显成效的予以奖励。同时，充分发挥省、市财政资金撬动作用，与四大国有

商业银行以及地方股份制金融机构合作推出赣微贷、赣科贷、鑫科保、小微e贷、保贷通、快易贷等系列政策性产品，以及鼓励金融机构创新推出"发票贷"、"上市贷"、"云税贷"、"科创贷"、"税金贷"和"政采贷"等普惠金融产品。特别是要大胆学习借鉴江苏绿色金融发展经验，针对环保企业推出环保贷、固废贷、低排贷、光伏贷、排污权抵押贷款、碳金融、绿化贷和合同能源管理贷款等绿色金融产品，充分发挥绿色金融在调结构、转方式、优生态等方面的积极作用，为更高标准打造美丽中国"江西样板"提供金融支持。

5. 以省财政资金为引导，加大资金支持和保障

充分发挥省级财政资金杠杆作用，整合现有各类融资支持政策，综合运用财政贴息、信用保证金、风险补偿、设立政府引导基金以及政府购买服务等手段，调动银行、保险、担保等金融机构积极性，探索形成"政银保担"多方联动的融资体系和政策支持体系。例如，研究设立江西省级综合金融专项资金池，为平台内中小微企业融资提供风险补偿；鼓励各地增设地方财政风险补偿金，省财政厅对各县（市、区）按1：1足额配套省财政风险补偿金，完善创业担保贷款、财园信贷通、财政惠农信贷通等政策。探索设立10亿元以上的江西省中小企业信用保证基金，由省政府出资和金融机构、其他组织捐资组成，重点为中小型、微型企业融资提供信用担保；并视基金运行情况、地方可用财力和中小微企业融资需求，逐年追加做大基金规模。

第三篇　推进农业农村现代化

习近平总书记强调，没有农业农村现代化，就没有整个国家的现代化。新时代我们不仅要端牢饭碗，让人民吃得饱，还要优化供给，让人民吃得好。推进农业农村现代化，要夯实粮食生产基础，巩固粮食主产区地位，深化农业供给侧结构性改革，加快推动从农业大省向农业强省迈进；要深入开展农村人居环境整治，坚决打赢脱贫攻坚战，促进城乡协调发展、融合发展。这些重要论述，充分体现了习近平总书记对江西"三农"工作的关心和重视，为做好新时代农业农村工作提供了重要遵循。

三管齐下有效启动农村市场

2019 年 7 月 30 日，中共中央政治局会议部署下半年经济工作时首次提出，要深挖国内需求潜力，拓展扩大最终需求，有效启动农村市场，多用改革办法扩大消费。其中"有效启动农村市场"是新提法，将扩大农村消费摆到更加突出的位置。这是党中央面对国内外风险挑战明显增多的复杂局面做出的一项重要决策，对深化供给侧结构性改革、促进形成强大国内市场、保持经济持续健康发展、更好满足人民美好生活需要具有重要意义，应坚持扩大有效需求、优化有效供给和实现有效对接三管齐下，有效释放农村消费市场的巨大潜力、活力。

一、以增加农民收入为核心扩大农村有效需求

需求不只是一种欲望，更是一种支付能力。相对于城市，农村的消费水平、消费结构、消费方式一直滞后，根本原因是城乡收入差距过大、农民收入水平不高，特别是还有相当数量的贫困人口。2018 年底，我国乡村人口 5.64 亿，其中农村贫困人口 1660 万，贫困地区农村居民人均可支配收入 10371 元，仅相当于全国农村平均水平的 71% 和全国城镇居民人均可支配收入的 26.4%。2018 年，全国乡村消费品零售额仅占全国总量的

14.5%，这意味着40%的人口只实现了不到15%的消费。有效启动农村市场，"说一千、道一万，增加农民收入是关键"。要加快构建促进农民持续较快增收的长效政策机制，让广大农民尽快富裕起来。党的十九大报告提出乡村振兴战略，是解决新时代我国社会主要矛盾的必然要求，是新时代做好"三农"工作的总抓手，也是促进农民增收的"总钥匙"。要始终坚持把解决好"三农"问题作为全党工作的重中之重，按照"产业兴旺、生态宜居、乡风文明、治理有效、生活富裕"的总要求，把广大农民对美好生活的向往化为推动乡村振兴的动力，加快推进农业农村现代化，"让农业成为有奔头的产业，让农业农村成为可以进一步大有作为的广阔天地"。要更加重视促进农民增收，始终坚持强农惠农富农政策不减弱，加快发展现代农业，提高农民家庭经营收入；着力促进就业创业，增加农民工资性收入；强化政策支持保护，增加农民转移性收入；建立健全产权制度，提高农民财产性收入。贫困是制约农村有效需求不足的重要根源，脱贫攻坚是必须打赢的一场硬仗。习近平总书记强调，全面建成小康路上一个都不能少。要坚持以人民为中心，把促进广大农民共同富裕作为出发点和落脚点，聚焦深度贫困地区和"两不愁、三保障"突出问题，坚决打赢打好精准脱贫攻坚战，不获全胜绝不收兵。

二、以深化农村供给侧改革为主线优化农村有效供给

新时代，我国社会主要矛盾已经转变为人民日益增长的美好生活需要和不平衡不充分的发展之间的矛盾，农村的供需结构正在转变，低层次的产品、产业面临转型升级，高品质产品和新兴业态正快速发展，但有效供给和中高端供给不足仍然是制约农村消费升级的结构性因素。为此，要从

供给侧发力，以高质量的供给催生创造农村新的市场需求，更好满足农民对美好生活的向往。要着力增加优质绿色农产品有效供给。坚持质量兴农绿色兴农，优化产品结构、生产结构、产业结构和生产力布局，聚焦农业种养生产环节，优化粮经饲和养殖结构，持续壮大特色优势产业，积极开发名、特、优、新产品，积极拓展农业多种功能，不断满足人民健康、安全、绿色农产品的需求。要着力促进农村居民消费梯次升级。围绕日常用品、农药化肥、种子原料、食品、老年消费、网络消费、电信消费等重点领域，以制度创新、技术创新、产品创新增加新供给，加快农村吃穿用住行等一般消费提质扩容，鼓励和引导农村居民增加交通通信、文化娱乐、汽车等消费，着力挖掘农村网购、旅游消费和数字消费潜力。同时，积极开展消费扶贫，"以购代捐"、"以买代帮"等方式带动贫困地区产品和服务销售。要着力优化农村公共服务有效供给。公共产品是需求收入弹性高的产品。随着农村经济社会的发展，农村基本公共产品和服务的需求大幅增长，成为农村居民最直接最现实最紧迫的利益问题。要针对有巨大消费潜力但供给明显不匹配、不均衡的领域，优先发展农村义务教育，全面推进健康乡村建设，加强农村社会保障体系建设，提升农村养老服务能力，繁荣乡村文化，建设秀美乡村，努力提高养老、教育、医疗、文化、环境保护等公共服务水平和质量。

三、以完善农村市场环境为保障促进供需有效对接

供需平衡只有在完全竞争市场才能自动实现。而现实的农村消费市场，不仅市场机制发育不充分，而且有利于消费的基础设施、扶持政策和市场秩序等相对滞后，这是制约农村市场健康发展的重要"瓶颈"。为此，

在充分发挥市场配置资源决定性作用的同时，应更好地发挥政府作用，加快补齐农村市场突出短板。加快补齐农村消费基础设施短板。加快补齐道路、停车场、能源、电信、物流、新能源汽车充电设施等方面建设短板，推进厕所革命、垃圾和污水治理等农村人居环境整治。实施好数字乡村战略，深化电商进农村综合示范，推动农产品冷链和物流建设，持续畅通城乡双向联动销售渠道，促进"工业品顺畅下乡、农产品便捷进城"双向流动。加快补齐促进农村消费政策短板。当前，我国的消费政策主要针对城市消费的较多，对促进农村消费的专门政策较少，有的政策需要调整完善。要强化政策引导，进一步研究制定鼓励和引导农村市场消费的政策，进一步放开农村消费领域市场准入，完善有利于促进农村消费的财税支持措施，逐步完善能源、家电、汽车、农机、通信等重要商品下乡政策，建立健全促进农村文化、旅游、体育、健康、养老、家政、信息和金融等消费扩大和升级的配套政策，加快破解制约农村消费最直接、最突出、最迫切的体制机制障碍。加快补齐农村市场环境治理短板。要针对农村市场监管薄弱、假冒伪劣商品较多、诚信体系缺少等突出问题，积极开展消费教育下乡工作，进一步规范市场秩序，建立健全消费领域信用体系，加强农村市场法治化建设，深入开展放心消费创建活动，加大假冒伪劣产品查处力度，努力构建放心消费、便利消费良好环境。

努力打造全国一流的国有现代农业投资集团

——对江西水投集团发展现代农业的调查与建议

一、江西水投发展现代农业基本情况

江西省水利投资集团有限公司（以下简称江西水投）是 2008 年 3 月经江西省人民政府批准成立的国有独资企业。10 多年来，江西水投坚持新发展理念，秉承"开发水资源、拓展水产业、提升水价值、传播水文化"企业使命，践行"责任、担当、创新、卓越"企业核心价值观，致力于水资源保护开发利用，形成了水务、生态资源、生态环境、能源、项目建设五大板块，文教科技、资本公司、信息技术三大支撑的"5＋3"产业发展格局，成为全省国资国企改革、水资源保护开发和乡村振兴发展的主要参与者、推动者和引领者。截至 2018 年底，江西水投拥有 8 家全资二级公司，员工近 6000 人，总资产 474 亿元，净资产 169 亿元，被权威机构评定为 AAA 主体信用等级。近年来，江西水投积极抢抓国家乡村振兴和现代农业发展机遇，于 2015 年 10 月组建了江西省水投生态资源开发集团有限公司（以下简称生态集团），积极推进水库资源整合、油茶种植、水产养殖和休闲旅游开发，并取得了明显成效。生态集团拥有 8 家下属全资子公司、3 家控股子公司。2018 年总资产 73.17 亿元，净资产 38.86 亿元，

2018 年完成投资 14.87 亿元，实现主营业务收入 5.34 亿元。其中，渔业、油茶、休闲农业和农业科技四大板块具体情况如下：

（一）渔业板块

依托集团控股的 3 座大型水库和 46 座中型水库资源，坚持"以鱼净水、以水牧鱼、人放天养"绿色水产模式，以武宁县庐山西海 34 万亩优质水域为核心，发展生态鱼养殖基地 60 余万亩，辐射带动面积 100 多万亩，生产鲜活水产品 450 万斤，养殖规模和资产规模均居全国同行业第 4 位、省内第 1 位。并创立了"个山养珍"等自有品牌，11 个产品获得有机食品认证，与江西科技师范大学合作共建了 1 个省级工程研究中心（江西省水产加工及安全控制工程研究中心），获农业部"全国休闲渔业精品示范基地"和"水产健康养殖示范场"等荣誉称号。另外，庐山西海水域还妥善安置了 487 名持证专业捕捞渔民。

（二）油茶板块

油茶是公司大农业发展的战略平台。2016 年 8 月收购江西绿海油脂公司，2018 年完成了正邦林业 2.2 万亩油茶林基地及宜丰加工厂的资产接收，永丰油茶工业园已完成可研编制及评审、土建及工艺设计、土地勘察等工作。同时，加强与赣州各地油茶重点县的合作，国开行油茶产业发展项目立项可研报告和投资分析报告已完成初稿并上报。与省林科院、江南大学、南昌大学、江西农大等科研机构签订了战略合作协议，促进开发油茶衍生产品。油茶系列日化产品已完成样品试制，下一步将进一步加强研发。绿海油脂公司是农业产业化国家重点龙头企业，绿海商标是全国油茶行业唯一的中华老字号，荣获国家地理标志保护产品认证，"绿海茶油"获"2017 年度中国茶油十大品牌总评榜榜首"和"中国油茶产业特殊贡献奖"等荣誉称号。目前，公司自有高产油茶基地 2.2 万亩，年产 3000 吨产油加工厂 2 个，营销管理公司 1 个，纯茶油销售在江西的市场占有率名列前茅。

（三）休闲农业

总投资 33 亿元的修水宁州水乡旅游度假区项目于 2018 年 11 月被列为全国金融支持旅游扶贫重点推荐项目。总投资 15.61 亿元的乐平市洪岩旅游总体开发建设（近期）PPP 项目，已完成十余村 980 多栋房屋改造，洪岩镇先后被评为国家生态乡镇、国家级森林公园和江西省首批特色小镇，正加紧推进洪岩仙境 4A 景区改造提升二期项目磋商。与南昌县合作，实施蒋巷农业农村创新示范区和玉明田园综合体项目；与南昌高新区管委会拟采取 PPP 模式推进五星垦殖场项目整体开发。

（四）农业科技

成立富硒生物科技有限公司，2018 年引进了中国农大生物纳米硒提取技术，与丰城市政府合作的中国生态硒谷富硒食品工程技术中心和"富硒产业园"。成立江西水投三分地农业孵化园，成为全省规模最大的专注于服务现代农业领域产业双创、农业科技转化、农业融资平台、农业人才培育及农业"互联网＋"的平台，荣获"省级众创空间"和"科技部星创天地"。

二、发展思路建议

（一）发展定位

坚持有所为、有所不为，充分发挥国资国企资金和山水资源优势，践行"绿水青山就是金山银山"的发展理念，坚持"抓主业、扬优势、补短板、控资源、重质量、强品牌"的发展思路，重点打造油茶和水产两大主业，积极发展蔬菜、粮食、中药材、生猪、休闲农业和冷链物流，着力提升农业规模化、标准化、集约化、绿色化、智慧化、品牌化"六化"水平，打响"鄱阳湖水产"和"绿海油茶"两大全国著名品牌，成为全省"农业资源的整合者、现代农业的引领者和乡村振兴的示范者"，努力打造全国一流的国有现代农业投资集团。

1. 农业资源的整合者

充分发挥国资国企的资金和资源优势，主动争取农业、农村、水利和林业等部门支持，成为全省高标准农田、大中型水库和低产低效林地资源的主要整合者。

2. 农业现代化的引领者

强化创新驱动，实施农业关键核心技术攻关，打造产学研深度融合平台，打造全省规模农业、高效农业、智慧农业、绿色农业和品牌农业的领军企业。

3. 乡村振兴的示范者

主动担当作为，践行国企初心使命，积极参与全省农业基础设施、公共服务、人居环境整治和乡村建设，打造"乡村振兴的水投样板"。

（二）聚焦两大主业

1. 渔业产业

坚持"提质增效、绿色发展、带动渔民"的发展导向，坚持"人放天养、保护水质"的发展模式，以"鄱阳湖"品牌为核心，打造水产育苗、规模化精养、精深加工、科技研发、市场销售、冷链物流和渔旅融合为一体的完整产业链，制定"鄱阳湖水产"品牌标准，整合全省渔业资源，通过"公司＋农户"利益联结机制带动全省绿色水产发展，将"鄱阳湖"品牌打造成为全国知名品牌。到2025年，带动江西淡水水产总量进入全国前三。拥有绿色水产养殖基地120万亩，辐射带动养殖水域150万亩，实现综合产值突破100亿元。

2. 油茶产业

按照"市场牵动、示范带动、效益拉动、品牌推动"的发展思路，以中华老字号"绿海"品牌为龙头，大力整合油茶林地资源，以"公司＋合作社＋种植大户＋农户"为主要模式，以技术研发和深加工为支撑，延伸产业链、价值链，积极构建高产油茶良种繁育、种植技术推广、茶油精深加工、茶粕茶壳综合利用和品牌推广完整产业链，助力全省脱贫攻坚，将油茶产业打造成江西最具特色和影响力的富民产业。到 2025 年，建设 100 万亩高标准油茶基地，辐射带动 300 万亩高标准油茶基地，实现油茶综合产值 30 亿元，建成全国综合性油茶龙头企业。

三、争取省政府更大支持

近年来，江西水投在油茶、水产等主业方面已有一定规模和影响，在生猪、休闲旅游等领域也有所涉及，但公司涉足农业时间较短，存在规模不大、效益不高、主业不强、品牌不响、人才不足等诸多问题，示范引领作用有限，建议积极争取江西省委、省政府的更大支持，加快打造国内一流的国有现代农业集团。

（一）争取省政府支持组建现代农业集团

鉴于"江西水投生态投资集团有限公司"名称、业务范围和服务能力也已不完全适应公司发展战略和时代使命需要，为更好体现公司大农业主业和鄱阳湖农产品品牌，建议积极争取省政府的支持，将生态集团变更为"江西省现代农业发展集团有限公司"或"江西省鄱阳湖绿色农业发展集团有限公司"。同时，恳请省政府在农村土地流转、高标准农田建设、农业创新创业孵化、现代农业示范园、现代农业综合体、农产品质量安全追溯体系、农产品品牌整合和农村人居环境整治等方面给予优先考虑和更多扶持。

（二）争取省政府加大对油茶产业的支持

油茶产业具有良好的经济、生态和社会效益，既是绿色产业、朝阳产业，又是习近平总书记亲切关心关注的富民产业，也是江西适宜发展、优势突出和能够突破的百亿特色农业。江西水投有责任、有能力、有信心做大做强做优油茶产业，引领江西油茶产业高质量跨越式发展。恳请省政府加大以下三个方面的战略支持：一是加强省政府对全省油茶产业发展规划的顶层设计，进一步明确产业定位、区域布局、建设重点以及目标任务等，并将其纳入地方经济社会发展总体规划中统筹考虑，作为推进生态林业、民生林业建设和贫困地区扶贫开发的重要内容予以鼓励和支持。二是加大省级层面对油茶产业的资金支持。设立 10 亿元省级油茶产业基金。积极争取国开行、农发行林业利用开发性和政策性金融支持，提供 20 年（含 8 年宽限期）长周期、低成本贷款，并给予年 3% 的财政贴息。参照广西新造油茶林和低产林改造的补贴标准，将江西新造油茶林和低产林改造的省级补贴标准分别提高到 1000 元/亩和 500 元/亩以上。充分利用电视台、科普刊物、报纸、政务网和微信等，加大油茶的知识普及和公益宣传。三是争取省政府加大对永丰县油茶科技园和宜丰正品坊油茶科技园的扶持，支持公司牵头组建省级油茶科技研发平台，制定江西省有机油茶地方标准，加大假冒伪劣油茶产品市场整顿。

（三）争取省政府加大对绿色水产业的支持

重点是争取省政府整合全省大中型水库资源，将省内大中型以上水库的水产养殖经营权划入集团公司；协调省农业农村厅将"鄱阳湖"注册商标依法划拨集团公司；整合省级涉农资金，加大对现有规模化池塘养殖基地实施数字化、智能化和标准化提升改造，建设一批现代水产科技示范园。继续在中央电视台等权威媒体开展"鄱阳湖"区域公用品牌宣传推广。

（四）争取省政府加大富硒产业的规划与支持

争取省政府加强富硒产业的顶层设计，聘请国内外一流团队编制江西富硒产业发展规划和技术路线图。争取省政府加大对中国生态硒谷富硒食品工程技术中心的支持，列入省重大科技项目；支持设立博士后工作站；支持五星垦殖场建设"富硒功能农业产业园"建设。

（五）争取省政府加大农业科技创新支持

一是争取省政府支持江西水投加强与省内外涉农高校、科研院所的合作，以技术入股的方式与江西水投相关产业进行开发合作。二是争取省政府加大对农业重大科技平台的支持。例如，支持江西水投牵头组建国家油茶技术研发中心和中国（鄱阳湖）水产研究中心，支持水投三分地农业孵化园申报国家级孵化器和院士工作站。三是继续开展好农村实用人才带头人和大学生村官示范培训，将油茶、水产、粮食等种养大户、农技推广、电子商务和市场营销等人才培训纳入政府职业技能培训工程予以重点扶持。

（六）争取省政府加快组建省农业资源交易中心

当前，江西农业资源平台较少，不利于全省农业规模化、产业化和高效化发展。争取省政府支持由江西水投牵头组建江西省农业资源交易中心，建立农田、林地、水面等农业资源及农产品的省级交易中心，降低交易成本，提高交易效率，加快各种农业资源流转给农业产业化龙头企业，实现规模化、集约化、机械化生产，提高农业效率效益。

推动赣州市蔬菜产业高质量发展研究

近年来，赣州市委市政府高度重视蔬菜产业发展，将蔬菜产业作为强市富民的重要抓手高位推动，初步构建了布局合理、结构优化、有效供给、功能多样、优质高效的现代蔬菜产业发展新格局，蔬菜产业已成为全市高效农业中效益最明显的主导优势产业之一和农民增收致富的重要途径。

一、赣州市蔬菜产业发展基本情况

赣州市委、市政府立足气候生态资源、毗邻粤港澳大湾区市场两大基础优势，在专家论证、示范推进的基础上，提出"山上栽脐橙、田里种蔬菜"的产业富民格局，把蔬菜作为继赣南脐橙之后又一支柱富民产业来打造。截至2019年8月底，全市累计建成规模蔬菜基地25.9万亩，其中设施大棚面积15.2万亩，带动4.36万贫困户稳定增收。具体做法如下：

（一）注重规划引领，高起点谋划蔬菜产业科学发展

编制《赣州市蔬菜产业发展规划（2017—2025年）》，制定《赣州市蔬菜专业村（组）建设规范》、《赣州市高标准蔬菜示范基地建设规范》，

高起点推进蔬菜产业发展。聘请寿光蔬菜专家团队联合临沂大学编制蔬菜产业中长期规划，突出品种选育、技术创新、区域布局、经营模式等节点难点问题，加强基础研究，发挥引领作用。按照"一心、两带、三区"（中部（赣州）蔬菜科技创新中心；G105设施蔬菜重点发展带、G323设施蔬菜科技产业带；都市区设施蔬菜产业发展区、东部富硒优质蔬菜产业发展区、南部山地特色蔬菜产业发展区）产业布局，以品种引领、品质提升、品牌打造为主攻方向，发挥蔬菜龙头带动作用，重点在乡（镇）村建设一批生产规模适度、紧密联结菜农的大棚设施蔬菜基地。突出标准生产、采后加工、商贸物流、休闲农业和农资配套等环节建设，提升价值链，打通供应链，构建全产业链现代蔬菜产业生产经营体系，推动产业规模扩张、结构优化、质量提档、效益提升。

（二）注重龙头带动，形成"龙头企业＋合作社＋基本菜农（贫困户）"发展模式

积极谋划、包装编制蔬菜产业招商项目，组织北上南下开展系列招商活动，引进一批有市场、有技术、会管理的蔬菜龙头企业。2016年，赣州市对发展设施蔬菜进行试点实践，通过引进外地主体建成瑞金九丰、赣县铭宸等一批高新技术示范基地，成功实现错季生产、人棚栽培、吊蔓种植、水肥一体、智能化等技术探索，实践证明了发展蔬菜产业的技术可行。2017年，进一步解放思想，市、县两级组织人员外出考察、产业推荐、招商引资，每个县（市、区）基本引进一个龙头企业，建成一个示范基地，走"公司＋农户"的路子，探索了要素入股、就业务工、返租倒包、订单生产等模式，带动引入先进的生产方式，开通首趟中欧蔬菜班列，以实际行动佐证发展蔬菜产业的路径可行。2018年，高层次推动并统一思想，编制蔬菜产业发展规划，进一步发挥龙头带动作用，扩大设施蔬菜基地规模，产业向乡镇辐射延伸，打造了宁都黄石、宁都青塘、会昌周田、兴国高兴、信丰西牛、瑞金叶坪、赣县江口、于都禾丰、南康龙华等一批产业重点乡镇。2019年，坚持品种专一化、生产组织化，落实县长工

程，打造信丰、兴国、宁都、于都、会昌、瑞金 6 个蔬菜产业重点县（市），不断培育壮大基本菜农队伍，新动员 4566 户农户直接参与设施蔬菜种植，形成宁都黄椒、会昌小南瓜等一批优势蔬菜产业集群。发挥蔬菜基地带动作用，落实"五个一"机制，通过要素入股、反租倒包、就业务工、土地流转等方式，累计带动 4.36 万户贫困户增收，实现产业发展和精准扶贫"双促进"。从引大引强企业入驻赣州发展蔬菜到大力培育本地菜农，探索推广"龙头企业＋合作社＋基本菜农（贫困户）"的组织形式，通过龙头企业服务产前产后的种苗、农资、技术、销售等，把种植环节交还给农民，大棚蔬菜年纯收益稳定在 1 万元/亩左右。瑞金中兴等一批龙头企业，按照"新建大棚 30% 无偿提供给贫困户种植，30% 返租给当地种植能手，企业科学规划种植、统一质量标准、保价订单收购"模式，引领创新蔬菜产业扶贫。宁都县探索"七统一分"模式（统一规划设计、统一搭建大棚、统一设施配套、统一政策扶持、统一种植品种、统一技术指导、统一产品销售，实行分户经营），统一种植辣椒，打造"宁都黄椒"品牌，实现了高产高效。全市共发展从事蔬菜产业的农民合作社 1121 家，占合作社总数的 10.8%，其中 6 家新评定为省级示范社。注重发展适度规模经营，引导土地向经营主体集中，全市流转蔬菜经营面积达 50.21 万亩，占土地流转总面积的 25.3%。

（三）注重科技创新引领，着力破解发展"瓶颈"

持续深化与国内科研院所、山东寿光的技术合作，政府聘请顶级技术顾问，积极开展技术咨询服务。积极与方智远、邹学校、李天来院士对接，分别在南康、于都、宁都落地一个蔬菜院士工作站，搭建产学研平台，促进科研成果转化。商请安排蔬菜产业专家、寿光农高区主任杨维田在赣州市挂任政府副秘书长，专门帮助谋划指导发展蔬菜产业。建设蔬菜产业"两中心一基地"即良种引种示范中心、技术集成测试中心、人才培训基地，开展大棚技术攻关、"三新"技术推广和实用人才培训。大力实施乡（镇）蔬菜技术人员定向培养计划、原乡（镇）"三定向"农技员提升计划和种植能手、基地技术员培育计划，着力破解技术和人才"瓶颈"，年培养基层菜技干部 100 人以上，年培训基本菜农 5000 人次以上。建立预警信息技术服务平台，对接国家气象信息、专家团队等，定时通过"赣农之星"微信公众号发布预警信息和栽培技术，推广吊蔓种植、水肥一体、绿色防控实用技术。

（四）注重政策支持配套，加强财政资金扶持引导

及时评估和调整蔬菜产业奖补政策，突出发展钢架大棚等设施，引领蔬菜龙头企业、规模基地、基本菜农同步发展。市级财政专门设立蔬菜产业发展资金，对大棚设施按 5000～12000 元/亩进行奖补，预冷设施一次性奖补 3 万～5 万元。各县（市、区）相应设立蔬菜产业发展资金，适应产业发展要求，逐年增加预算投入，加大基地钢架大棚、喷滴灌设施、预冷设施和土地流转等奖补，对技术培训、带动务工、培育菜农进行补贴。整合的各类扶贫资金、创设的"产业扶贫信贷通"金融政策产品，重点用于支持发展蔬菜产业。通过政策引导，钢架大棚实现升级换代，水肥一体、设施环境调控等装备广泛应用，预冷、分级包装等配套设施及时跟进，建成预冷库 136 座，库容 2.2 万立方米。2016 年以来，市县财政、吸纳社会资本和蔬菜主体共投资 86.8 亿元用于发展蔬菜产业，其中市财政预算安排 6.475 亿元资金，奖补发展钢架大棚设施，完善全市蔬菜生产经营与技术服务体系等。

（五）注重销售渠道拓展，积极开拓蔬菜流通市场

注重用好生态优势，一手抓品牌，一手抓市场。充分挖掘富硒资源优势，发布全省首个蔬菜地方标准《"赣南蔬菜"品牌认定及评价》，打造"赣南蔬菜"品牌，于都县梓山镇万亩富硒绿色蔬菜产业园生产的白玉丝瓜，得到习近平总书记的点赞。承办 2018 年中国蔬菜产业大会，与中国蔬菜产业协会建立密切联系，有效扩大赣州蔬菜影响力。为企业搭建展销平台，组织赣县铭宸蔬菜、大余周屋、定南赣粤等一批蔬菜基地公司通过

参展，提高了赣州蔬菜的知名度。会昌县召开蔬菜产销对接会，达成 600 多万斤的订购合同。于都县召开设施蔬菜新品种展示大会，集中推进越夏蔬菜新品种。搭建供港供深平台，推动品质蔬菜进入粤港澳大湾区。加快建设"1+3"（即生产基地＋三级市场网络）蔬菜产业体系，启动运营华东城果蔬批发市场，按照"每 3 万人一处 2000～3000 平方米市场"的标准启用农贸市场 49 个，建成 135 家以蔬菜销售为主的社区便民菜店。加快建设专业市场，围绕建设蔬菜集散地的目标，引进中央企业中国农批，建设占地 600 多亩、现代化一流的国际农产品批发市场。坚持有特色优势、有种植规模的原则，培育蔬菜产地市场 22 个，年销售量 35 万吨。完善农贸市场体系，全市启用农贸市场 369 处，基本覆盖所有乡镇。培育蔬菜购销经纪人队伍 4500 余人，为中小散户蔬菜产品进入市场提供了有利渠道。

二、赣州市蔬菜产业高质量发展面临的突出问题

赣州市蔬菜产业得到较快发展，但与当前构建现代农业产业体系、促进农业增长方式转型的新形势、新任务相比，还存在一些突出问题。主要表现为：

（一）产业规模太小

蔬菜种植规模与一些主产区相比还太小，尚未形成具有地方特色的较大产区。全市累计建成规模蔬菜基地 25.9 万亩、设施大棚面积 15.2 万亩，与全国蔬菜面积为 3.35 亿亩、设施面积 6000 万亩相比比重还是太小。赣南地区多为山地，像崇义、上犹等地，可连片种植地块相对较少且分布不均匀，在一定程度上限制了产业规模化、集约化发展。赣南大部为

传统的露天蔬菜种植区，资金密集型和技术密集型设施栽培近年才兴起，短时间内无法实现快速发展。

（二）基地质量不高

主要表现在选址不科学、棚型标准低、排水沟渠等基础设施不合理、土壤改良力度不够等方面。一些基地特别是老基地没有认真研究选址，部分在河滩地、地势低洼地带建设基地，加上基础设施特别是排水设施没有充分考虑赣州市雨水集中较多影响，导致雨季一来就易发生涝害，难以正常生产。大多农民不愿意对流转出的土地进行平整，基地业主也不愿意投入资金进行基础设施建设。有些地方没有仔细分析研究该地区适宜发展棚型设施，一味照搬市级奖补政策，水路沟渠建设未能结合本地实际情况进行设计改造。部分县（市、区）对产业研究不够、简单应付，上马较多"插地棚"项目，难以合理安排高价茬口进行错季生产。大棚管理难度较大，效益不好甚至亏本，也导致了"空棚"现象的发生。

（三）科技支撑不足

赣州市已对接了中国农业科学院、中国农业大学、江西省农业科学院、江西省农业大学、华中农业大学等国内顶尖的蔬菜领域专家团队，但尚未开展科研性质的对接合作。2019年已成立的3个院士工作站尚处建设初期，种质研发与筛选、病害机理与调控、设施改良与创新等方面的科学研究有待加强。全市各类科研机构中从事蔬菜产业科技创新和服务的机构数量相对较少，赣南科学院蔬菜团队新近组建，队伍力量和人员分工还不完备不科学，"两中心一基地"仅能承担部分试验示范和技术创新功能，科研成果大规模推广还有难度。各蔬菜高效种植示范基地还未完全投产使用，示范带动能力有限。在生产上，大部分基地属于新入行或者外来企业，积累的经验还不够，技术水平还不高，种不出高产优质的蔬菜。在技术指导上，人员严重缺乏，本身没有技术和力量，过度依赖龙头企业，技术普及和推广难度较大；有的地方对品种选择和茬口安排研究不够，没有筛选出好的主推品种。

（四）配套产业较少

赣州蔬菜产业已经初具规模，但与之匹配的农资代理、农机租赁、有机肥生产、包装生产、农产品加工、物流冷链配套等服务和业态还不完善不健全。全市蔬菜加工企业仅 17 家，年蔬菜加工量不及总产量的 3%。现有加工产品主要以腌制为主，使用传统工艺，缺乏生产标准，难以进入外地市场。产后处理、商品包装及营销手段仍处于初级阶段，尤其是新鲜蔬菜无包装或包装简易，净菜加工、冷链运输尚处于起步阶段。产业发展中管理、市场、信息、科研等方面与发达地区存在较大差距，蔬菜工厂化育苗、标准化种植、蔬菜加工、冷链配送、品牌建设等全产业链环节亟须健全。

（五）市场意识薄弱

赣州市蔬菜基地生产分散、小而全，经营随意性大，在当地很难形成交易市场，分散种植缺乏必要的技术标准和产品质量检查，难以保证蔬菜商品性和进行品牌的打造，蔬菜产品进入市场的交易成本和难度增加。有些蔬菜基地在品种选择和茬口安排上仍按照往年经验，无法匹配大市场大流通，小规模种植就近销售还行，大面积种植则要有充分的市场意识。有些蔬菜基地发展规模设施栽培，目标市场不明确，蔬菜品种和上市时间不了解，品种特性和气候特点不清楚，盲目选种定植或跟风种植，出现种不好、卖不好的现象。有些规模基地要么就一个销售渠道，要么就完全随行就市，没能发展长期稳固多样的销售合作伙伴，行情好时不主动开拓市场，行情差了哭爹喊娘。有些农户心理承受能力有限，面对短暂剧烈市场价格波动，舍不得将已收获的农产品及时销售出去，最终烂在手里。

三、推动赣州市蔬菜产业高质量发展的对策建议

（一）优化产业结构，确保蔬菜均衡产出

一是科学规划产业布局。按照"一心、两带、三区"的蔬菜产业布局，按照科学选址、合理规划、适度规模的要求，综合气候特点、种植习惯、产业基础、市场定位等因素，抓紧优化产业布局。其中，按照一小时交通半径原则，重点将章贡、赣县、南康、信丰、兴国、于都、上犹、赣州经开区等地建成赣州市中心城区蔬菜保障区；坚持地域相连、交通便利和高产优质、错季栽培要求，重点在瑞金、宁都、于都、兴国、安远、定南、全南、龙南、信丰等地打造建设东南沿海地区和粤港澳大湾区蔬菜外销区；通过串点成线，在赣定高速沿线打造集生产、观光为一体的现代蔬菜产业带。二是优化蔬菜品种结构。发挥蔬菜协会、合作社的作用，强化蔬菜基地生产信息收集与分析，引导蔬菜种植主体瞄准市场需求，合理安排种植品种。重点抓好大棚早春蔬菜、秋季露地蔬菜、越冬茬蔬菜生产，实现蔬菜品种结构和生产季节均衡分布。三是保障蔬菜均衡供给。按照错类发展、错季发展的要求，合理搭配早中晚熟品种，适时定植，均衡和拉长上市时间，确保常年蔬菜上市总量的基本稳定。

（二）加快基地建设，推动产业规模经营

一是推进土地流转。按照依法自愿有偿的原则，建立和完善农村土地经营权流转机制，培育流转市场，强化管理服务，促进农村土地向蔬菜种植企业、规模基地、合作社和大户集中，引导发展蔬菜家庭农场和合作社实现200~300亩规模化种植。二是完善基地建设。引导现有蔬菜基地巩

固提升，辐射带动周边农户连片种植。鼓励返乡农民创业，吸纳社会资本投入，采取直接投资、股份合作、订单农业等形式，建设一批带动型蔬菜基地。坚持"一村一品"规划、集中连片种植，发展一批蔬菜专业村（组）。大力推广蔬菜大棚设施栽培，普及喷滴灌配套设施，发展休闲观光和体验蔬菜种植，丰富拓展基地功能，提高土地产出和种植效益。三是改善基地生产条件。统筹农业综合开发土地治理、农村土地综合整治、高标准农田和农田水利等基础设施项目，集中改善蔬菜种植区域灌溉水渠、生产用电、道路通达条件，提高耕地质量水平。

（三）培育壮大龙头，加快产业集聚发展

一是着力提升组织化水平。大力推广"龙头企业＋基地（合作社、专业村组）＋农户"等蔬菜产业化经营形式，建立稳固产销关系，完善利益联结机制，不断提升蔬菜产业的组织化程度。二是加快冷贮设施建设。重点引导外销蔬菜生产大县，依托企业和专业合作社建立冷库，提高蔬菜贮藏保鲜能力。扶持加工企业改造和更新设备，完善蔬菜产、贮、销冷藏链，延长蔬菜供应时间，实现蔬菜供给"淡季不淡，旺季不烂"。三是积极发展蔬菜加工业。在扶持现有蔬菜加工企业的同时，重点着眼东南沿海市场和粤港澳大湾区需求，鼓励各地改造重组、联营联合、划区分户等形式，培育和壮大一批联结生产基地，开展冷冻脱水、净菜包装、干制腌制等蔬菜加工企业。四是大力推进品牌建设。强化"两品一标"蔬菜基地认证及标志管理，立足富硒资源优势，坚持优势区域发展优势产业，以开发富硒产品、打造富硒品牌为主线，推进蔬菜产品品牌培育和整，建设全国、全省富硒产业先行示范区，提升赣南硒功能产品的影响力。引导规模蔬菜种植基地、加工企业研究开发新品种，实现标准化生产、品牌化经营，全力提升蔬菜产业的竞争能力。

（四）强化科技支撑，提升产业发展质量

一是加快高效种植示范基地建设。结合当地蔬菜产业发展的趋势和产

业化、商品化生产需求，在蔬菜设施设备、蔬菜品种、茬口安排、病虫害防治、设施栽培抗灾等方面做好试验示范，实现蔬菜生产优质、高效、高产，让农民掌握蔬菜生产的相关技术；开展技术服务，对菜农在蔬菜生产过程中遇到问题以巡回指导、集中培训等方式开展技术指导与服务。二是完善技术服务体系。加快构建县、乡、村三级技术服务网络，充实和配强技术力量，强化田间地头服务指导。原则上蔬菜重点乡镇应配备一名以上专业技术人员；常年种菜300亩以上的专业村（组），由县一级采取政府和合作社购买服务形式，统一聘用配备菜技员。支持龙头企业、农技人员和农村能人创办或领办社会化服务组织。加强与市"两中心一基地"、相关科研和教学机构的联系合作，通过聘请技术顾问等形式解决产业发展中的难题。三是加强技术培训和推广。采取请进来、送出去等灵活多样的形式，分步骤组织技术人员和菜农培训，开展新技术、新品种、新模式示范应用，集成推广绿色防控、立体栽培、商品育苗等技术。力争在2～3年，每个基地都有一批科技带头人，培养一批本地化技术队伍。

（五）加强质量监管，确保产品消费安全

一是强化投入品管控。持续开展农资使用专项整治，强化农资常态监督管理。推行高毒农药定点经营和实名购买制度，推进"放心农资"进基地进村（组）和合作社，从严把好蔬菜生产投入品准入关口。二是强化生产过程监管。加强蔬菜基地土壤、水源等环境监测，严禁在有重金属等污染的田块种植蔬菜。推进质量安全主体责任落实，制定蔬菜种植加工技术规范，实行标准化生产和加工，建立生产记录和销售台账，实现生产档案可查询、产品流向可追溯。三是强化监督抽检。加强蔬菜基地日常监管，将百亩以上蔬菜基地全部纳入监管监测范围，配备检测人员和设备，增加抽检频次，建立监管档案。督促规模蔬菜基地和经营企业建立检测室，加强自律性检测。加强蔬菜市场的例行监测、监督抽查和日常检测，严禁不符合质量安全标准的蔬菜入市。四是实行信息通报制度。加快建立蔬菜质量安全信息平台，定期发布蔬菜质量信息，督促生产经营者加强质量安全

管理，推进蔬菜质量安全工作走上规范化、制度化轨道。

（六）构建流通体系，提高蔬菜市场化水平

一是加快建设蔬菜专业批发市场。发挥市场主体在带动产业升级中的重要作用，加快赣州市中心城区蔬菜一级批发市场建设，推进南北蔬菜交易市场业态提升，完善市场信息网络和电子交易系统，使之成为保障赣州、辐射东南沿海地区的大型现代化蔬菜批发交易市场。二是加快农贸市场和便民菜店建设。遵行与城市建设同步性原则，将农贸市场建设纳入城市总体规划，坚持新建一批、改造一批、启用一批的办法，构建完善的农贸市场体系。综合考虑居住人口、消费群体、市场环境、辐射范围等因素，在中心城区统一规划建设以蔬菜销售为主的便民菜店，补充和完善市场服务网络。三是积极培育新型流通业态。扶持工商企业及社会力量从事蔬菜配送、连锁经营、电子商务业务。引导企业、学校、酒店、社区居民与蔬菜生产合作社、龙头企业开展直供直销，实现生产与销售无缝对接。四是强化信息引导服务。加快建立蔬菜产品市场信息网络，完善信息收集、整理和发布制度，充分发挥调节蔬菜供求、质量引导、预测预报等作用，构建以现代营销方式和技术手段为支撑，高效畅通、便民利民的现代蔬菜流通体系。

第四篇　推进社会治理创新

习近平总书记强调，民心的基础在民生，民生的实质是民心。"良好的生态环境是最普惠的民生福祉""硬实力、软实力，归根到底要靠人才实力，要大兴识才爱才敬才用才之风。""人民城市人民建，人民城市为人民。""推进国家治理体系和治理能力现代化，必须抓好城市治理体系和治理能力现代化。"要坚持以人民为中心的发展思想，从群众最关心的问题入手，坚持尽力而为、量力而行，落实各项惠民政策，做好普惠性、基础性、兜底性民生建设。这些重要论述充分体现了执政为民的理念，体现了鲜明的问题导向，为做好民生保障和社会治理工作指明了方向。

江西生态优势转变为发展优势的路径研究[*]

习近平总书记视察江西时明确提出，江西生态秀美、名胜甚多，绿色生态是最大财富、最大优势、最大品牌，要打造美丽中国"江西样板"。新时代江西如何贯彻落实新发展理念，充分利用和放大生态优势，使之转化为经济优势，走出一条产业强、百姓富、生态美的绿色崛起新路。

一、江西绿色生态优势分析

生态优势转化为经济优势，要客观分析江西的生态优势。江西的生态优势主要表现为生态资源、生态政策、生态产业、生态文化等方面。

（一）自然生态功能独特，生态环境质量居全国前列

江西山清水秀，生态资源丰富，多种资源拥有量位于全国前列，已知野生高等植物5117种、野生脊椎动物845种，分别占全国总数的17%和13.5%。拥有全国最大的淡水湖鄱阳湖，水资源总量位居全国前列。大气

---

* 本文对策部分以《坚持生态优先推动高质量发展》为题发表于《中国社会科学报》2019年3月26日头版头条。

质量、地表水质、湿地面积、生物多样性等各项生态指标均处在全国前列。2017 年，全省国家考核断面水质和空气优良率分别为 92% 和 83.9%，森林覆盖率和建成区绿化率居全国第二。《中国省域生态文明建设评价报告》（2017 年）显示，在生态环境领域江西得分居全国第 3 位。

（二）国家重大生态战略叠加，生态制度创新领跑全国

江西是全国首批全境纳入国家生态文明试验区的省份，同时拥有长江经济带和鄱阳湖生态经济区等国家重大战略，具有先行先试、政策支持等优势。近年来，江西大力推进生态文明试验区建设，形成了一批可复制、可借鉴、可推广的制度经验。河长制、生态保护红线划定、自然资源资产离任审计制度、生态司法体制改革等生态文明管理走在全国前列。例如，在全国率先开展覆盖全境的流域生态补偿和每年向省人代会报告生态文明建设情况等制度，萍乡海绵城市建设、余江农村宅基地制度改革试点、新余生态循环农业等形成"江西模式"。

（三）生态产业基础较好，林农旅等绿色经济优势明显

江西生态产业发展基础良好，特别是林业、绿色农业和旅游等绿色经济综合实力居全国"第一方阵"。2017 年，江西林业总产值突破 4000 亿元，位列全国"第一方阵"。江西是全国最大的有机绿茶生产基地、绿色有机茶油基地、绿色脐橙基地、绿色淡水产品基地、绿色有机矿泉水和纯净水基地，拥有"三品一标"总量达 4712 个。拥有国家 5A 景区 10 个、国家 4A 级景区 231 处，数量居全国"第一方阵"，2017 年旅游总收入达到 6435 亿元，同比增长 28.9%。近年来，江西的 LED、新能源、新材料、生物医药、航空等高新技术产业加快发展，在全国具有明显的比较优势。2017 年，全省高新技术产业增加值占规模以上工业比重达 32%，服务业增加值占 GDP 比重达 42.5%。绿色信贷余额突破 1700 亿元，发行绿色债券 100 亿元，绿色信贷增速高于各项贷款平均增速。

（四）生态立省深入人心，绿色成为江西最响亮的品牌

改革开放40多年来，江西一以贯之地坚持生态立省、绿色发展的战略，从"山江湖工程"到"鄱阳湖生态经济区"；从"国家生态文明先行示范区"，到"国家生态文明试验区"，全社会生态文明意识显著增强，成为新时代奋力打造美丽中国江西样板的强大精神动力。"江西风景独好"、"江西茶·香天下"、"生态鄱阳湖·绿色农产品"等特色品牌早已深入人心，知名度和美誉度不断提升。

二、江西生态优势转化为经济优势的
重点领域与路径分析

生态优势转变为经济优势，从理论上讲主要是要处理好"绿水青山"和"金山银山"的辩证关系。习近平总书记曾指出，如果把"生态环境优势转化为生态农业、生态工业、生态旅游等生态经济的优势，那么绿水青山也就变成了金山银山"。根据国内外生态经济发展趋势和规律，结合江西生态、文化、产业及区位等发展条件，江西应重点打造"4+2"生态产业体系，并着力推动生态产业融合化、生态资产资本化、生态产品品牌化和生态利益共享化，实现绿、富、美的有机统一。

（一）聚焦六大产业领域：打造具有江西特色优势的"4+2"生态产业体系

"4+2"生态产业体系，即以四大生态绿色产业为主体、以两大配套支撑产业为互补的生态产业体系（见表1）。具体以生态保育产业为先导，以绿色农业、生态旅游为支柱，以绿色制造为主导，打造四大生态绿色经济主体；以绿色金融、现代物流和信息等绿色服务为配套，以绿色能源、

节能家电、绿色交通、绿色建材、绿色采购等绿色消费为支撑。其中，生态保育产业是江西绿色崛起的基础和保障，绿色农业和生态旅游是江西绿色经济两大支柱，绿色制造业是江西新型工业化的短板和主攻方向，绿色服务和绿色消费是绿色崛起的两大支撑。加快构建"4＋2"生态产业体系，有利于打造具有江西特色和优势的较完整生态产业链。

表1 江西"4＋2"生态产业体系

"4＋2"产业		重点领域
主体产业	生态保育	林业、节能环保、清洁生产等
	绿色农业	循环农业、休闲农业、绿色食品等
	生态旅游	旅游观光、健康养老、文化旅游、乡村旅游等
	绿色制造	航空、中医药、电子信息、LED、人工智能等
支撑产业	绿色服务	绿色金融、现代物流、信息服务等
	绿色消费	清洁能源、节能家电、绿色交通、绿色建材等

1. 夯实生态保育业

在全面提升森林质量的基础上重点发展油茶、毛竹、苗木花卉、林下种植、家具及木材加工、香精香料及其他林化、野生动植物繁育与利用及森林旅游休闲康养八大产业，形成一批有全国影响力的林业产业集群。围绕节能环保装备制造、产品生产和资源综合利用三大产业集群，重点建设节能家电、高效照明、环境污染治理十大节能环保产业基地。突出标准引领，以原料替代、工艺改进、设备更新、过程控制、废物回用、产品调整为主要手段对传统产业进行清洁化改造。

2. 做大绿色农业

以深化农业供给侧结构性改革为主线，走质量兴农之路，重点实施优质稻、蔬菜、果业、茶业、水产、草食畜、中药材、油茶、休闲农业与乡村旅游九大产业发展工程，发展油茶、竹业、香精香料、森林药材、苗木花卉、森林景观利用六大林下经济产业，着力推进现代农业示范园"四区四型"为一体的发展模式，加快推动农业规模化、标准化、产业化、科技化、机械化、品牌化发展，加快推进由传统农业大省向现代农业强省转变，巩固粮食主产区地位，着力打造全国知名的绿色有机农产品供应基地。

3. 做大做强生态旅游

充分发挥鄱阳湖、赣江、庐山、井冈山、三清山、龙虎山、武功山、婺源等大江大河、名山名地等生态旅游资源，以自然保护区、风景名胜区、森林公园、地质公园及湿地公园、水利风景区、特色小镇等载体，以全域旅游为突破口，以"旅游＋"为主要途径，推动旅游与健康养生、养老、教育、体育、文化创意、城乡建设、产业扶贫等深度融合，重点打造一批生态旅游、乡村旅游、休闲度假、红色旅游、温泉旅游、水体旅游、康疗旅游、体育旅游等示范点，将庐山、井冈山、三清山、龙虎山、婺源、景德镇古窑等打造成为世界知名、国内一流的经典旅游景区，将瑞金、武功山、明月山、大觉山、三百山、高岭—瑶里、龟峰、共青城、庐山西海、仙女湖、鄱阳湖国家湿地公园、星子温泉等打造成为国内知名的精品旅游景区，实现山水旅游扬优成势、红色旅游领跑全国、乡村旅游转型升级、旅游商品创新发展，推动旅游主要经济指标跻身全国"第一方阵"，加快建设旅游强省。

4. 补齐绿色制造短板

当前，江西工业绿色化发展虽然取得了一些成绩，但与绿色崛起、工业强省还有很大差距。在产业布局上要坚持有所为、有所不为，重点推进有色金属、纺织服装、石化、建材、食品等传统产业绿色化改造，着力提升中医药、航空、电子信息、新能源汽车、新材料等特色制造业绿色化水平，积极培育人工智能、3D 打印、VR 等新经济新动能，加快补齐绿色制造短板。以企业为主体，重点建设百家绿色园区、千家绿色工厂，开发万种绿色产品，创建绿色供应链，培育一批具有专业化绿色制造服务机构，把绿色制造打造成为江西绿色经济崛起的主导力量。

5. 健全绿色服务业

近年来，江西服务业发展呈现发展提速、比重提升的良好态势，但2017 年服务业占 GDP 比重仅为 42.7%，排中部倒数第二，低于全国平均水平8.9个百分点。以产业转型升级和人们美好生活需要为导向，重点发展绿色金融、现代物流、信息服务、科技服务等生产性服务业，加快发展旅游、文化、健康养老、电子商务等生活性服务业，积极培育发展新兴服务业，将现代服务化培育成江西绿色经济增长新引擎。

6. 扩大绿色消费

扩大绿色消费是建设生态文明、促进绿色发展、实现美好生活的必然要求。要在全社会培育绿色消费理念，积极引导居民践行绿色生活方式和消费模式，着力提高非化石能源开发利用规模和天然气消费比重，重点培育和扩大节能家电、绿色交通、绿色建材、绿色采购等绿色消费，加快畅通绿色产品流通渠道，拓展绿色产品农村消费市场。

（二）优化四大路径：以融合化、资本化、品牌化、共享化促进高质量发展

1. 以"生态＋、互联网＋、三产融合"为路径，着力推动生态产业融合化

以"生态＋"为重点，充分发挥生态涵养、休闲观光、文化体验、气候养生等功能，推进生态与农业、旅游、工业、现代服务业等产业深度互动、融合发展，做大做强绿色农业和生态旅游，支持传统产业绿色化、循环化、智能化改造，加快构建具有江西特色和优势的"4＋2"生态产业体系。以"互联网＋"为突破口，以新技术、新业态、新模式为方向，着力培育壮大先进制造、数字经济、智慧经济、分享经济等新经济新动能，提升江西经济增长的"绿色含量"。大力促进产业链、价值链、创新链融合对接，做优做绿第一产业，做实做强第二产业，做精做活第三产业，推动产业技术融合、功能融合、价值融合，促进一二三产纵向融合、横向融合、交叉融合。

2. 以"三变"改革、生态补偿、碳汇交易等为手段，着力推动生态资产资本化

学习借鉴贵州、浙江等地资源变资产、资金变股金、农民变股东"三

变"改革经验，将符合条件的农村土地资源、集体所有森林资源、旅游文化资源通过存量折股、增量配股、土地使用权入股等多种方式，转化为企业、合作社或其他经济组织的股权，推动农村资产股份化、土地使用权股权化，盘活农村资源资产资金。全面建立覆盖全省、统一规范的全流域生态保护补偿机制；鼓励受益地区与保护生态地区、流域下游与上游通过资金补偿、对口协作、产业转移、人才培训、共建园区等方式加大横向生态保护补偿实施力度，支持江西省与广东省开展珠江源跨省流域生态保护补偿试点；完善生态公益林补偿机制，实行省级公益林与国家级公益林补偿联动、分类补偿与分档补助相结合的森林生态效益补偿机制，逐步提高生态公益林补偿标准。依托江西省碳排放权交易中心，鼓励钢铁、煤炭、化工、建材、有色、造纸等重点排放行业积极参与碳排放权交易，推进江西碳排放权配额和CCER跨行政区域交易。同时，结合江西森林资源丰富的优势，鼓励林业碳汇自愿交易项目作为抵消项目参与碳排放权交易，建立林业碳汇交易市场。

3. 以绿色农业、绿色制造和旅游为重点领域，着力推动生态产品品牌化

突出农业绿色化、优质化、特色化、品牌化，推进农业标准化、规范化生产，深入推进绿色生态农业"十大行动"，结合绿色农产品、绿色食品、有机食品认证和地理标志农产品保护，打造一批国家级农产品区域公用品牌、全国知名企业品牌、大宗农产品品牌和特色农产品品牌，重点打造"四绿一红"茶叶、江西茶油、江西大米、江西果业、鄱阳湖水产、赣南脐橙等一大批绿色有机品牌，提升"生态鄱阳湖、绿色农产品"品牌影响力。贯彻落实《中国制造2025》，着力打造江西航空、LED、锂电、铜、中医药、新能源、新能源汽车等绿色制造品牌，推动"江西制造"向"江西智造"转型升级。实施旅游服务质量提升计划，增强优质旅游供给，全面提升旅游服务质量和水平，扎实推进国家全域旅游示范区建设，以领导推介、活动营销、事件营销、新媒体营销为抓手，开展"一带一路"旅游营销行动，打响"江西风景独好"世界旅游品牌。

4. 以绿色家园、生态扶贫、绿色消费为重点，着力推动生态利益共享化

习近平总书记指出，"环境就是民生，青山就是美丽，蓝天也是幸

福"；"良好生态环境是最公平的公共产品，是最普惠的民生福祉"。要以绿色家园、全域旅游、生态扶贫为重点，在生态文明共建共享中不断提升群众获得感和幸福感。一是以森林（园林）城市、特色小镇和美丽乡村为重点推进绿色家园建设。围绕人的城镇化，统筹生产生活生态空间布局，提升服务功能、环境质量、文化内涵和发展品质，全面推进森林（园林）城市建设；立足产业"特而强"、功能"聚而合"、形态"小而美"、机制"新而活"，培育建设一批产业特色鲜明、生态环境优美、体制机制灵活、人文气息浓厚、宜业宜居宜游的特色小镇；围绕"清脏、治乱、增绿"要求，聚焦"厕所革命"、"四好农村路"建设、垃圾污水治理等，持续推进宜居宜业的美丽乡村建设。二是积极探索生态扶贫新路。坚持扶贫开发与生态保护并重，大力实施退耕还林、森林生态效益补偿、生态护林员、自然保护区生态移民、以工代赈资产收益、农村小水电、光伏发电和森林资源利用等生态扶贫工程，大力发展全域旅游、特色林产和特色种养等生态产业，采用"公司＋合作社＋贫困户"等模式，带动更多贫困户实现稳定脱贫、集约脱贫，使贫困人口从生态保护与修复中得到更多实惠。三是建立健全绿色消费长效机制。深入开展全社会反对浪费行动，开展创建节约型机关、绿色购物中心、绿色家庭、绿色学校、绿色社区和绿色出行等行动。鼓励和支持绿色流通发展，提高政府绿色采购规模，健全消费税减免、财政优惠、惩罚性资源价格等绿色消费政策，引导形成长效良性的绿色消费推广机制。研究建立绿色产品消费积分制度。

三、加快打造美丽中国"江西样板"的对策建议

贯彻落实新发展理念，以生态文明供给侧结构性改革为主线，以提供更多优质生态产品（服务）满足人民日益增长的美好生活需要为主攻方

向，坚持质量第一、生态优先，加快推进智库平台、资金整合、绿色金融、科技创新、制度改革等不断取得新成效、新突破。

（一）加强新型智库建设，组建国内一流、世界知名的生态文明研究院

生态优势转化成经济优势，是中国特色社会主义建设面临的重大理论和实践课题。作为经济欠发达的生态资源大省，江西最紧迫的是要如何聚天下英才，组建国内一流、世界知名的新型智库，加强理论支撑和联合技术攻关。为此，建议整合南昌大学生态文明研究院、江西财经大学生态经济研究院、江西科学院等高校科研机构以及省内重点企业研究力量，组建中国（江西）生态文明研究院，研究生态文明领域重大课题，提出战略性、前瞻性政策措施建议，促进重大生态科技成果孵化转化，建设集研发机构、高端人才、创投资本、成果转化为一体的生态文明研究院，打造全国生态文明研究、科技成果转化、对外交流和数据发布的重要平台。加强与中国科学院、中国社会科学院、清华大学、浙江大学等国内外一流大学、科研机构的战略合作，通过高层次人才培养、政策研究、开发咨询、规划编制等，积极为江西乃至国家生态文明建设提供理论技术支持和战略决策支撑。组织开展生态类研讨、论坛、会展、考察等交流活动，定期举办中国（江西）生态文化论坛，编辑出版生态类丛书等。支持江西高校建立生态文明学院，加强生态文明职业教育。

（二）整合统筹各项资金，建立绿色发展投入机制

加大生态科技投入，促进生态资源利用率和转化率是江西发挥绿色优势的重要环节。积极调整财政支出结构，采用直接补助和运用贴息、股权投资、设立投资引导资金、事后奖补等方式，加快扶持和引导绿色循环低碳产业发展。紧紧围绕主体功能区规划和资源保护，建立与主体功能区相配套的财政转移支付机制，统筹国家"四规划"等专项转移支付资金和市、县两级相关预算外资金，加大对重点生态功能区、生态脆

弱区、生态环境敏感区等地的支持力度。进一步完善对口协作协调工作机制，鼓励与受水区采取多种方式在生态环境保护、产业发展、人力资源开发、社会事业建设等领域积极开展对口协作，深化经济技术交流合作。

（三）组建绿色金融集团，推进绿色金融创新

以赣江新区建设绿色金融改革创新试验区为契机，在全国率先创新试点开展银行业金融机构绿色分（支）行创建工作，支持符合条件的银行业金融机构打造绿色金融集团。例如，适时研究组建鄱阳湖或赣江绿色商业银行，在保证财务可持续性与一定商业利益的前提下，重点投资目标产业为节能环保、河道治理、生态农业、智能制造等领域，追求环境利益的最大化，率先打造全国绿色银行典范。鼓励金融机构加大绿色信贷发放力度，探索建立财政贴息、助保金等绿色信贷扶持机制。支持江西联合股权交易中心统一建设用能权、碳排放权、排污权交易平台，打造全国重要的综合性资源环境生态产品交易市场。支持金融机构和企业发行绿色债券，鼓励绿色信贷资产证券化。大力发展绿色租赁、绿色信托，支持设立各类绿色发展基金并实行市场化运作。鼓励银行、担保、信托等金融机构创新生态环保领域 PPP 项目金融产品和服务。建立企业和金融机构环境信息公开披露制度，建立绿色信贷和绿色债券评级体系，建立公益性的环境成本核算体系和数据库。

（四）强化技术创新引领，增强绿色崛起的"科技含量"

深入实施创新驱动发展战略，大力推动以科技创新为核心的全面创新。强化绿色技术的使用和推广，将绿色设计、绿色工艺、绿色生产、绿色管理贯穿产品全生命周期，搭建绿色产业信息服务平台。聚焦"4＋2"生态产业，巩固提升和新增建设一批国家级高新技术产业开发区、国家重点（工程）实验室、国家企业技术中心、省部共建国家重点实验室、工程（技术）研究中心、协同创新等重大创新平台，取得一批突破性科研成果。

加强与国家平台对接，建立健全科技成果信息发布与汇交机制，完善网上技术交易市场，建立面向生态文明建设领域的科技成果转移转化支撑服务体系。

（五）大胆先行先试，打造生态文明制度"江西样板"

用好国家生态文明试验区制度红利，积极推进生态文明制度创新，努力形成一批在全国可复制、可推广的制度样板。加快成立省级自然资源资产管理机构，推进环保监测监察执法垂直管理、赣江流域环境监管和行政执法机构改革，整合环保、国土资源、农业、水利、司法等生态环境保护执法职责、队伍，实行生态环境保护综合执法。探索自然资源资产产权和用途管制制度，加快出台全省自然资源资产负债表。不断完善资源资产管理制度，打造"河长制"升级版，建立并实施好"湖长制"、"林长制"。研究制定《江西省生态文明建设目标评价考核办法》，进一步完善《江西省绿色发展指标体系》和《江西省生态文明建设考核目标体系（试行）》，按照"一年一评价，五年一考核"，考核结果将作为各地党政领导班子和领导干部综合考核评价、干部奖惩任免的重要依据。全面推开领导干部自然资源资产离任审计、生态环境损害责任追究等制度，努力形成具有江西特色、系统完整的生态文明制度体系。

参与文献

［1］刘治彦．生态优势向经济优势转化的路径分析［J］．环境保护，2017（6）：5－12.

［2］龙生贤．把生态优势转化为经济优势——陇县发展生态旅游的实践［J］．绿色中国，2017（12）.

［3］肖金成，王旭阳．以绿色发展理念推动生态优势向经济优势转化［J］．环境保护，2018（3）.

［4］丽水市委理论学习中心组．加快把生态优势转化为经济优势［J］．浙江经济，2016（3）.

［5］关于国家生态文明试验区（江西）建设情况的报告［EB/OL］. http：//jx. people. com. cn/n2/2018/0228/c186330 – 31290813. html，2018 – 02 – 28.

南昌市"十四五"增强城市综合服务功能的基本思路研究[*]

城市治理是国家治理体系和治理能力现代化的重要内容。习近平总书记强调，坚持以人民为中心的发展思想，坚持人民城市为人民。这是做好城市工作的出发点和落脚点。党的十九届四中全会明确提出，要"提高中心城市和城市群综合承载力和资源优化配置能力"，"加快推进市域社会治理现代化"。"十四五"时期增强南昌城市综合服务功能、提升城市核心竞争力必须在理念上和指导思想上体现这些新特征和新要求。

一、指导思想

以习近平新时代中国特色社会主义思想为指导，全面贯彻党的十九大和十九届二中、三中、四中全会精神，坚持新发展理念，以高质量发展为主旋律、以供给侧结构性改革为主线、以城市治理现代化为主轴、以人民城市为人民为主要宗旨的"四主导向"，强化科技创新、改革开放和文化提升"三轮驱动"，着力提升南昌综合经济、科技创新、文化引领、开放

---

* 本文是南昌市"十四五"规划前期重大问题研究课题"南昌市'十四五'进一步增强城市综合服务功能，提升城市核心竞争力研究"的阶段性成果。

枢纽和综合承载五大功能，努力打造全国重要的区域经济中心、科技创新中心、文化旅游中心、内陆开放高地和高能级大城市，提升南昌在全国发展大局中的经济带动力、创新驱动力、文化软实力、对外开放力和综合承载力，加快建设富裕美丽幸福现代化国际化英雄城。

（一）坚持"四主导向"：以高质量发展为主旋律，以供给侧结构性改革为主线、以城市治理现代化为主轴、以人民城市为人民为主旨

建设一个什么样的城市，首先必须明确城市的发展导向和价值取向。按照习近平新时代中国特色社会主义思想和习近平总书记关于城市发展的重要论述，"十四五"时期南昌城市发展必须坚持如下四个鲜明导向：一是坚持以高质量发展为主旋律。中国特色社会主义进入新阶段，我国经济已由高速增长阶段转向高质量发展阶段，这是党中央对新时代我国经济发展特征的重大判断。习近平总书记强调，推动高质量发展是当前和今后一个时期确定发展思路、制定经济政策、实施宏观调控的根本要求。推动高质量发展是做好经济工作的根本要求。二是坚持以供给侧结构性改革为主线。提出推进供给侧结构性改革并将之作为经济工作的主线，是以习近平为核心的党中央在深刻分析、准确把握我国现阶段经济运行主要矛盾基础上作出的重大决策。习近平总书记指出，高质量发展就是体现新发展理念的发展。要牢牢把握供给侧结构性改革这条主线，不断改善供给结构，提高经济发展质量和效益。把重点放在推动产业结构转型升级上，把实体经济做实做强做优。城市尤其是省会中心城市，先进制造业和现代服务业特别是实体经济转型升级的主引擎，推动南昌城市高质量发展必须做实做强做优先进制造业和现代服务这个实体经济主体。三是坚持以城市治理体系和治理能力现代化为主轴。党的十九届四中全会对坚持和完善中国特色社会主义制度推进国家治理体系和治理能力现代化作出了全面部署，是一次具有里程碑意义的大会。城市治理是国家治理体系和治理能力现代化的重要内容，衣食住行、教育就业、

医疗养老、文化体育、生活环境、社会秩序等方面都体现着城市管理水平和服务质量。推进城市治理体系和治理能力现代化是现代城市发展的必然要求和普遍经验。要全面提高城市治理现代化水平，用最管用的机制、最先进的技术、最有效的手段，推动治理机制现代化、治理手段智慧化、治理方式法治化，实现系统治理、依法治理、综合治理、源头治理。四是坚持以人民为中心的发展思想为主旨。城市是人民的城市，人民城市为人民，是城市发展和治理的内在要求。正如习近平总书记所指出的："坚持以人民为中心的发展思想，坚持人民城市为人民。这是做好城市工作的出发点和落脚点。"为此，无论是城市规划还是城市建设，无论是新城区建设还是老城区改造，都要坚持以人民为中心，聚焦人民群众的需求，合理安排生产、生活、生态空间，走内涵式、集约型、绿色化的高质量发展路子，努力创造宜业、宜居、宜乐、宜游的良好环境，让市民更有获得感、幸福感和安全感。

（二）强化"三轮驱动"：改革、科技、文化三轮驱动

这主要是从城市发展动力来看。当前，城市发展面临的重要问题不是土地供给不足，而是土地利用率低，城市发展发展粗放低效。要推动城市发展模式从粗放式的规模扩张向紧凑集约、高效绿色发展转型，就必须改变城市发展的动力，由土地、资本等物质要素的投入为主，转向以制度创新、科技与文化创新等柔性要素的投入为主，这是新时代城市高质量发展的现实需要。正如习近平总书记所指出的："城市发展需要依靠改革、科技、文化三轮驱动，增强城市持续发展能力。""十四五"时期增强南昌城市综合服务功能，应更加重视改革开放、科技创新和文化引领的协同拉动作用。为此，一是突出以改革创新破解发展难题。实践证明，改革开放是推动城市经济社会发展的根本动力。思想是行动的先导。"十四五"时期要以思想大解放促进城市大发展、治理大提升。要切实把改革放在全市全局工作的突出位置，坚决破除一切不合时宜的思想观念和体制机制弊端，改革城市管理体制，更好地用改革的思维和办法促转型、促民生、促社会

治理、促全面工作，充分激发全社会改革的主动性、积极性和创造性，为各项事业发展提供强大动力。二是突出以科技创新驱动发展升级。当前，全球新一轮科技革命和产业变革与我国经济社会转型发展形成历史交汇，数字化、网络化、智能化深刻影响科技发展与城市治理。要大力实施创新驱动发展战略，推进以科技创新为核心的全面创新，牢牢把握产业革命大趋势，充分发挥科技创新在城市创新中的引领作用，加快形成以创新为主要引领和支撑的经济体系和发展模式，引领全省创新发展。三是突出以文化引领提升城市形象和品位。习近平总书记强调，文化是城市的灵魂。城市历史文化遗存是前人智慧的积淀，是城市内涵、品质、特色的重要标志。增强南昌城市综合服务功能，要妥善处理好保护和发展的关系，注重延续城市历史文脉，充分挖掘国家历史文化名城，推动红色基因传承，大力发展文化产业和繁荣城市文化事业，坚定文化自信，增强城市文化软实力，打响历史文化名城、天下英雄城品牌。

（三）增强"五大功能"："四个中心的大城市"

南昌城市综合服务功能，不能仅限于南昌，而应跳出南昌看南昌，站在全省、全国乃至全球发展大局的高度来思考和谋划。一是江西省级层面对南昌的发展定位。《大南昌都市圈发展规划（2019—2025年）》明确南昌市的"一核"地位，要"打造都市圈发展的核心引擎、引领全省发展的核心增长极、全国内陆双向开放试验区建设先导区、国际先进制造业基地建设核心区、建设产城融合发展示范区。"二是国家战略层面对南昌的发展定位。《推动共建丝绸之路经济带和21世纪海上丝绸之路的愿景与行动》指出，南昌为内陆型开放高地。《促进中部地区崛起"十三五"规划》指出，要强化南昌等省会城市地位，增强要素集聚、科技创新和服务功能，提升现代化和国际化水平。《长江中游城市群发展规划》指出，要优化南昌要素集聚、科技创新、文化引领和综合交通功能，辐射带动周边地区发展，打造重要的先进制造业基地、中部地区综合交通枢纽和现代服务业集聚区。三是从世界大城市发展规律和大趋势看。纽约、东京、香港、上海等大都市，之所以能成为全球城市，主要体现在城市综合经济实力、辐射带动能力、国际竞争力、科技创新能力、交通通达能力等各个层面，在生产、服务、金融、创新、流通等全球活动中起到引领和辐射等主导功能。增强南昌城市综合服务功能、提升核心竞争力，既需要经济、科技、产业、基础设施等硬实力，也需要文化、环境、品牌、治理能力等软实力，以硬实力和软实力的同步提升、相互促进，构筑具有全国竞争力的综合实力。

综合考虑南昌作为江西省会城市和大南昌都市圈核心、长江中游城市群中心城市和"一带一路"重要节点城市，"十四五"时期应着力增强"综合经济、科技创新、文化旅游、开放枢纽和综合承载"五大功能，努力打造全国重要的区域经济中心、科技创新中心、文化旅游中心、内陆开放中心和高能级大城市，着力提升经济影响辐射力、科技创新驱动力、先进文化引领力、全球资源配置力和综合承载力。

（四）总体目标：加快建设富裕美丽幸福现代化国际化英雄城

"十四五"时期是我国"两个一百年"的历史交汇期，是我国由全面建成小康社会向基本实现社会主义现代化迈进的第一个五年，引领全省现代化是南昌城市发展的应有之义。同时，"国际化"，既是南昌作为区域中心城市的主要短板，也是"十四五"提升城市核心竞争必须解决的重大课题。为此，"十四五"时期必须用更加宽广的全球视野来谋划南昌城市的发展，加快建设富裕美丽幸福现代化国际化英雄城，引领富裕美丽幸福现代化江西进程。这既是对"十三五"建设富裕美丽幸福南昌的继承发展，也是着眼"十四五"南昌向基本实现现代化迈进新阶段的内在要求，同时也考虑到"国际化"大城市发展重要趋势和"英雄城"南昌最鲜明城市品牌。

二、具体目标

（一）经济带动力目标：突出"三个高于"

一是从经济发展总量来看，南昌 GDP 增速要高于全省平均增速和中部省会城市平均增速1～2 个百分点。二是从经济结构来看，要突出南昌高端产业的引领作用，先进制造业和现代服务业增速要高于全省平均增速 1～2 个百分点，现代服务业和先进制造业深度融合，引领全省产业升级。三是从经济增长效率来看，效率变革是经济高质量发展的重要指标。南昌全要素生产率要高于全省全要素生产率平均水平。初步考虑，到 2025 年，南昌 GDP 年均增长 8%～9%，先进制造业和现代服务业年均增长 10% 以上，力争经济规模突破 10000 亿元，经济质量和经济效率稳步提升，成为全省区域经济协调发展的"领头羊"和全国重要的经济中心。

（二）创新驱动力目标

到 2025 年，基本建成南昌特色区域创新体系，引进和培养一批高层次科技人才，若干重点产业进入全国乃至全球价值链中高端，科技进步贡献率达到 65% 以上；高新技术产业增加值占规模以上工业增加值的比重达到 40% 以上，建成一批国内领先的产业技术重大研发平台和科技成果转化平台，全社会研究与开发（R&D）经费支出占国内生产总值（GDP）比重达到 2.5% 以上，打造全省自主创新核心区，自主创新能力达到中部省会城市中游水平，总体水平达到国家创新型城市行列中上水平，成为全省的科技创新策源地和全国重要的科技创新中心。

（三）文化软实力目标

到 2025 年，市民素质和社会文明程度明显提高，城市文明持续提升，成为"全国文明城市";文化产业加快发展,文化事业持续繁荣,基本建成具有南昌特色的文化强市。文化旅游深度融合发展,国家 A 级景区建设取得新突破,旅游总人数和旅游总收入实现倍增,文化旅游产业成为全市战略性支柱产业,成为世界知名的旅游目的地。天下英雄城、国际观鸟圣地等城市品牌影响力大幅提升。

（四）对外开放力目标

充分利用毗邻长珠闽的区位优势,全面融入"一带一路"倡议,主动对接长江经济带、长三角一体化、粤港澳大湾区等国家重大战略,主动服务大南昌都市圈等全省发展战略,构建"北上南下"、"东进西出"开放格局,打造陆海内外联动、东西链接互济的战略枢纽,加快建设高水平开放平台,提高营商环境便利化、法治化、国际化水平,构建"引进来"和"走出去"双向联动的大开放格局,努力把南昌建设成为中部内陆开放新高地。到 2025 年,全市实现进出口总值突破 1000 亿元,利用外资实际到位资金、实际利用内资分别达到 80 亿美元和 2000 亿元人民币。

（五）综合承载力目标

到 2025 年,南昌市城市建成区面积达 450 平方千米,年末常住人口达 600 万人,常住人口城镇化率达 78%。城乡居民收入水平持续改善,城市基本公共服务均等化、可及性不断提升,教育、医疗、养老、公共卫生等持续改善。生态文明建设取得明显成效,城市绿化覆盖率达到 45%,人均公共绿地面积达到 13 平方米,集中式饮用水质水量达标率为 100%,生态环境质量位居中部省会城市前列。

三、战略任务

（一）着力增强综合经济功能，打造全国重要的区域经济中心，提升经济带动力

1. 聚焦打造具有世界影响的先进制造业基地

当前，南昌市正处于工业化高质量发展的新阶段。先进制造业是实体经济的主体，是决定南昌城市核心竞争力高低和辐射带动周边区域的关键因素。先进制造业综合实力较弱，对周边地区和全省辐射带动力较弱是南昌市作为全省省会和首位城市必须亟待解决的突出问题。为此，要按照经济高质量发展的要求，聚焦发展具有南昌比较优势的先进制造业和战略性新兴产业，着力打造具有世界影响的先进制造业基地，努力提升南昌制造规模、制造效率、制造质量和制造品牌，引领全省高质量发展，为打造全国重要的区域经济中心夯实基础。坚定不移实施新型工业化主战略，继续构建"4+4+X"新型产业体系，推动南昌工业高质量、跨越式发展。从产业发展方向和影响力来看，应着力打造：一是打造具有世界影响的世界VR之都和航空之城。航空和虚拟现实是高成长性、高技术含量和高带动性战略产业，产业基础和影响力在全国乃至世界具有较大影响，是南昌打造世界产业的首选。要紧紧围绕中国（南昌）VR产业基地建设总目标，继续加大宣传造势和招商引资力度，依托已有的电子信息产业基础，整合资本、技术、人才、创新中心、公共服务平台等要素，引进培育若干具有较强创新能力和全球影响力的VR企业，聚集一批VR产业链上下游企业，建设2~3个VR产业相关的国家级技术创新中心，深化VR在经济社会众多领域的应用，着力打造"四大中心"、"四大平台"，形成制造、内容、

软件开发、分发平台等 VR 产业生态链，力争年产值超过 1000 亿元，构建全球 VR 产业中心。抓住和用好国家大力发展通用航空和军民深度融合发展机遇，围绕大飞机整机、通航整机、航空配套等六大领域，加快推进南昌航空城建设，积极引入大飞机总装、试飞项目，大力发展通用航空，力争航空产业收入突破 1000 亿元，打造具有全球影响的航空制造基地。二是重点建设 4 个以上国家级战略性新兴产业基地。要聚焦汽车及新能源汽车、电子信息、生物医药、高端装备等优势领域，引进、培育和建设重大产业项目，发展壮大产业集群，增强创新能力，重点建设 4 个以上国家级战略性新兴产业基地。力争到 2025 年汽车和新能源、电子信息两大产业超 3000 亿元，生物医药和装备制造超 1000 亿元。同时，加快推进绿色食品、现代轻纺、建材和机电设备等传统产业转型升级。三是加快布局一批未来产业。面向第三代半导体、下一代人工智能、大数据、区块链等领域，加快培育布局一批未来产业。积极推动人工智能、物联网、大数据等现代信息技术与实体经济深度融合，推进产业体系智能化、数字化、绿色化和服务化。

2. 打造全国重要的现代服务业集聚区

服务业是南昌经济增长的重要支撑，也是城市产业升级、创新发展和功能提升的重要引擎。没有服务业大的提升突破，就不可能有城市核心功能大的提升突破。随着经济全球化深入推进、新一轮科技革命和产业变革孕育兴起，服务业生产效率的革命性提升、制造业服务化的融合性态势、大南昌都市圈的战略性机遇，为南昌服务业发展打开了前所未有的战略性空间。要深化服务业供给侧结构性改革，着力推动生产性服务业向专业化和价值链高端延伸，推动生活性服务业向高品质和多样化升级，推动制造业和信息化深度融合发展，加快服务业服务内容、业态和商业模式创新，提高服务效率和服务品质，重点打造中部地区重要的商务会展中心、商贸物流中心、金融中心、大健康服务中心和品质消费中心等，努力构建优质高效、布局优化、竞争力强的服务产业新体系，不断满足产业转型升级需求和人民美好生活需要。一是着力打造中部地区重要的商务会展、金融保险、技术服务中心。生产性服务业，具有专业性强、创新活跃、产业融合度高、带动作用显著等特点，是全球产业竞争的战略制高点。加快发展生产性服务业，推动生产性服务业向专业化和价值链高端延伸是引领产业向价值链高端提升的重要内容。要以产业转型升级需求为导向，进一步加快生产性服务业发展，引导企业分离和外包非核心业务，向价值链高端延伸，重点发展研发设计、现代物流、现代金融、电子商务、信息技术服务、节能环保服务、检验检测认证、服务外包、人力资源服务和品牌建设，打造全国重要的区域物流中心和全省金融中心、信息服务中心和人才服务中心。鼓励有能力的工业企业重点围绕提高研发创新和系统集成能力，发展市场调研、产品设计、技术开发、工程总包和系统控制等业务。加快发展专业化设计及相关定制、加工服务，促进专利技术运用和创新成果转化，发展现代销售体系，增强产业链上下游企业协同能力。大力发展科技服务业，提高知识密度、技术密度、人才密度，促进服务手段的高技术化、服务水平的高层次化。依托优质资源带动会展业上下游企业集聚，引进国际知名会展企业总部、境内外专业组展机构、国际品牌重要展会活动，打造国内知名的商务会展中心。实施更开放的总部经济政策，聚焦产业链关键环节，吸引各类跨国公司地区总部、民营企业总部、贸易型总部等，培育有创新活力的成长性总部，引导总部企业向价值链、产业链、创新链高端发展，加快培育一批具有国际竞争力的本地跨国服务业企业和知名服务品牌，打造总部经济集聚高地。二是着力打造中部地区重要的商贸物流中心和品质消费中心。顺应居民消费提质转型升级新趋势，推动生活性服务业向高品质和多样化升级，不断满足人民美好生活新期待，建设令人向往的幸福城市。坚持"房住不炒"的发展思想，推进房地产市场健康稳定发展，大力发展住房租赁市场，探索发展共有产权住房。稳步推进城市更新，加大城市老旧小区加装电梯等适老化改造力度。落实好降低汽车、日用消费品进口关税相关政策，鼓励发展共享型、节约型、社会化的汽车流通体系，加强城市停车场和新能源汽车充电设施建设。促进家电更新换代，对新型绿色、智能家电产品销售给予适当补贴。持续促进吃穿用住行等基本消费的不断升级，加强引导、强化监督，确保市场主体提供安全放心的吃穿用消费品。大力发展商贸服务、养生养老、家政服务和旅游休闲，积极培育时尚消费、网络消费、智能消费等消费新热点和新增长点，努力把南昌市建设成为国家重要的流通节点城市、中国中部商贸服务中心城市，形成区域性消费聚集中心、品牌时尚中心、商贸物流中心，加快把南昌打造成为辐射全省、影响中部、面向全国、融入世界的中部商贸服务中心城市。统筹生态空间、公共服务、综合交通、智慧城市等建设，推动产城融合发展，实现高质量发展与高品质生活有机结合，营造宜商宜业宜居宜游的城市生态。

3. 提升先进制造业和现代服务业融合发展水平

瞄准人工智能、云计算、大数据等具有爆发力和引领力的新技术，着力发展信息服务业等高成长性服务业。加快新技术对传统服务业的改造提升，促进5G、物联网、区块链等新技术在制造领域的转化应用，提升制造业数字化、智能化、个性化、柔性化发展水平。深化产业融合，在工业设计、供应链服务、检验检测、总集成总承包、制造数字化服务、工业互联网、绿色节能、乡村旅游、养老安老等领域，大力推动服务业跨界发展。以南昌高新区、南昌经开区、小蓝经开区和省级开发区等为抓手，以国家级、省级和市级两化融合示范企业为龙头，培育典型，树立标杆，深入推进"两化"深度融合。

（二）着力增强科技创新功能，打造全国重要的科技创新中心，提升创新驱动力

坚持创新强市，健全协同、包容型创新机制，推进创新链和产业链交叉渗透、融合提升，加强高层次人才和科技创新平台建设，加快科技成果转移转化，打造全国重要的科技创新中心，引领全省科技创新发展。

1. 推进赣江两岸科创大走廊建设

抓住鄱阳湖国家自主创新示范区建设机遇，加快推进以南昌高新区为龙头，以南昌经济技术开发区、小蓝经济技术开发区和临空经济区为骨干，以长堎、昌东、昌南等省级经济技术开发区为支撑的自主创新核心区

建设。加快建设南昌航空科创城、中国（南昌）中医药科创城、南昌国家大学科技城以及红谷滩科创小镇等重大科技创新平台，积极推进创新型县区、开发区建设。支持龙头企业与省内外高校院所共建产学研合作平台，重点推进中科院苏州纳米所南昌研究院、哈工大机器人南昌智能制造研究院、中山大学南昌产业研究院建设，加快筹建宁波智能制造产业研究院南昌分院、南昌同济大学江铃汽车创新研究院。推动科技服务平台设施共建共享，推动财政科技经费跨区使用，共建大南昌科技合作圈。

2. 加强创新基础能力建设

实施领军企业成长工程、高成长性企业培育计划、科技型小微企业提升行动，实施企业研发机构建设攻坚行动计划和高新技术企业量质"双提升"工程，力争 2025 年全市规模以上工业企业和高新技术企业建立研发机构的比例达到 80% 以上。深化与重点高校、中央和省直属企业、科研院所等合作，吸引国家大院大所、知名高校、上市公司及大型企业在昌设立研发机构。鼓励大中型企业通过生产协作、开放平台、共享资源、开放标准等方式，带动小微企业成长。鼓励科技型大企业、互联网平台企业发挥龙头作用，促进大企业内部创业和开放创新。支持有条件的企业开展基础性、前沿性创新研究。力争到 2025 年全市建成 100 家院士工作站、博士科研工作站、国家工程技术中心、省级以上重点实验室等科研创新平台，争取设立更多国家级或省级制造业创新中心。

3. 促进创新链产业链融合共生

依托创新链提升产业链，围绕产业链优化创新链，促进产业链与创新链精准对接，打造产业链为基础、创新链为引领的产业升级版。聚焦关键共性技术、前沿引领技术、应用型技术，建立政学产研多方参与机制，开展跨学科跨领域协作攻关，形成基础研究、技术开发、成果转化和产业创新全流程创新产业链。支持龙头企业跨区域整合科研院所研究力量，鼓励科研人员深度参与产业创新活动。综合运用政府采购、首台套政策、技术标准等政策工具，加快科研成果从样品到产品、从产品到商品的转化。完善创业苗圃—众创空间—孵化器—加速器—产业园全链条服务体系，打造线上线下资源共享的"一站式"、综合性科技服务平台。发挥赣江新区国家"双创"示范基地引领带动作用,强化创新创业基地功能,支持发展创新驿站、创客街区等新型孵化载体,鼓励探索虚拟大学园、虚拟创新社区等新兴孵化模式。整合科技创新公共服务资源,建设专业服务能力强的多功能科技创新服务中心。支持创建省级服务支持人才创新创业示范基地,打造科技成果转移转化示范区。

4. 深化科技体制改革

健全高校和科研院所科研评价和分配激励机制,探索赋予科研人员科技成果所有权或长期使用权。推动南昌科技成果产业化引导基金落地实施。改革国有企业创新考核激励制度,探索开展员工持股改革试点。完善跨区域、跨主体科技协同创新、成果转移转化及产业化机制,推进科技基础设施、大型科研仪器和专利信息共享,深化区域创新研发、集成应用和成果转化协作。搭建南昌科技广场线上线下科技成果交易平台,设立科技成果数据库,鼓励企业和高校院所共享科研成果和知识产权信息。提高中国(南昌)知识产权保护中心运营效益,着力打造全国一流的知识产权快速审查、快速确权、快速保护功能性平台。

(三) 着力增强文化引领功能,打造全国重要的文化旅游中心,提升文化软实力

文化是城市的灵魂和软实力。要充分挖掘和保护历史文化,强化先进文化引领,建设国家文明城市,努力打造与现代化国际化文明城市相适应的文化强市。

1. 打响天下英雄城文化品牌

以千年滕王阁、海昏侯遗址等为龙头,挖掘历史文化名人资源,推动进贤文港毛笔、青云谱八大山人文化等特色文化资源开发,提升南昌国家历史文化名城影响力。大力推进红色基因传承,以八一南昌起义等为重点推出一批红色文化研究成果,策划一批重大影视作品和主题展览,建设一批国家级、省级革命文物保护传承示范基地,继续办好国际军乐节,打响

"天下英雄城"品牌。加强城市文化宣传和城市营销，推进文化国际交流与合作。围绕城市文化品牌塑造，推出一批精品力作。建设文化体制改革创新试验区，进一步完善公共文化服务体系，推动文化惠民工程扩大覆盖面、增强实效性，提高文化消费便捷度，推出更多群众喜爱的文化精品，建设文化设施功能完备、文化服务普惠优质、文化产业充满活力、文化形象开放时尚的现代文明城市，全力创建和巩固全国文明城市。推进智慧城市建设，用绣花功夫治理城市"脏"、"乱"、"差"、"堵"等突出问题，建设幸福美丽家园。深化平安南昌、法治南昌建设。

2. 文旅商融合打造世界知名的旅游城市

深化文化体制改革，完善文化和旅游融合发展体制机制。支持发展文化产业发展平台，建设江西国家数字出版基地，打造以南昌高新区为主体的数字出版核心区。激活壮大文化市场主体，深化江西出版集团、江西报业传媒集团、江西广电传媒集团、江西文化演艺发展集团等国有大型文化企业改革，大力引进扶持培育民营骨干文化企业，孵化一批小微文化企业。深入推进非遗保护工作，打造非遗特色旅游线路，推动传统技艺、表演艺术等非遗项目进景区等。结合加强历史文化名城、文化街区保护，着力培育南昌综合性创意都市，加快将海昏侯国遗址公园打造为全国有影响的文化景区。加强与大南昌都市圈、长江中游城市群以及长珠闽地区的旅游合作，共同构建世界级文旅休闲区。

3. 培育提升教育中心功能

坚持教育优先战略，以办好人民满意的教育为导向，协调推进学前教育优质普惠发展、义务教育优质均衡发展、高中教育优质特色发展、特殊教育优质融合发展。支持高等教育内涵式发展，优化高等教育布局结构，积极支持南昌大学国家"双一流"大学建设，支持江西财经大学、南昌航空大学、华东交通大学等建设省级双一流大学，鼓励本地大学加强与国内外著名高校合作，或以合作办学方式引进世界知名大学或特色高水平大学。加快建设南昌国家大学科技城，争创国家首批产教融合试点城市，推动产教协同育人。推进全国智慧教育示范区、全国青少年校园足球改革试验区建设。吸引国内外优质教育资源，推动企业和社会共办高质量职业教育，争创国家职业教育综合改革创新试验区。推进职业教育集团化、融合化发展，鼓励跨区域建设引领性强的职业教育集团（联盟），建设有全国影响的特色高水平高等职业学校和骨干专业。

（四）着力增强开放枢纽功能，打造全国重要的内陆开放高地，提升对外开放力

结合全国枢纽城市体系布局，全力打造南昌国际性综合交通枢纽，以航空、铁路、水运为核心，提升南昌枢纽资源要素配置能力。

1. 打造全国重要的综合交通枢纽

加强航空枢纽建设。坚持客货并举，优化完善航线网络，建设南昌区域国际航空枢纽。围绕南昌昌北国际机场，加快建设临空经济区，促进航空物流、跨境电商、商务会展和虚拟现实等适航产业集聚发展。大力发展航空物流，打造区域智慧空港物流中心。构建与南昌昌北国际机场合理分工的都市圈机场体系。提升铁路枢纽优势。构建南昌"米"字型，提升南昌城市铁路枢纽功能。贯彻客运枢纽"零距离换乘"理念，加快建设南昌东站。以铁路客运枢纽为纽带，推进快速铁路、普速铁路、市（域）郊铁路、城市轨道交通等多层次多制式轨道交通"多网合一"。加快建设向塘西站物流枢纽，推进多式联运发展，拓展物流服务功能。优化立体综合交通网络。深化资源整合、资本联合和差异发展，推进南昌港与九江港一体化，打造江海联运的区域航运中心。实施高速铁路、城市轨道交通引入工程，打造航空与铁路、城市轨道交通、公共交通、公路客运一体衔接的现代化综合客运枢纽。持续推动跨区对接道路建设，完善交通微循环、慢行交通网络、静态交通体系，促进道路交通系统供需平衡，对重点地区停车需求实施动静结合的有效管理模式。

2. 建设"一带一路"重要节点城市

积极借鉴上海自贸区等先行先试经验，积极申报国家自贸区。围绕"进境与沿海同价到港、出境与沿海同价起运、通关与沿海同等效率"的

"三同"目标，强化南昌综合保税区与机场、码头、铁路等口岸平台的协调互动，打造全国首个"内陆服务平台型"综保区；推动口岸功能提升，持续推进空港、无水港建设和进出口通关能力建设，加快推进南昌铁路口岸二期工程建设，促进南昌海铁联运和中欧班列健康快速发展，加快推进指定口岸和邮件快件监管中心申报建设，持续提升跨境贸易便利化水平。以"一带一路"建设为重点，积极引进全球优质服务资源，增强服务业领域国际交流与合作，引导有条件的企业在全球范围配置资源、拓展市场，设立企业"走出去"综合服务中心，支持省内企业组团出海。大力发展服务贸易，巩固提升旅游、建筑、运输等传统服务贸易，拓展中医药等中国特色服务贸易，培育文化创意、数字服务、信息通信、现代金融、广告服务等新兴服务贸易，扩大研发设计、节能环保、质量管理等高技术服务进出口。推进优势产业在"一带一路"沿线布局，打造形成一批综合效益好、带动作用大、海外反响好的"走出去"示范项目。用好进口博览会、中博会、赣商大会、赣港（深）会、赣台会、世界VR产业大会、国际中医药博览会等会展优质平台，以"三请三回"、"三企入赣"活动为抓手，积极开展国别招商、以商招商、产业链招商、专题招商活动和走访对接，围绕重点产业加强对重点区域、重点行业、龙头企业、重点客商的精准招商，加快引进更多高能级项目，提升招商引资质量。

3. 服务全省"一圈引领、两轴驱动、三区协同"区域协调发展

深入推进昌九、昌抚一体化，加快丰樟高、鄱余万融入南昌进程，提高大南昌都市圈人才、教育、医疗等公共服务同城化水平，增强大南昌都市圈对全省发展的支撑力和带动力。强化沪昆、京九两大驱动主轴的带动作用，做大做强南昌高铁经济，引领沪昆、京九两大高铁经济带高质量发展，加快高铁沿线城市基础设施、公共服务等一体化进程，促进要素自由流动、高效配置，发挥高铁带来的同城效应，努力把高铁经济带打造成全省经济发展的"增长带"、开放合作的"支撑带"、区域互动的"连接带"。加快构建具有南昌特色的现代化经济体系，积极支持赣南原苏区振兴发展、赣西转型升级和赣东北开放，深化与长珠闽、中部城市群、长江

经济带等省市合作，引领全省区域经济协调发展。

（五）着力增强综合承载功能，打造全国重要的高能级大城市，提升综合承载力

1. 提升城市规划管理水平，增强城市空间承载力

加强城市发展的战略规划引领，按照《南昌市城市总体规划（2016—2035 年）》要求，不断加强国土空间规划和各类专项规划以及重点区域、重要节点的规划编制和城市设计工作，重点加强城市战略性增量区域规划、重大交通基础设施建设、高铁东站周边地区发展概念规划、新增跨铁路通道、扬子洲地区空间规划等专项规划的研究和编制工作。加快推进昌吉赣客专、昌景黄客专建设，积极做好昌九客专、昌北国际机场三期扩建工程和西二环高速公路前期工作，加快构建大南昌都市圈同城化交通体系，继续推进城市"三环"和"十横十纵"干线路网建设。坚持公交优先，引导建立"轨道交通＋公交汽车＋慢行系统"的城市出行模式。要强化土地承载能力建设，推进城市更新和旧城改造，盘活存量土地和低效用地，推动建设用地节约化集约化，确保重大项目、战略性新兴产业和民生项目等用地需求。

2. 优化城市市政设施布局，增强城市服务承载力

按照现代化城市发展需要，着力加强信息、通信、能源等新型基础设施建设，结合开展全国 5G 规模组网建设及应用示范和国家"03 专项"试点示范，加快打造"城市大脑"，建立城市综合监测监管平台及指挥调度平台，全面整合城市管理、公安交管、交通运输、城乡建设、社会治理等部门和县区资源，健全完善县区、街道（乡镇）和社区网络化综合管理信息平台和社区工作站，大力推进智慧城管、智慧交通、智慧水务、智慧环保、智慧建筑等智慧城市各领域应用，形成全天候、系统性、现代化的城市运行安全保障体系。按照公共服务优先要求，在城市空间承载能力建设中优先考虑民生需求，适当增加高等级公共服务设施规划用地，完善高质量基础教育设施布局，推动一批高端教育、医疗和文化体育等公共服务项

目落地。紧密围绕城乡居民优质便利生活需求，统筹规划公园绿地、无障碍通道、公共交通、停车场地、社区卫生中心、村卫生室、村级综合文化服务中心等基础设施建设，合理布局社区养老、托育中心、便利店、物流快递等便民服务设施，提升各类公共文化、体育场馆免费或低收费开放服务水平。积极应对人口老龄化，加快建设居家社区机构相协调、医养康养相结合的养老服务体系，率先全面提升养老服务水平。落实国家药品集中采购试点工作，提高公共卫生服务、医疗服务、医疗保障、药物供应保障水平，促进南昌地区优质医疗资源更好服务周边城市群众。制定完整社区建设标准，明确社区各类服务设施配置标准和建设要求。推进政务服务"一网通办"、现场办理"最多跑一次"，提高政府服务群众、服务企业水平和能力。深入开展扫黑除恶专项斗争，完善立体化治安防控体系，建设平安南昌。

3. 深入推进"美丽南昌"建设，增强生态环境承载力

加强长江中游城市群、大南昌都市圈生态环保联防联治，打造美丽南昌。持续推进"蓝天保卫战"，持续抓好"四尘三烟三气两禁"专项整治，不断改善空气质量。完善河长制、湖长制与网格化治水机制，加强饮用水水源地环境监管、工业企业水污染防治、污水处理厂建设和管理、农业农村水污染治理、"河湖长制"水质考核，推进水生态系统和亲水景观功能体系建设，全力打造"东方水城·中国水都·鄱湖明珠"品牌，打好碧水保卫战。扎实推进土壤环境质量监测、污染详查新增土壤污染防控，打好净土保卫战。全面推行"林长制"，加强梅岭等重点区域松材线虫病预防和除治，持续开展造林"绿化、美化、彩化、珍贵化"建设，强化森林防火工作，让青山常绿。建立完善南昌地区生活垃圾分类协调工作机制，全链条提升垃圾分类体系，加快处理设施建设，打造全国垃圾分类样板城市。深入推进城乡"厕所革命"。严格执行生态保护红线，扎实开展生态示范创建和自然保护区监管，高品质建设南昌山水田林湖草生命共同体示范工程。空气质量优良率超过85%，PM2.5年均浓度保持空气质量二级标准，城市集中式饮用水源地水质达标率达100%，赣江、抚河断面水质达标率大于92%。

南昌市"十四五"引才用才基本思路与对策研究[*]

人才是指具有一定的专业知识或者专门技能，进行创造性劳动并对社会做出贡献、能力素质较高的劳动者。习近平总书记强调，发展是第一要务，人才是第一资源，要树立强烈的人才意识，加快实施人才强国战略，确立人才引领发展的战略地位。党的十九大报告提出，要实行更加积极、更加开放、更加有效的人才政策。实践证明，人才是经济社会发展的第一资源，是城市竞争之本、动能转换之要、创新活力之源。抓人才就是抓发展，抓人才就是抓未来。"十四五"时期，加快建设富裕美丽幸福现代化南昌，人才既是南昌最大短板，也是大有作为的关键支撑。根据国家和江西省《关于深化人才发展体制机制改革的意见》等人才政策要求，学习借鉴国内先进标杆城市经验做法，结合"十四五"人才发展大势和南昌实际提出如下对策建议。

---

* 本文是南昌市"十四五"规划前期重大问题研究课题"南昌市'十四五'引才用才思路、对策研究"的对策部分。

一、聚焦提高创新发展能力，围绕创新链部署人才链，着力建设一支"高精尖缺新"创新型人才队伍

（一）聚焦高精尖缺导向，集中打造"洪城英才"高端品牌

"英雄城聚才计划"取得了明显成效，但也存在各类人才分类重叠、人才命名较杂等问题，以及重视个人忽视创新团队的引进等问题。为此建议：一是实施顶尖人才（团队）引领计划。加大顶尖创新创业团队引进培育力度，力争"十四五"重点引进培育 5~10 个掌握核心关键技术和自主知识产权，引领和推动产业跨越发展，在行业有较大影响力的创新创业团队。通过产业发展引导基金、天使基金和创投基金等，采用参股投资或跟进投资等运作方式对顶尖创新创业团队给予扶持，推动新技术、新产业、新业态加速成长，引领全市新旧动能加速转换。二是完善高层次创新人才团队政策。加大对高层次人才的引进与激励，实施"高层次人才团队带头人全权负责制"，赋予用人权、用财权、技术路线决定权、内部机构设置权等，配置具有全国竞争力的事业发展平台；对成长性好或业绩突出的产业人才团队，予以滚动支持或追加资助，探索整合产业、科技、土地、金融等多方面政策，按"一人一策"、"一企一策"方式量身创设发展条件。对入选国家、省重大人才工程的重点人才，按较高比例给予人才经费和项目资金配套，并对人才所在单位给予高额奖励补贴。三是集中统一打造"洪城英才"品牌。学习武汉集中统一打造"武汉黄鹤英才"品牌经验，进一步调整和完善"洪城计划"、"洪城特聘专家工程"、"洪城海鸥计划"、"紧缺急需人才支持计划"、"洪城工匠培育计划"等人才计划（工程），将"洪城英才"打造成南昌最响亮的城市名片。

（二）加强全球人才资源配置，深化"海外人才引智计划"

完善境外人才工作和创业绿色通道，对急需紧缺的特殊人才，开辟专门渠道，实行特殊政策；对海外顶尖人才，"一事一议、即来即报"。对拥有重大创新技术的外籍高层次人才以技术入股方式在昌注册企业的，进一步简化办理程序和申请材料。对在国（境）外高水平大学取得本科及以上学历的优秀外籍毕业生，可直接在南昌工作。试点外籍专家担任新型研发机构法定代表人。提高外籍人才通行和居留便利，实施服务"绿卡"制度。对拟长期在南昌工作的高科技领域外籍人才、外国技能型人才和符合产业发展方向的单位聘雇的外籍人才，放宽年龄、学历和工作经历的限制，经许可，一次性给予 2 年以上的工作许可。加强与省、区的协同配合，组建专业化、市场化的运营公司，加大招商引智力度，推进江西南昌留学人员创业园建设。在南昌设立海外人才创新创业试验区，加快建设一批国际学校、国际社区和国际医院。支持在昌的高等学校、科研院所和企业在"一带一路"沿线国家建立科技园区、离岸（海外）创新孵化中心、联合实验室、研发基地等创新平台，支持弹性柔性引进境外科学家参与科学研究。

（三）发挥大学大院大所创新人才"聚宝盆"作用

一是支持高水平大学建设。高校是培养人才的摇篮，也是城市人才储备及培养的中枢。与武汉、长沙、合肥等中部地区省会城市相比，南昌高等教育相对滞后，是制约南昌高层次人才引进和留住难的重要因素。要站在服务全市乃至全省经济社会发展大局的高度，积极支持在昌高校高质量发展。全力支持南昌大学国家"双一流"大学建设，全力支持南昌航空大学、江西财经大学、江西师范大学等省级"双一流"大学建设。同时，支持江西社会科学院、江西科学院等科研院所高质量发展，引领和服务地区经济社会发展。二是实施大院大所名校共建创新平台工程。支持国内外一流高校、科研院所和世界 500 强、国内 500 强等企业，采取委托研发、技术许可、技术转让、技术入股等形式，在南昌设立或共建分支机构、研发中心、产业研究院和共性技术平台，开展产学研用合作。重点抓好南昌（国家）大学科技城、中科院江西中心、中国（南昌）中医药科创城、中科院苏州纳米所南昌研究院、北航江西研究院、哈工大机器人南昌智能制造研究院、中山大学南昌产业研究院、同济大学江铃汽车创新研究院南昌分院等重大科技创新平台建设。三是加强企业高水平创新平台建设。引导鼓励高新技术企业、规模以上工业企业和省级以上农业产业化龙头企业，加大科技研发投入，吸引人才，建设专用场所，购置科学试验设备，建设研发机构，开展研究与开发活动。支持企业建设市级、省级实验室和企业技术中心，补齐基础研究补短板，鼓励 0 到 1 的原始创新，提升企业自主创新能力。对认定为市级以上的重点实验室、技术创新中心和企业技术中心等研发机构，按照规定给予奖励。借鉴武汉市的经验教训，出台专门的规范性文件，对院士工作站和博士后工作站进行规范治理。对新建的院士工作站、博士后科研工作站和博士后科研流动站，经认定后按照规定给予资助。对评估结果优秀的工作站予以表扬，并在推荐申报独立招收博士后人员资格和国家级工作站方面予以倾斜。对评估不合格的工作站予以限期整改，整改后仍不合格的，将撤销设站资格。撤销的工作站，两年后方可重新申请设站。

（四）加大科技成果转移转化支持

每年择优支持一批南昌地区高校、科研院所的高端科技人才在昌转化科技成果。建立南昌市科技创新成果转化联盟，引导产业龙头企业、金融机构与高校、科研院所开展合作，推动科技成果加速在昌产业化、商业化、品牌化、资本化。支持高校、科研院所科技人员在科技型企业兼职或在岗对科技成果进行转化，转化所得净收入可按不少于 70% 的比例奖励给个人（团队）。支持行业领军企业、投资机构、社会组织等社会力量参与众创空间、创业孵化基地和高层次人才创业园建设，认定后按照规定给予补贴。

（五）强化高层次创新人才柔性引才方式

南昌对高层次创新人才的吸引，与一线城市和二线大城市相比，仍有一定差距，全职引进有较大难度，且数量有限。要强化柔性引才理念，坚持"不求所有、但求所用，不求所在、但求所为"。以契约管理为基础，支持通过规划咨询、项目合作、成果转化、联合研发、技术引进、人才培养等方式，采取挂职、兼职、技术合作、短期聘用等形式柔性引进高层次人才，可不受岗位总量、最高等级和结构比例限制。支持高校、科研院所建立人才驿站，推行特聘教授、特聘研究员、特聘专家制度。建立以业绩为导向的柔性引才激励办法，柔性引进人才与本地同类人才在创办科技型企业、表彰奖励、科研立项、成果转化等方面可享受同等待遇。

二、聚焦重点产业人才需求，围绕产业链部署 人才链，着力建设一支规模宏大、企业所需、 结构合理的企业人才队伍

（一）突出规划引领，加强重点产业人才需求预测与规划

根据城市发展定位和优势特色产业发展需要，做好高层次人才以及重点行业人才需求预测，并制定专门的人才发展规划或指导意见。例如，针对高层次人才短缺突出问题制定南昌市中长期高层次人才和团队引进计划，并根据经济社会发展情况对人才引进政策进行动态调整。针对航空、电子信息和 VR 产业等战略性优势产业发展需要，制定专门的人才发展规划和指导意见。针对现代服务业发展需要，制定南昌市现代服务业人才中长期发展规划等。

（二）突出重点产业紧缺急需，培养造就一大批具有精湛技艺的高技能人才

以优势产业、战略性新兴产业和现代服务业紧缺的技能型人才为重点，深入实施高技能人才振兴和发展计划，"实施技能提升三年行动计划"。一是大规模开展职业技能培训。推行终身职业技能培训制度，全面推行企业新型学徒制，持续开展高校毕业生、新生代农民工、失业人员和转岗职工等重点培训行动计划，创新职业培训模式，实施重点培训项目。深入开展技能扶贫行动，努力实现有培训意愿的贫困劳动力都有机会接受职业技能培训。在城市家政、养老护理、医疗陪护、安保、托幼、快递等生活领域，支持企业采取脱产培训、业务研修等灵活方式，开展多样化、规模化、市场化的职工技能提升培训。二是大力发展技工教育。完善技工教育发展政策措施，加快推进技工院校转型发展，加强一流技工院校建设。深化校企合作，坚持高端引领、校企合作、多元办学内涵发展，全面开展一体化课程教学改革，加强专业建设和教材建设，加强师资队伍建设，加强技能人才培训基地建设。通过岗前培训、在岗培训等形式，提升人才队伍整体素质。鼓励和支持各类人才培训机构、中介机构以及从事国际人才交流的各类组织创新服务方式和内容，为人才提供个性化和多样化服务。支持企事业单位、行业协会以及社会组织开展技术技能类竞赛、交流等活动，促进高技能人才培养开发。三是加强技能人才激励保障。提高技术工人待遇，完善加强技能人才队伍建设的政策措施，加强高技能人才表彰工作，持续开展高技能领军人才休疗养、研修等活动。完善技师、高级技师社会化统一鉴定和评审制度，逐步推行企业首席技师制度，完善高技能人才带头人制度，建立岗位使用制度。营造崇尚技能的社会氛围，大力弘扬新时期工匠精神。

（三）突出提高现代经营管理水平，构建一批以领军型、战略型优秀企业家为核心的企业经营管理人才队伍

企业经营管理人才是企业人才群体中的主导力量，是增强企业核心竞

争力的关键要素，也是各地区争夺人才的焦点，要更加重视企业经营管理人才队伍建设：一是加大企业家培训力度。紧扣全市高质量发展要求，研究制定针对不同层次企业家的培养措施，持续提升南昌市企业家的战略思维、国际视野、创新意识和管理水平等综合素养。实施企业家素质提升工程，依托国内知名高校建立企业家培训基地，开展企业家能力提升培训。开设"英雄南昌·企业家论坛"，邀请国内外知名企业家、专家、学者介绍管理经验，增强企业管理者驾驭市场和管理企业的能力，着力培育企业家精神。加大企业家出国（境）培训力度，定期选派企业家到国（境）外学习交流，提升国际视野和创新素养。实行企业家培养导师制度，选择知名企业家担任导师，对成长型企业家提供指导、咨询和建议。二是分类培育企业经营管理人才。开展科技企业家培育工程，重点选拔在航空装备、电子信息、生物医药、新能源汽车、VR产业等战略性新兴产业领域以及高新技术企业的科技企业家，对其加大培训支持、科技支持、金融支持，促进其团队建设，协助其开拓市场，为其提供良好的服务等。开展职业经理人培养工程、经营管理人才素质提升工程、国有企业经营人才培育工程、创业培养系列工程等，组织专项项目，重点针对上述群体进行专业系统的培训。开展女性经管人才培育专项，实施中老年经营管理人才赋能计划。三是深化国有企业人事制度改革。以推进企业经营管理者职业化、市场化为重点，坚持市场配置、组织选拔和依法管理相结合，取消行政级别管理方式，完善国有企业领导人员选拔任用制度；健全国有资产出资人代表派出制和选举制，建立职业经理人队伍，继续推行经理人聘任制，实行契约化管理。建立健全国有企业人才支持服务中小企业制度。国有企事业单位引进或聘用优秀博士和博士后，可根据市场标准采用年薪制、协议工资制等。

（四）突出农村实用人才培育集聚，着力培育一支精通生产、善于经营、结构合理、素质优良的农业农村人才队伍

抓好农村实用人才队伍建设，既是乡村振兴的需要，又是将农村转移人口转化为城市产业工人和技术技能人才的重要抓手。一是重点培养新型

职业农民。探索建立完善新型职业农民推荐选拔、培训培养、认定管理、人才服务和政策扶持等制度体系。一方面，可以由政府主导，积极实施农村职业经理人壮大行动，借土地流转契机，以家庭农场、农民合作社等新型经营主体为载体，扶持一批农业职业经理人。另一方面，可以开展校地合作，建立新型职业农民教育培训体系，提升职业农民的专业化程度。二是突出培养农村专业人才队伍。重点发展壮大农业科技人才和经营管理人人才，通过"走出去、请进来"的方式，制定培训规划，开展针对性培训，积极吸引农业科技人员和管理人员在昌创新创业。三是实施乡村振兴人才回归工程。适时制定出台南昌市乡村振兴人才队伍建设的指导意见，通过实施放宽市场准入、加大财税支持、改善金融服务、落实用地用电保障政策、完善社会保障政策等措施，提升乡村从业人员待遇，大力引导各类人才回归农村。对推动都市农业发展、农业科研及成果转化等成效显著的农业专家人才，授予"洪城农业专家"称号。

（五）突出产业平台的集聚功能，着力打造一批高水平产业平台

"以产业聚人才、以人才促产业"是城市人才市场发展的大趋势。没有产业支撑，人才是引不来、留不住的。没有高层次的产业平台，也就难以集聚高层次的优秀人才。一是打造一批高水平新型工业化平台。坚定不移实施工业强省战略，继续构建"4＋4＋X"新型产业体系，大力发展战略性新兴产业，推动开发区转型升级，着力打造具有世界影响的世界 VR之都和航空之城，重点建设国家汽车及新能源汽车、电子信息、生物医药和高端装备等战略性新兴产业基地。二是打造一批高水平现代服务业平台。着力推动生产性服务业向专业化和价值链高端延伸，推动生活性服务业向高品质和多样化升级，高标准打造南昌综合保税区、向塘物流枢纽、红谷滩全省金融商务区、八一广场周边商贸集聚区等，培育一批影响力和辐射带动力强的现代服务业集聚区，构建错位发展、优势互补、协作配套的现代服务业体系，重点打造中部地区重要的商务会展中心、商贸物流中心、金融中心、大健康服务中心和品质消费中心等。三是打造一批高水平

都市现代农业平台。依托南昌县凤凰沟田园综合体、"南昌绿谷"等为龙头，促进一二三产业融合发展，突出打造一批规模化、标准化、智能化的田园综合体、现代农业示范园、产业园建设，鼓励创建国家农业高新技术产业示范区。

三、聚焦做大人才总量目标，抓住青年人才这个"最大增量"，千方百计吸引青年优秀人才

青年是国家的未来和希望，治国经邦，人才为急。加强青年人才队伍建设是新时代南昌发掘人力资源潜力、增强社会发展后劲、推动高质量可持续发展的迫切需要，要更加重视青年人才的引进、培养和重用。

（一）实施"在赣大学生留昌工程"

相比于高层次人才，年轻大学生是南昌市可以大力挖潜的人才资源。要针对年轻大学生的特点和需求，学习借鉴武汉"百万大学生留汉计划"经验，将在赣大学毕业生作为南昌人才引进的最大增长源，实施"在赣大学生留昌工程"，每年至少吸引 5 万在赣大学生来（留）昌就业创业。深化与在昌高校的战略合作，联合建立高水平大学生创业中心和人才发展基金，全面放开大学生落户条件，大力发展专业化人才公寓，为大学生就业创业提供信贷、政策咨询和"一站式"服务。每年从优秀大学生中培养支持一批具有较强专业素养和创新潜力的优秀青年人才，授予"洪城英才（优秀青年人才）"荣誉称号。建立优秀青年人才储备库，给予优秀青年人才专项资助，建立优秀青年人才发展基地，提供市场和业务指导，加强跟踪培养，促进优秀青年人才脱颖而出。

（二）完善"青年人才储备计划"

创新青年人才培养开发、评价发现、选拔任用、流动配置、激励保障机。一是将高中（含高职）毕业生和返乡农民工纳入"青年人才储备计划"。这部分青年数量多、思想活跃、素质较好，有的还具备一定专业技能，经过短期专业培训，可以成为技术技能人才、经营管理人才或创业人才。二是全面实施青年人才"零门槛"落户。目前，包括深圳、广州、杭州等大城市纷纷放开落户门槛，对所有中专以上年轻人才实行"零门槛落户"。南昌也要对所有35岁以下大专以上年轻人才甚至健康劳动力实行"零门槛"落户。这样既可以充实劳动力资源，又可以扩大城市内需，稳定房价和未来经济增长。三是对标一线城市加大对青年人才的激励。相比于高层次人才，青年人才最缺资金，最需要住房保障。在全面贯彻落实已有扶持政策的基础上，要对标一线城市和周边城市高标准，加大对各类优秀青年人才的生活补贴、租购房补贴和创新创业扶持力度。例如，为鼓励更多大学生在昌"落户生根"，实施"青年成家立业奖励行动"，鼓励未婚青年大学生在昌成家立业，在昌就业三年内结婚的且配偶在昌就业或创业的给予双倍的生活补贴、租购房补贴。

（三）更加重视青年人才的提拔使用

更加重视高层次青年人才、青年科技人才、青年企业家和青年公务员等优秀青年人才的提拔使用，进一步激发青年人才的青春活力和发展潜能。持续推进大学生村官和高校毕业生"三支一扶"计划，推行"一村多名大学生"工程。对优秀的中青年人才给予重点培养，符合条件的优先选拔进入村"两委"班子。对海外优秀青年人才，直接遴选为"洪城学者"青年专家。

四、聚焦提高科学领导能力,加强机关事业单位人才队伍建设,建设一支忠诚干净担当的高素质干部队伍

(一) 完善党政人才政策体系

一是严把德才标准和公道用人。坚持党管干部原则,落实好干部标准,树立正确用人导向,把政治品格作为选拔干部的第一标准,坚持事业为上、依事择人、人岗相适,做到事业发展需要什么样的人就用什么样的人,什么样的人最合适就选什么样的人。二是提高治理能力作为新时代干部队伍建设的重大任务。通过加强思想淬炼、政治历练、实践锻炼、专业训练,推动广大干部严格按照制度履行职责、行使权力、开展工作,促进各级党政人才增强学习本领、政治领导本领、改革创新本领、科学发展本领、依法行政本领、群众工作本领、狠抓落实本领、驾驭风险本领,提高党把方向、谋大局、盯政策、促改革的能力。三是充分激励干部积极性。党政人才激励受到党和国家有关规章制度的约束,要在符合法律法规的前提下,着力在干事创业平台和正常福利待遇上下功夫。继续深化党政机关干部选拔任用制度改革,认真贯彻实施公务员法和党政领导干部选拔任用工作条例,完善党政领导干部公开选拔、竞争上岗、公推公选等制度,探索建立竞争性选拔干部的长效机制。完善干部能上能下制度,及时选拔任用敢于负责、勇于担当、善于作为、实绩突出的干部,加大优秀年轻人才和基层一线人才的提拔重用。

（二）分类推进事业单位改革发展

根据事业单位社会功能和行业特点，分类建立符合各类事业单位特点的事业单位人事管理制度。一是完善事业单位专业技术层级岗位设置。支持具备条件的事业单位设置正高级岗位，同时适度提升专业技术高级岗位结构比例标准等措施。例如，将专业技术人员相对集中的县乡事业单位专业技术高、中级岗位结构比例在原有标准上各提升5%，大幅拓展县乡基层事业单位专业技术人员职业发展空间。事业单位可以按照国家有关规定设立流动岗位。二是优化重点群体和单位的岗位管理。进一步完善事业单位公开招聘制度，规范事业单位招聘行为。全面推行事业单位聘用制度和岗位管理制度，试行关键技术岗位、重大科技项目负责人公开招聘制度。创新工勤技能岗位管理，开辟高层次人才岗位聘用"直通车"，完善政策性安置人员、兼职人员、延长退休年龄专技人员等岗位管理的相关政策。三是实施社会工作人才荟萃计划。在交通辅警、社区服务和城市志愿者等领域，大力引进培养一批社会工作人才，提升城市品位和幸福指数，并将优秀社会工作者纳入党政人才和事业单位后备人才。

（三）拓展机关事业单位人才渠道

习近平总书记指出，要把方方面面优秀人才聚集到党和人民事业中来，需要打开视野、不拘一格，充分盘活干部资源，把干部队伍和各方面人才作用充分发挥出来。当前，在引才方面，应面向全国大学生公开选拔选调生和大学生"村官"，以此吸引年轻大学生人才；并借鉴深圳等地经验，面向全国遴选一批江西籍人才或配偶在昌工作优秀人才。对紧缺急需、专业性强的公务员职位采用聘任制，实行协议年薪，一职一薪，并进一步探索更大力度的激励措施。完善吸收非公有制和社会组织中的优秀人才进入党政机关、国有企业和事业单位的途径。畅通非公有制经济组织、社会组织和新兴职业等领域人才申报评价渠道。稳妥推行延迟退休和返聘制度，最大限度发挥好优秀党政人才、高级职称、企业家等退休人才资源作用。

五、聚焦精准高效便捷服务,创新人才体制机制,打造一流人才生态环境

(一) 以加强改进党管人才为重点, 创新人才工作领导机制

1. 实施"人才一把手工程"

加强党对人才工作的领导,实施"人才一把手工程"。积极发挥市人才工作领导小组在全市人才工作中的战略谋划、宏观指导、综合协调和督促检查功能,着力构建上下联动、左右协调、齐抓共管的工作局面,建立人才工作重大事项报告、重要信息通报、督察制度。建立健全领导干部联系人才工作制度。借鉴招商引资服务模式,将市委组织部承担的人才工作职责、市人社局的人才工作相关职责整合,组建市级人才服务局。

2. 适时制定人才工作条例

加强人才工作法制建设,学习借鉴深圳、石家庄等先进经验,适时启动制定《南昌市人才工作条例》,明确南昌市人才培养、引进、流动、评价、激励、服务和保障等基本原则、发展导向和重大政策,以地方立法的形式确保人才优先发展战略,推动人才立法走在全国大中城市前列。设立人才服务日和人才服务月,营造尊重人才的良好氛围。

3. 健全人才工作推进机制

完善人才工作目标责任考核,将人才发展列为经济社会发展综合评价指标,将人才工作纳入各级党委和政府绩效考核指标体系,将考核结果作为领导班子评优、干部评价的重要依据。建立人才政策落实督察与反馈制度,对政策推进落实情况进行专项督办,定期通报、动态调整,确保各项人才政策落到实处。建立人才诉求表达机制,对涉及人才的相关诉求,帮

助提供解决办法或者途径。

（二）以人才投资开发培育为重点，创新人才培养开发机制

1. 完善财政对人才的投入机制

建立以财政为主导的多渠道投入机制和多元化的人才投资模式，确保对教育、科技、卫生的投入增幅，进一步加大人才发展资金投入力度，较大幅度地增加人力资本投资比重，保障人才发展重大项目的实施。设立不低于本级公共财政预算收入3%的人才发展专项资金，确保人才投入优先保证。研究设立较大规模的人才创新创业基金。鼓励各区（县）人民政府和开发区管委会设立人才发展专项资金，保障人才发展各项政策和工作的实施。鼓励企业、社会组织和个人发起设立人才发展基金。

2. 完善金融服务人才机制

发挥政府资金的引导与推动作用，扶持创业风险投资基金，支持人才创办科技型企业。探索实施"人才投"、"人才贷"、"人才保"项目，支持符合条件的各类银行在昌设立"科技银行"、"人才支行"，支持在昌保险机构创新推出系列保险产品，为人才分担创业风险。完善财政支持、贷款贴息、质押融资等方面的政策措施，畅通人才创新创业融资渠道，提供融资服务。

3. 完善人才开发教育体系

坚持教育发展优先谋划、教育经费优先保障、教育人才优先引进、教师待遇优先落实、教育项目优先安排、教育难题优先解决，全面提升素质教育。改革职业教育模式，统筹规划继续教育，鼓励各行业各单位开展多层次、多渠道、大规模的全员培训。加大财政对人才教育开发的支持力度，支持发展各类专业化培训机构，整合资源，建设一批特色鲜明的专门人才培养基地。

（三）以科学化专业化改革为重点，创新人才发现评价机制

建立以岗位职责为基础，以品德、能力和业绩为导向，科学化和专业

化的人才评价发现机制。

1. 分类型构建人才评价体系

要在区分不同行业、不同领域人才的基础上，对不同类型的人才实行差别化评价。学术型人才实行同行学术评价，重点评价研究成果的科学价值、原始创新能力；技术型人才重点评价解决工程技术难题及技术发明、推广应用等实际能力；管理型人才突出对经营业绩、综合素质和对社会贡献的考核；技能型人才突出实际操作能力和解决关键技术难题的要求；创新型人才要把自主知识产权、重大技术突破和成果转化等作为重要评价指标。党政人才要把政治标准、群众认可、担当作为等作为重要指标。

2. 分行业制定人才评价办法

改革科技人才评价制度，实行代表性成果评价，注重个人评价与团队评价相结合。改革哲学社会科学和文化艺术人才评价制度，根据不同学科领域，对哲学社会科学人才和文化艺术人才，实行分类评价。改革教育人才评价制度，坚持立德树人，把教好书、育好人作为教育人才评价的核心内容。改革医疗卫生人才评价制度，完善涵盖医德医风、临床实践、科研带教、公共卫生服务等要素的评价指标体系。改革产业人才评价制度，建立与产业发展需求、经济结构相适应的产业人才评价机制。

3. 分层次完善人才评价机制

注重考察各层次人才的专业性、创新性和履责绩效、创新成果、实际贡献，不唯学历、不唯资历、不唯论文。对取得重大基础研究和前沿技术突破、解决重大工程技术难题、在各项经济社会事业发展中做出重大贡献的特殊人才，建立评价"直通车"制度。对长期在基层一线和艰苦边远地区工作的人才，加大爱岗敬业表现、实际工作业绩、工作年限等评价权重。

4. 完善现有高层次人才认定标准

目前，南昌市高层次人才分为 A、B、C、D 四类人才认定标准，主要以人才学历、"帽子"为依据，需要进一步完善。一是建议强化创新贡献和业绩导向，将年薪、税收贡献、科技成果转化、行业权威等重要因素作为高层次人才认定的重要参考，健全评选机制，注重分类评价，建立人才动态考评调控机制。二是每两年动态调整一次。及时根据经济社会发展要求，及时将重点产业（如 VR 产业、区块链等战略性新兴产业）紧缺急需人才纳入高层次人才。三是加强对高层次人才的使用评估。目前，南昌市存在高层次人才"重引进、轻评估"的现象，部分高层次人才效果并不理想。要加强考核评估，更好发挥高层次人才的引领作用，完善高层次人才退出机制。

（四）以收入分配制度改革为重点，创新人才激励保障机制

1. 稳步推进工资制度改革

一是继续做好规范公务员津贴补贴工作。建立健全级别与工资等待遇挂钩政策、基层工作人员津补贴政策等相关政策，用好政府性奖励政策，有条件的单位尽可能给新进公务员提供租房、购房优惠。二是积极推进事业单位收入分配制度改革。完善专业技术人员绩效工资制度，允许高等学校、科研院所自主确定绩效工资水平，鼓励和支持对业务骨干、特殊人才、关键重点岗位建立特殊薪酬制度，实施年薪制、协议工资、项目工资等灵活多样的分配办法。支持事业单位人员到本地企业离（在）岗创业、兼职和技术指导。三是健全国有企业人才激励机制。进一步规范股权、期权等中长期激励办法，完善国有企业、金融机构高管人员薪酬监管制度，逐步缩小行业之间、管理层与普通员工之间的收入差距，重点向关键岗位和优秀人才倾斜，促进一线人才工资合理增长，建立健全公平合理的人才收入分配制度。

2. 实施更具竞争力的人才奖励制度

对标周边城市最高标准，进一步完善各类人才的奖补政策，形成差异化的竞争优势。对各类人才实行更大幅度的税费减免政策。坚持精神奖励和物质奖励相结合的原则，建立以政府奖励为导向、用人单位和社会力量奖励为主体的人才奖励体系，充分发挥经济利益和社会荣誉双重激励作用。对为南昌市建设和发展做出重大成绩、突出贡献人员，给予表彰奖

励。加强政治引领和政治吸纳，注重从各类人才中推荐人大代表、政协委员候选人，扩大人才的参政议政渠道。

3. 深化科研管理体制改革

最大限度向科研主体放权，赋予科研项目负责人在科研立项、资金使用等方面更大的自主权，将科研项目直接费用中多数科目预算调剂权下放到承担单位，由项目负责人自主使用科研经费。提高绩效支出占比和间接费提取比例，对劳务费不设比例限制。加大对承担关键领域核心技术攻关任务科研人员的薪酬激励，探索实行一项一策、清单式管理和年薪制。鼓励企业可以通过股权、期权、分红等方式，对科技成果的研发团队、成果完成人或者科技成果转化重要贡献人员给予激励。鼓励国有企业、院校、科研院所通过股权、期权、分红等激励方式，支持人才创新创业。

（五）以促进人才优化配置为重点，创新人才有序流动机制

1. 充分发挥市场的决定性作用

更好发挥政府作用，加快建立政府宏观调控、市场公平竞争、单位自主用人、个人自主择业、人力资源服务机构诚信服务的人才流动配置新格局。

2. 促进科研人员在事业单位和企业间合理流动

改进科研人员薪酬和岗位管理制度，破除人才流动的体制机制障碍，将科研人员离岗创业 3 年内保留人事关系延长至 5 年。在保留人事关系期间，与原单位其他在岗人员同等享有参加职称评聘、岗位等级晋升和社会保险等方面的权利。允许高等学校和科研院所设立一定比例流动岗位，吸引有创新实践经验的企业家和企业科研人才兼职。试点将企业任职经历作为高等学校新聘工程类教师的必要条件，促进人才双向自由流动。

3. 打通技能人才与专业技术人才职称互评通道

为拓宽人才发展空间，促进人才合理流动，提高技术技能人才待遇和地位，根据人力资源社会保障部《关于在工程技术领域实现高技能人才与工程技术人才职业发展贯通的意见（试行）》（人社部发〔2018〕74 号），

科学制定《南昌市关于在工程技术领域实现高技能人才与工程技术人才职业发展贯通的实施意见》，打通技能人才与专业技术人才职称互评通道。例如，高技能人才符合规定条件的，可参加相应等级的工程技术职称评审；工程技术人才符合规定条件的，可参加相应等级的职业技能评价。对引进的各类人才，外省市评审和认定的专业技术职称，一律同等认定。

4. 畅通人才跨地区流动渠道

抓住和用好大南昌都市圈建设契机，推动人才资源在大南昌都市圈有序顺畅流动。加强与沿海发达城市的合作，相互选派党政人才到对方挂职锻炼和交流合作。根据需要，面向全国遴选优秀党政人才、高层次人才和优秀年轻人才。

（六）以提升政务人才服务为重点，创新人才高效服务机制

1. 健全"港网窗"一体化服务平台

一是针对目前平台注册企业和兑现人数少等问题，在加大宣传报道的同时要采取激励措施鼓励企业和个人积极网上注册和申报，扩大注册用户。二是针对目前全市人才数据不清、不全、不共享等问题，加强市、县（区）、开发区管委会和重点企业的沟通协调，建立全市统一的权威的人才信息库，及时发布人才需求信息。三是进一步完善服务平台功能。建立健全全市统一的人才引进系统，实行网上申报、统一管理、属地服务、自动享受和全年滚动办理。

2. 提升人才市场化服务水平

高标准推进南昌人力资源服务产业园建设，集聚一批综合实力强、专业化程度高的人力资源服务企业，推动全市人力资源服务业规模化发展。引导南昌市人力资源服务企业帮助用人单位对接人才并鼓励用人单位购买专业化服务。每年评选一批创新型人力资源服务机构、人力资源服务业领军人才、人力资源服务创新项目，并给予奖励。拓宽用人单位引才渠道，建立国内异地南昌商会和海外人才工作联络站与南昌市用人单位的沟通联络机制。发挥省市驻外机构窗口作用，加大组团外出招才引智力度。鼓励

通过猎头机构招引人才，形成"政府＋中介＋用人主体＋人才"立体化网络，提高引才匹配度。实施"人才伯乐奖励制度"，加大对人才引荐机构或个人的奖励力度。

3. 优化"人才绿卡"制度

制发人才服务卡，内容包含市人力社保局相关服务处室（单位）名称、服务项目、联系人和联系电话等基本信息。服务卡以电子版和纸质形式同时进行推送，便于人才沟通联系。优化"人才绿卡"制度，根据人才等级赋予"人才绿卡"在工商、税务、金融、科研、医疗、子女教育、购房、出入境等方面提供与之相应的 VIP 服务，向各区下放人才绿卡行政审核事权。为引进的人才特别是海内外高层次人才及时解决落户、医疗、社保、购房、子女教育、证照办理等方面遇到的实际困难。

4. 健全人才跟踪服务机制

实行人才服务专员制度和用人单位联络员制度。建立人才（项目）问题信息库。通过人才电话、座谈、调研等收集各类人才问题，将收集的需求或问题信息分门别类进行梳理，按紧急程度（急办或非急办）和职能职责（人力社保部门或其他部门）进行分类。培育和引进人才专业化服务机构，鼓励采取政府购买服务的方式，推进人才选聘、培训、测评等技术性工作向专业组织和服务机构转移，为人才提供个性化、多样化服务。

5. 健全政策宣传解读机制

加强主题宣传，在城市形象宣传片中适当增加人才方面的分量，打响南昌"洪城英才"品牌。统一编印人才政策实施指引和《南昌人才政策"一本通"》，列出优惠政策清单，帮助企业和人才快速了解、有效应用南昌各类人才政策，包括人才创新创业和生活配套方面的政策。加强舆论引导，加大对典型人才和创业事迹的宣传力度，营造尊重人才、支持创新、鼓励成功的浓厚社会氛围。

六、聚焦美好生活需要，建设宜居宜业宜游南昌，提升人才幸福指数

坚持问题导向和目标导向，着力解决住房、子女教育、医疗社保和营商环境等人才最关心、最直接、最现实的利益问题，营造更具吸引力的人才宜居宜业环境，提升城市综合功能和核心竞争力。

（一）突出解决人才安居突出问题

与武汉、长沙、郑州等中部省会城市相比，南昌市房价性价比相对较高，不利于人才尤其是青年人才的吸引。为此，要实施不低于周边城市的人才购房租房补贴优惠政策。一是将人才住房需求保障纳入保障性住房体系。加大财政预算支持，将人才住房需求纳入各级政府保障性住房体系，积极争取国家、江西省财政支持，加大财政对人才公寓建设的投入，鼓励社会资本积极参与人才公寓建设。二是创新人才住房供给体系。通过新增筹建、园区配建、城市更新、共有产权等方式，力争5年内新增5万套人才公寓和公共租赁住房，优先供给重点人才使用。鼓励各县（市、区）采取新建、购买、租赁和商品房配建、支持用人单位筹建等方式建设人才公寓。鼓励利用集体建设用地建设租赁住房，增加保障性住房供给。三是优化人才住房分配方式。建立人才住房封闭流转机制，通过产权设置等方式确保人才住房不进入房地产流通领域，探索实行人才住房先租后买、以租抵购制度。参考深圳人才住房政策经验，实行硕士研究生及以上学历人才优先承租人才住房，符合条件者可申请购买建筑面积90平方米以下的人才住房。引进的人才在本市就业创业的，按照规定给予购房补贴或者租房补助。

（二） 突出解决人才子女享受优质义务教育问题

子女教育是人才最关心的问题之一。要在人才的子女义务教育上提供更满意的教育。一是支持龙头企业和社会资本等联合打造一批像临川一中一样知名的高等中学，以一流高中吸引高层次人才。二是加大义务教育的投入，以产业功能区和引进人才密集地区为重点，高质量高标准配套基础教育学校。三是优先考虑高层次人才的子女就近入读优质公办学校。要完善现有的 A、B、C、D 四类人才子女教育政策，同时将高技能人才和企业经营管理人才的子女就近就学问题纳入各级政府人才子女教育优惠政策。

（三） 突出解决人才享受便捷优质医疗保障问题

人才时间宝贵，对优质便捷医疗服务比较关注。要充分利用信息化手段，加强与优质医疗服务机构的合作，将优质医疗服务智能化纳入"人才一卡通"，实行预约制度。同时，做大做强养生养老业，打造全省高端养生养老标杆和全国重要的养生养老基地。深化国际化医疗服务体系，增加涉外医疗服务供给，提供与国际接轨的医疗保障服务。

（四） 突出解决人才出行便利化问题

良好的对外交通网络，有利于柔性引进人才和便捷人才出行。一是构建水陆空立体化网络化对外交通网络。以对接全球大城市为目标，以"一带一路"沿线国家和重点城市为重点，提升昌北机场通达全球大城市的开放度，加快构建"米"字型高铁网络，增强通江达海能力，畅通水陆空立体综合交通网络。二是构建便捷绿色互通智慧的对内交通体系。推进大南昌都市圈交通互联互通，加强城市公共交通的无缝对接，打造半小时经济圈。根据发展需要，向东西南北延伸地铁线，提高重点开发区、人才密集区高铁站的覆盖面，适时研究制订南昌经开区地铁站延伸方案。加强智慧城市建设，推进共享交通规范有序发展，构建智能便民的综合交通体系。三是推行高层次人才免费游南昌行动。对高层次人才不论国内国外来南昌旅游所有景区一律免费；对在昌就业创业的高层次人才，一年四季免费游南昌。这样的活动，既可以使更多人才了解南昌、热爱南昌，又可以增强人才的获得感、幸福感。

（五）突出解决人才创新创业宜居环境问题

法治是最好的营商环境。要坚持市场化、法治化、国际化原则，深入推进"互联网＋政务服务"改革，积极对接全国一体化政务服务平台，完善"一窗受理、分类审批、统一出件"工作模式，推动更多事项"一窗进出、一次告知、一表申请、一次办成、一网通办、异地可办、限时办理"，加强知识产权保护，着力打造政策最优、成本最低、服务最好、办事最快的"四最"营商环境。加强开发区学校、医院、物流、超市、娱乐、商务、餐饮和房地产等生活配套建设，提高人才生活的便利度和幸福感。

第五篇　推进红色基因传承

习近平总书记视察江西时强调，江西是一片充满红色记忆的土地。井冈山精神和苏区精神承载着中国共产党人的初心和使命，铸就了中国共产党的伟大革命精神。这些伟大革命精神跨越时空、永不过时，是砥砺我们不忘初心、牢记使命的不竭精神动力。要从红色基因中汲取强大的信仰力量，牢固树立立党为公、执政为民的理念，继承苏区干部好作风，永葆党的政治本色。这些重要论述，充满坚定历史自信、深厚为民情怀、强烈责任担当，饱含着习近平总书记对红土圣地的热爱和敬意，是传承红色基因、弘扬家国情怀的行动指南。

传承红色基因　践行初心使命[*]

一、传承红色基因,践行初心使命,就是要坚定理想信念、锤炼党性初心,旗帜鲜明讲政治,以对党忠诚、为党分忧、为党尽职、为民造福的政治担当,永葆共产党人政治本色

红色基因是鼓舞我们坚定理想信念、锤炼党性初心、涵养政治定力的强大精神支柱。旗帜鲜明讲政治是马克思主义政党的根本要求,也是我们党的优良传统。中国共产党一经成立,就把马克思主义写在自己的旗帜上,把实现共产主义作为最高理想和最终目标,义无反顾地肩负起实现中华民族伟大复兴的历史使命。井冈山时期,工农红军就"经过政治教育",严明政治纪律,逐渐形成"三大纪律、八项注意";三湾改编提出"支部建在连上",奠定了政治建军的基础。古田会议提出"从教育上提高党内的政治水平","教育党员使党员的思想和党内的生活都政治化、科学化"。革命、建设和改革各时期形成的政治建设光荣传统,是我们党和国家的宝

＊　原文发表在《中共南昌市委党校学报》2020 年第 1 期。

贵精神财富。习近平总书记指出，光荣传统不能丢，丢了就丢魂；红色基因不能变，变了就变质。党的政治建设是党的根本性建设，决定党的建设方向和效果。讲政治，是我们党补钙壮骨、强身健体的根本保证，是我们党培养自我革命勇气、增强自我净化能力、提高排毒杀菌政治免疫力的根本途径。新时期我们进行伟大斗争、建设伟大工程、推进伟大事业、实现伟大梦想，必须突出抓好党的政治建设这个根本建设，站稳政治立场，把准政治方向，坚定政治信念，提升政治能力，确保政治过硬。

1. 坚持用马克思主义中国化的最新理论成果武装头脑

政治上的坚定、党性上的坚定都离不开理论上的坚定。理论武装是马克思主义政党建设的根本要求，也是我们建党强国的优良传统。习近平总书记指出，对马克思主义、共产主义的信仰，对社会主义的信念，是共产党人精神上的"钙"。革命理想高于天。没有理想信念，理想信念不坚定，精神上就会得"软骨病"，就会在风雨面前东摇西摆，也就是最大的不讲政治。我们必须坚持用马克思主义中国化最新理论成果武装头脑、指导实践、推动工作。一是在常学常新中加强理论修养。当前，要把深入贯彻习近平新时代中国特色社会主义思想和党的十九届四中全会精神作为首要政治任务，巩固"不忘初心、牢记使命"主题教育活动成果，推动学习教育往深里走、往心里走、往实里走，真正做到学深悟透、融会贯通、真信笃行，切实把党的初心和使命铭刻于心。二是在真学真信中坚定理想信念。要把坚定理想信念作为党的思想建设的首要任务，教育引导广大党员牢固树立共产主义远大理想和中国特色社会主义共同理想，挺起共产党人的精神脊梁，自觉做共产主义远大理想和中国特色社会主义共同理想的坚定信仰者和忠实实践者，在新征程中充分发挥先锋模范作用。三是在学思践悟中牢记初心使命。时刻把为人民谋幸福、为民族谋复兴的初心使命铭刻于心，始终保持对党的忠诚心、对人民的感恩心、对事业的进取心、对法纪的敬畏心，做到信念坚、政治强、本领高、作风硬。

2. 坚决做到"两个维护"

事在四方，要在中央。保证全党服从中央，坚持党中央权威和集中统一领导，是党的政治建设的首要任务。习近平总书记是全党拥护、人民爱戴、当之无愧的党的核心、军队统帅、人民领袖。习近平总书记指出，衡量干部是否有理想信念，关键看是否对党忠诚。对党忠诚，就要增强"四个意识"，坚定"四个自信"，坚决做到"两个维护"，在政治立场、政治方向、政治原则、政治道路上同党中央保持高度一致，切实把思想和行动统一到从更高层次贯彻落实习近平总书记对江西工作的重要要求上来，统一到中央一系列部署要求上来。

3. 严肃党内政治生活

不忘初心、牢记使命，关键是要有正视问题的自觉和刀刃向内的勇气，推进自我革命。开展严肃认真的党内政治生活，开展批评和自我批评、实施民主集中制、严明党的纪律等，是我们党的优良传统和政治优势。当前，我们要严格执行《关于新形势下党内政治生活的若干准则》，增强党内政治生活的政治性、时代性、原则性、战斗性，净化党内政治生态。要把坚决做到"两个维护"作为首要政治纪律，严肃查处"七个有个问题"。要发扬斗争精神，提高斗争本领，面对大是大非敢于亮剑，面对矛盾敢于迎难而上，面对失误敢于承当责任，面对歪风邪气敢于坚决斗争。加快构建一体推进不敢腐、不能腐、不想腐体制机制，坚定不移推进反腐败斗争，坚决破除形式主义、官僚主义，坚决整治"怕、慢、假、庸、散"等作风顽疾，全面彻底肃清苏荣案余毒，营造风清气正的良好政治生态。

二、传承红色基因，践行初心使命，就是要锐意改革创新、攻坚克难，创新创业谋发展，以时不我待、只争朝夕、勇立潮头的历史担当，描绘好新时代江西改革发展新画卷

红色基因是激励我们改革开放再出发、艰苦奋斗再创业的强大思想武

器。井冈山斗争史既是一部革命史，也是一部创新创业史。面对"敌军围困万千重"和物资极度匮乏，以毛泽东为代表的中国共产党成功开辟出一条"农村包围城市、武装夺取政权"的革命道路；同时在武装斗争、土地革命和根据地建设等方面进行一系列前所未有的创新创业的伟大实践，如建设红色圩场以打破敌人经济封锁等。今天，中国特色社会主义进入新时代，我国社会主要矛盾已经转化为人民日益增长的美好生活需要和不平衡不充分的发展之间的矛盾。一个时代有一个时代的主题，一代人有一代人的使命。"只有牢牢扭住经济建设这个中心，毫不动摇坚持发展是硬道理、发展应该是科学发展和高质量发展的战略思想，推动经济社会持续健康发展，才能为坚持和发展中国特色社会主义、实现中华民族伟大复兴奠定雄厚物质基础。"面对新时代新征程新使命，统筹推进"五位一体"总体布局、协调推进"四个全面"战略布局，贯彻落实新发展理念，打好三大攻坚战，做好稳增长、促改革、调结构、惠民生、防风险、保稳定工作等都需要担当，都需要发扬斗争精神、提高斗争本领。我们要传承和发扬艰苦奋斗、敢闯敢拼、开拓创新的革命精神，以跋山涉水的闯劲、脚踏实地的干劲、滚石上山的韧劲，牢牢把握高质量发展这个根本要求，加快建设富裕美丽幸福现代化江西。

1. 开拓创新，高水平打好改革创新突围战

习近平总书记指出，实事求是、敢闯新路是井冈山精神的核心，求真务实是苏区精神的重要内容。创新决胜未来，改革关乎国运。一是紧紧抓住创新这个"牛鼻子"。面对新一轮科技革命和产业变革，江西必须紧紧抓住创新这个"牛鼻子"、产业升级这个关键和人才这个"第一资源"，以更大力度、更实举措在科技创新上求突破，加快产业升级、动能转换，让创新成为江西高质量发展最强劲的引擎。二是最大限度释放全社会创新创业创造动能。坚持以供给侧结构性改革为主线，坚定不移推动重大改革，加快推动"放管服"、国资国企、财税金融、减税降费、生态文明、农业农村、社会保障等重点领域改革，以"杀出一条血路"的魄力和"不破楼兰终不还"的拼劲，着力解决影响创新创业创造的突出体制机制问

题，营造鼓励创新创业创造的社会氛围，不断释放改革红利。三是着力打造内陆双向开放新高地。要切实增强大开放意识，不以江西为世界，而以世界谋江西，以融入"一带一路"建设为引领，突出"借港出海"，以"南下"、"东进"为江西大开放的主导方向，推进全域、全面、全方位开放，力争在更宽领域、更好层次的开放中"富起来"、"强起来"。

2. 攻坚克难，高质量打好决胜全面小康三大攻坚战

2020年是全面建成小康社会决胜期。党的十九大报告指出，要坚决打好防范化解重大风险、精准脱贫、污染防治的攻坚战，使全面建成小康社会得到人民认可、经得起历史检验。要继续发扬革命先辈"敢教日月换新天"的斗争豪情，以"踏平坎坷成大道，斗罢艰险又出发"的顽强意志，增强斗争本领，坚决打好打赢三大攻坚战。一是以防范化解金融风险为重点，坚决守住不发生系统性风险的底线，增强金融服务实体经济能力，跨越高质量发展必须跨越的重大关口，坚决打赢防范化解重大风险攻坚战。二是以赣南等原中央苏区为重点，聚焦聚力，求真务实，精准施策，确保2020年现行标准下的农村贫困人口全部脱贫、贫困县全部摘帽，坚决打赢打好精准脱贫攻坚战。三是以大气、水、土壤污染防治为重点，严守生态红线，强化源头治埋，建立长效机制，突出打好蓝天、碧水、净土三大保卫战，奋力建设天蓝地绿水清的美丽江西。

3. 先行先试，高标准打好绿色崛起主动战

良好生态是江西最为宝贵的财富、最具竞争力的品牌，是实现高质量跨越式发展的最大潜力和希望所在。建设国家生态文明试验区，打造美丽中国"江西样板"，这是党中央和习近平总书记寄予江西的殷切希望，也是江西义不容辞的使命神圣。我们要保持加强生态文明建设的战略定力，自觉践行"绿水青山就是金山银山"理念，实行最严格的生态环境保护制度，全面建立资源高效利用制度，统筹好经济发展和生态环境保护建设的关系，做好治水理水、显山露水文章，努力在绿色发展走在全国前列，努力探索出一条体现江西特色，以生态优先、绿色发展为导向的高质量发展新路子，让绿色成为江西发展最亮丽的底色。

三、传承红色基因,践行初心使命,就是要坚持党的群众观点和根本立场,全心全意为人民,以守土有责、守土负责、守土尽责的责任担当,更好满足老区苏区人民对美好生活新期待

红色基因是鞭策我们坚持以人民为中心根本立场和牢记全心全意为人民服务根本宗旨,凝聚民心民力、增进民生福祉的强大精神动力。坚持以人民为中心是党的根本政治立场,是党的初心与使命所系。在土地革命中,党给农民分土地,给农民以最大的利益;井冈山时期,党和红军一开始就把"做群众工作"作为三大任务之一。20世纪30年代,"苏区干部好作风,自带干粮去办公,日着草鞋干革命,夜打灯笼访贫农;真心实意为群众,柴米油盐都想到,问寒问暖情义重……"这首《苏区干部好作风》歌谣,成为当年苏区干部优良作风、军民鱼水情的生动写照。习近平总书记指出,"为什么人、靠什么人"的问题,是检验一个政党、一个政权性质的试金石。人民是共和国的坚实根基,人民是我们执政的最大底气。我们要始终坚持以人民为中心的发展思想,不断实现好老区苏区人民对美好生活的向往,让党的如磐初心深深镌刻在这片红土圣地上。

1. 始终把人民群众放在心中最高位置

我们党来自人民、根植人民、服务人民,党的根基在人民、血脉在人民、力量在人民。要坚持立党为公、执政为民,虚心向群众学习,真心对群众负责,热心为群众服务,诚心接受群众监督,珍惜人民给予的权力,紧紧依靠人民创造历史伟业。要始终以最广大人民根本利益为我们一切工作的根本出发点和落脚点,不断实现好、维护好、发展好最广大人民根本利益,把人民拥护不拥护、赞成不赞成、高兴不高兴、答应不答应作为制

定政策的根本标准。

2. 始终把人民对美好生活的向往作为奋斗目标

民生是最大的政治。习近平总书记指出，"保障和改善民生没有终点，只有连续不断的新起点。"要坚持和完善统筹城乡的民生保障制度，坚持尽力而为、量力而行，扎实做好普惠性、基础性、兜底性民生建设，特别是要着力解决人民群众最关心、最直接最现实的教育、就业、收入、社保、医疗卫生、食品安全等问题，使改革发展成果更多更公平惠及全体人民。坚持和完善共建共治共享的社会治理制度，确保人民安居乐业、社会安定有序，让广大群众有更多获得感幸福感安全感。要大力实施乡村振兴战略。抓住乡村产业这个关键、补齐农村基层设施这个短板、夯实乡村治理这个根基、用好深化改革这个法宝，加快补齐农业农村发展短板，让农业成为有奔头的产业，让农民成为有吸引力的职业，让农村成为安居乐业的家园。要坚决打赢精准脱贫攻坚战。如期打赢脱贫攻坚战，绝不让一个老区群众在全面小康中掉队，是习近平总书记的殷殷嘱托，是时代赋予我们的历史重任。要牢记嘱托、感恩奋进，始终把打赢脱贫攻坚战作为重大政治任务和第一民生工程，对标党中央决策部署，聚焦"两不愁三保障"突出问题，以更大的决心、更明确的思路、更精确的举措、超常规的思路，努力实现让党中央放心群众满意的高质量脱贫，不获全胜，绝不收兵。

3. 始终保持同人民群众的血肉联系

同人民风雨同舟、血脉相通、生死与共，是我们党战胜一切困难和风险的根本保证。正是有了群众这"真正的铜墙铁壁"，党和红军才创造了以少胜多、以弱胜强的奇迹。要大力弘扬苏区干部好作风，持续深化"送政策、送温暖、送服务"干部直接联系服务群众"双向全覆盖"，深入推进"连心、强基、模范"三大工程，把群众工作做实、做深、做细、做透，下最大气力解决党内存在的问题特别是人民群众不满意的问题，始终保持党同人民同呼吸、同命运、心连心，凝聚起同心共筑中国梦的磅礴力量。

参考文献

［1］中共中央宣传部．习近平新时代中国特色社会主义思想学习纲要［M］．北京：学习出版社，人民出版社，2019．

［2］强卫．发挥光荣传统，传承红色基因［J］．中国井冈山干部学院学报，2014（5）：10－18．

［3］刘义贤，马自勤，刘璇．红色基因是中国共产党最宝贵的精神财富［J］．决策与信息，2017（3）：25－34．

［4］不忘初心，重整行装再出发——习近平总书记在江西调研并主持召开推动中部地区崛起工作座谈会纪实［EB/OL］．新华网，2019－05－24，http：//www．xinhuanet．com/politics/leaders/2019－05/24/c_ 112453 4564．htm．

［5］中共中央关于坚持和完善中国特色社会主义制度推进国家治理体系和治理能力现代化若干重大问题的决定［M］．北京：人民出版社，2019．

努力推动江西军民融合深度发展
走在全国前列

　　习近平总书记指出，国家军民融合创新示范区是推动军民融合深度发展的"试验田"。江西是人民军队和人民军工的发祥地，具有军民融合发展的优良传统和条件。江西省委书记刘奇多次强调，要抢抓发展机遇，发挥特色优势，深化改革创新，努力在军民融合深度发展上走在全国前列。高位推进江西国家军民融合创新示范区创建，是推动江西军民融合深度发展上走在全国前列、建设富裕美丽幸福现代化江西的重要举措。

　　一是突出高位统筹，高标准推进昌景国家军民融合创新示范区创建。2016 年国家发展改革委起草了《国家军民融合创新示范区建设总体方案》，提出在全国设立 10 个左右的"国家军民融合创新示范区"。目前，全国申报军民融合创新示范区的城市地区近 30 个。2018 年十九届中央军民融合发展委员会第一次全体会议审议通过了《国家军民融合创新示范区建设实施方案》和第一批国家军民融合创新示范区建设名单，但仅有青岛古镇口国家军民融合示范区正式获批，远低于预期。从江西实际来看，南昌是省会，拥有八一起义、洪都集团、南昌航空城和全省教育科技文化中心等优势；景德镇拥有 602 所、昌飞公司和直升机产业园国家军民结合产业基地等优势。建议站在全国军民融合深度发展大局，整合南昌、景德镇两地军民融合资源和优势，将昌景国家军民融合创新示范区作为江西的首选标的，高起点谋划、高标准实施、高质量建设、高效率推进。进一步完善昌景国家军民融合创新示范区建设实施方案，加强与国家部委和中央军委各部门的对接，积极争取军民融合发展的先行先试政策、重大项目和重大资金支持，争取早日获批。

二是突出特色优势，打造革命老区军民融合"江西样板"。依托区位、产业、科技和红色文化等优势特色，统筹国防建设与经济建设融合发展需求，努力推动军民深度融合发展走在全国前列。着力打造以航空为重点，包括新材料、电子信息、船舶、人工智能、VR、新能源汽车等具有江西特色的军民融合产业体系，建设全国领先的国家航空产业基地和具有全国影响的北斗卫星应用、船舶、汽车、VR等产业基地。着力探索开放协同、兼容同步的军民科技创新体制机制，力争航空、电子信息等重点领域军民融合协同创新取得实质性突破，建设中部军民融合科技协同创新先行区。大力传承红色基因，推进红色文化和红色资源创新性转化、创造性发展，建设全国爱国主义教育基地和国防教育基地，打造全国著名红色旅游品牌，建设全国革命老区红色基因传承样板区。

三是突出融合共享，重点推进五大融合深度发展。着力破解体制性障碍、结构性矛盾、政策性问题，建立健全军民资源共享机制，加快建设军民融合基础设施、科技、人才、信息和社会保障等公共服务平台，促进军地资源合理流动和优化配置。要按照军民兼容、平战一体的原则，重点推进军民融合交通运输网络、信息基础设施、军地空间信息资源、气象协同服务和军民标准通用化建设等基础设施共建共享。统筹推动军民科技在规划设计、资源配置、项目实施、成果转移转化等方面深度融合，推进军民科技协同创新。充分发挥南昌大学、华东交通大学、南昌航空大学等高校优势，健全国防生培养机制，探索建立军地教育资源开放共享机制，畅通军地人才交流使用渠道。统筹推进军地医疗资源共享、优化军队住房保障，加强双拥和优抚安置工作，建立完善军民结合、寓军于民的军队保障体系。统筹军地应急保障武装设施建设，加快形成具备防空防灾双重功能的新型人防体系，加快建成全要素、多领域、高效益的军民融合式国民经济动员体系。

四是突出示范引领，以点带面推动军民融合发展整体水平提升。要聚焦重点精准发力，培育一批典型，打造一批精品，形成可复制、可推广的新路径新模式。要着力做大做强洪都集团、昌飞公司、泰豪科技等军民融合型龙头企业，培育一批具有良好发展前景的"军转民"、"民参军"科技中小企业。要以南昌航空城、景德镇直升机产业园为重点，着力打造一批军民融合产业基地、特色小镇，引领军民融合产业集群升级。要围绕产业链部署创新链，加快组建一批航空、船舶、北斗卫星等产业技术创新联盟，推动重大科技创新军民协作。要坚持项目为王，以重大军民融合项目为主抓手，打造一批投资规模大、技术先进、辐射带动力强的精品工程。

乘势而上加快打造成全国主题教育示范基地

红色是江西最亮丽的底色。特别是习近平总书记在全国"不忘初心、牢记使命"主题教育前夕视察江西以来，全国各地党员干部、专家学者、新闻媒体等纷纷来到于都、瑞金等赣南苏区开展"不忘初心、牢记使命"主题教育、重走长征路和红色旅游等活动，成为江西红色旅游一道亮丽的风景线和新井喷点。建议抢抓习近平总书记视察江西和全国"不忘初心、牢记使命"主题教育机遇，精心谋划红色圣地寻根之旅精品线路，打造全国主题教育示范基地，培育红色旅游新增长点，奋力打造全国红色旅游"江西样板"。

一、打造全国"不忘初心、牢记使命"主题教育示范基地条件具备、意义重大

1. 红色资源丰富

江西是一片充满红色记忆的红土地，是中国革命的摇篮、人民军队的摇篮、人民共和国的摇篮、中国工人运动的策源地和中央红军长征出发地等，在长期的革命斗争中孕育了伟大的井冈山精神、苏区精神和长征精神。习近平总书记指出，井冈山精神和苏区精神承载着中国共产党人的初

心和使命，铸就了中国共产党的伟大革命精神。习近平总书记的重要讲话，为打造全国"不忘初心牢记使命"主题教育示范基地，指明了方向，提供了理论依据。

2. 机遇千载难逢

习近平总书记指出："2019年是中华人民共和国成立70周年，也是我们党在全国执政第70个年头，在这个时候开展主题教育，正当其时。"5月31日，党中央召开"不忘初心、牢记使命"主题教育，标志着主题教育在全党拉开序幕，全国上下将掀起主题教育的新高潮。特别是习近平总书记在开展主题教育前夕，率先垂范，深入于都、瑞金等革命老区视察，深切缅怀革命先辈丰功伟绩，并发表重要讲话，强调要"饮水思源，不能忘记革命先辈、革命先烈，不能忘记革命老区的父老乡亲，不能忘记党的初心和使命"，为江西打造全国主题教育示范基地提供了千载难逢的机遇，做了最权威、最有影响的广告。

3. 意义重大深远

打造全国主题教育示范基地，是江西充分利用红色资源、讲好红色故事，奋力打造全国红色旅游"江西样板"的有效途径；是江西传承红色基因、践行初心使命，推动主题教育高质量、有特色、走前列的创新之举，是江西感恩奋进、砥砺前行，实现习近平总书记对江西"在加快革命老区高质量发展上作示范、在推动中部地区崛起上勇争先"新目标的重要抓手，对奋力开启建设富裕美丽幸福现代化江西新征程、齐心协力描绘好新时代江西改革发展新画卷具有重要意义。

二、借势打造全国主题教育示范基地的建议

抢抓全国主题教育和习近平总书记视察江西的战略机遇，实施"寻初

心、到江西、免费游"旅游促销行动，努力打造全国主题教育示范基地，奋力打造全国红色旅游"江西样板"。

1. 发挥免费旅游的引爆作用，实施全国党员干部"寻初心、到江西、免费游"促销大行动

当前，全国上下正在开展"不忘初心、牢记使命"主题教育，市场潜力巨大。旅游竞争也较激烈，各地纷纷出台免费或半折优惠政策吸引外地游客。可以充分借鉴旅游营销经验，打破传统旅游的门票经济思维，大力发展全域红色旅游，创新推出全国党员干部、国有企业和事业单位"寻初心、到江西、免费游"促销行动，吸引全国党员干部来赣开展主题教育。对组团 10 人以上来江西开展主题教育、住宿 2 天以上的党政部门和企事业单位，免费游江西所有景区（5A 级景区除外或实行五折优惠活动）。这既可体现新时代江西人民的热情开放，又可借势做大做强做特红色旅游，辐射带动老区苏区人民增收致富。

2. 发挥昌井于瑞龙头的引领作用，沿着总书记视察路线精心打造精品红色旅游线路

党的十八大以来，习近平总书记先后两次视察江西，到过井冈山、于都、瑞金、南昌，这四个地方也是江西红色资源最集中、最具代表性的地区。要充分发挥南昌、井冈山、于都、瑞金四地的龙头引领作用，以赣南原中央苏区县为重点区域，加强与湖南、福建、浙江、广东等周边地区的合作，重点打造浙江嘉兴（红船）—南昌—井冈山—瑞金—于都，湖南韶山—萍乡（安源）—井冈山—瑞金—于都，福建长钉—于都—瑞金—井冈山和广东梅州—寻乌—于都—瑞金等精品红色旅游线路。加快建设一批红色旅游小镇、红色旅游街区、红色旅游产业园和"红色旅游融合发展示范区"。同时，要利用好"旅游＋"，推动红色旅游与乡村振兴、地域文化、新兴产业、养生养老等融合发展，丰富旅游业态和产品，满足游客多样化需求。

3. 发挥好党校系统的主阵地作用，打造全国党性教育"江西品牌"

党校是党员干部党性教育的主阵地。全省各级党校要深入学习习近平新时代中国特色社会主义思想，深入研究、挖掘江西红色资源、光荣传统和历史故事，开发红色培训课程，提高教学质量，打造全国党性教育的江西品牌。中共江西省委党校作为全省主题教育的主要阵地，一方面要充分利用于都、瑞金、井冈山等优质红色资源，积极组织好异地培训教育，做好现场教学；另一方面要加强对赣州、南昌和井冈山等地主题教育活动党性教育的业务指导和技术支持。考虑到于都、瑞金等地党性教育培训需求大增，应加大省级层面的统筹协调，组织江西省委党校、南昌市和井冈山等地的专家、学者、金牌讲解员予以支援。要大力推进革命文物集中连片保护利用工程、长征文化线路整体保护工程和全省红色标语的保护利用工程等重点项目，加强革命遗址遗存遗迹保护利用，精心规划设计、完善展陈方式。当前，最紧迫的是要加快建设好雩都长征学院、瑞金干部学院，完善提升中央红军长征纪念馆以及中央部委和国家机关在瑞金的旧址等硬件和软件设施，提升赣南原中央苏区的干部培训教育能力和水平。

4.发挥新闻媒体的宣传推广作用，持续讲好江西红色故事

要以习近平总书记视察江西为契机，全面报道和深入阐释习近平视察江西的点点滴滴和重要讲话精神，凝聚起不忘初心、牢记使命、感恩奋进、担当实干的强大精神力量。要以新中国成立70周年为契机，全面深入挖掘南昌八一起义、井冈山革命根据地、瑞金苏维埃中央临时政府、安源工人运动、小平小道等红色资源，大力宣传中国革命摇篮、人民军队摇篮、人民共和国摇篮、中国工人运动策源地和中央红军出发地，讲好初心故事，宣传好江西在建党、建国、建军历史上的独特地位。大力支持各级媒体、影视公司和专业团队以井冈山精神、苏区精神和长征精神为题材，制作和创作高品质的影视影像作品和红色文化节目，加大《红星恋歌》、《方志敏》、《碧血慈云》、《八子参军》、《老阿姨》等一批红色经典剧目的宣传、推广，推动优秀红色主题艺术作品在全省乃至全国范围内开展巡演、巡展。邀请著名作家、外国媒体记者等看江西、拍江西、写江西，通过他们的传播让更多的游客了解江西、爱上江西，全方位推动红色文化大繁荣、旅游大发展。

5. 发挥各级政府的公共服务职能，形成打造全国主题教育示范基地合力

加强省级层面的组织领导，加强省文化和旅游厅、省财政厅、省委宣传部、市委组织部、省委党校等部门合作，制定出台《关于打造全国主题教育示范基地的若干意见》。加强江西与湖南、湖北、浙江、福建、广东等周边省市的合作，认真做好中国红色旅游推广联盟各项工作，办好中国红色旅游推广联盟年会和中国（江西）红色旅游博览会，完善提升红色旅游精品线路。更好发挥各级政府职能，着力提升旅游区点、旅行社的服务水平，着力优化旅游住宿、在线旅游经营服务，着力提高导游和领队业务能力，建立完善旅游信用体系，不断增强旅游市场秩序治理能力，提升旅游服务质量。